María do Mar Castro Varela, Nikita Dhawan
Postkoloniale Theorie

W0040021

María do Mar Castro Varela ist Diplom-Psychologin und Diplom-Pädagogin und hat an der Justus-Liebig Universität Gießen in Politikwissenschaft promoviert. Sie ist Lehrbeauftragte und Mitgründerin des »Instituts für Migration und Soziale Ungleichheitsforschung«. Aktuelle Publikationen sind u.a.: Migration, Gender, Arbeitsmarkt (Mithg.) (2003); Soziale (Un-)Gerechtigkeit: Antidiskriminierung, Dekolonisierung und Demokratisierungsprozesse (Hg.) (im Erscheinen); Die Wiederkehr der »Klasse«. Deklassierung und Migration, in: Diskus 1/2005. Ihre Dissertation, die die Dynamiken zwischen Utopie, Migration und Gender analysiert, erscheint im Frühjahr 2006.

Nikita Dhawan hat Germanistik und Philosophie an der Mumbai Universität in Indien studiert. Sie ist Lehrbeauftragte für interkulturelle und indische Philosophie an der Fakultät für Philosophie, Ruhr Universität Bochum. Von 1998-1999 war sie u.a. für das »Research Center for Women's Studies«, SNDT Women's University, Mumbai tätig. Sie ist Mitglied der Bombay Philosophical Society. Aktuelle Publikationen: Die verzwickte Position der Postkolonialen Feministin – Gegen eine Subalternisierung der intellektuellen Migrantin, in: Wolfgang Funk-Müller/Birgit Wagner (Hg.) (2005): Postkoloniale Kulturkonflikte im europäischen Kontext; Spricht die Subalterne Deutsch? und andere riskante Fragen: Migrantischer Aktivismus, Internationale Arbeitsteilung und die (Un-)Möglichkeit transnationaler Bündnispolitiken, in: María do Mar Castro Varela (Hg.) (im Erscheinen), Soziale (Un-)Gerechtigkeit. Antidiskriminierung, Dekolonisierung und Demokratisierung.

María do Mar Castro Varela, Nikita Dhawan
POSTKOLONIALE THEORIE
Eine kritische Einführung

[transcript] CULTURAL STUDIES

Besuchen Sie uns im Internet: http://www.transcript-verlag.de

Bitte fordern Sie unser Gesamtverzeichnis und andere Broschüren an unter:
info@transcript-verlag.de

Bibliografische Information der Deutschen Bibliothek
Die Deutsche Bibliothek verzeichnet diese Publikation in der Deutschen Nationalbibliografie; detaillierte bibliografische Daten sind im Internet über http://dnb.ddb.de abrufbar.

© 2005 transcript Verlag, Bielefeld

Umschlaggestaltung & Innenlayout: Kordula Röckenhaus, Bielefeld
Projektmanagement: Andreas Hüllinghorst, Bielefeld
Lektorat: Kai Reinhardt, Bielefeld
Druck: Majuskel Medienproduktion GmbH, Wetzlar
ISBN 3-89942-337-2

Gedruckt auf alterungsbeständigem Papier mit chlorfrei gebleichtem Zellstoff.

Inhalt

Vorwort

Im Jahre 1883 veröffentlicht der bekannte deutsche Orientalist Friedrich Max Müller unter dem Titel *India, what can it teach us?* seine Vorlesungen für die britischen Bewerber in den *Indian Civil Service (ICS)*. Das Buch gilt als eines der besten Beispiele für das, was Edward Said als die »Orientalisierung des Orients« bezeichnet hat. Als deutscher Orientexperte wurde Müller 1847 von der *East India Company* unter Vertrag genommen, um die *Rigveda*[1] aus dem Sanskrit ins Englische zu übersetzen und sorgfältig zu systematisieren. Müller, der nie einen Fuß auf indischen Boden gesetzt hat, zählt zu den einflussreichsten Indologen. Trotz diesem und vieler anderer Beispiele hielt sich lange Zeit das Vorurteil, im deutschsprachigen Kontext sei postkoloniale Theorie kaum von Relevanz, da weder Deutschland noch Österreich – und noch weniger die Schweiz – historisch zu den großen Kolonialmächten gehört haben. Stabilisiert wurde diese Annahme durch Argumente, die unerfreulicherweise von einigen Vertretern der postkolonialen Theorie selbst geliefert wurden. Edward Said hat sich z.B. in seiner berühmten Studie *Orientalism* gegen eine Analyse des spezifisch deutschen Orientalismus ausgesprochen, und dies damit begründet, dass Deutschland nie eine imperiale Pioniermacht und insoweit im Unterschied zu der »anglo-französisch-amerikanischen Erfahrung des Orients« nur nachrangig gewesen sei (Said 1978: 16ff.). Im Gegensatz dazu führt Gayatri Spivak aus, dass ›Deutschland‹ kulturell und intellektuell gesehen im 19. Jahrhundert eine der Hauptquellen sorgfältigster orientalistischer Gelehrsamkeit darstellte – gingen doch von diesem geopolitischen Ort eine Vielzahl autoritative, mit universellen Ansprüchen ausgestattete orientalistische Erzählungen aus (Spivak 1999a: 8). Ob nun Kant, Hegel oder Marx – die Produktionen dieser philosophischen Autoritäten, die Spivak zu Recht als Quelltexte »einer europäischen ethisch-politischen Selbstrepräsentation« (ebd.: 9) bezeichnet hat, haben keinen spezifisch akademisch kontrollierten Imperialismus installiert oder konsolidiert.

Als kritische Intervention, die interdisziplinär denkt und eine immense Bandbreite an Themen bearbeitet, ist postkoloniale Theorie zweifelsohne von außerordentlicher Relevanz für aktuelle politische Auseinandersetzungen. Die akademischen Wortgefechte reflektieren dabei die politischen Debatten, die mit den Beginn einer weltumspannenden Antiglobalisierungsbewegung ein neu erwachtes Interesse an imperialer Herrschaft, Neokolonialismus und Migrationsbewegungen hervorgebracht haben. Wir haben es hier mit einer spannenden Pendelbewegung zu tun, bei der auf der einen Seite Theorie politisiert wird, um auf der anderen Seite neue Politisierungsformen über theoretische Debatten zu erschließen. Postkoloniale Theorie untersucht dabei sowohl den Prozess der Kolonisierung als auch den einer fortwährenden Dekolonisierung und Rekolonisierung. Die Perspektive auf den (Neo-)Kolonialismus beschränkt sich dabei nicht auf eine brutale militärische Besetzung und Ausplünderung geographischer Territorien, sondern umfasst auch die Produktion epistemischer Gewalt.

Theoretisch zeigt sich der Postkolonialismus vor allem stark durch marxistische und poststrukturalistische Ansätze beeinflusst. Während poststrukturalistische Herangehensweisen zur Kritik an westlichen Epistemologien und zur Theoretisierung einer eurozentrischen Gewalt beigetragen haben, schafft die marxistische Perspektive eine Basis für eine Kritik, welche die internationale Arbeitsteilung und die aktuellen Prozesse des Neokolonialismus und der Rekolonisierung in den Blick nimmt. Postkoloniale Theorie gilt als die kontinuierliche Verhandlung dieser beiden scheinbar gegensätzlichen Erkenntnismodi. Allerdings kann kaum von einer einheitlichen, wohl strukturierten Theorie gesprochen werden, denn unter dem Etikett werden durchaus unterschiedliche Theoretiker/-innen, die sich zudem in einem kontinuierlichen Schlagabtausch zu befinden scheinen, zusammengefasst.

Das vorliegende Buch bietet einen ersten Überblick über die aktuellen Diskussionen innerhalb postkolonialer Theorie. Dafür werden die drei prominentesten Figuren – Edward W. Said, Gayatri C. Spivak und Homi K. Bhabha – und ihre wichtigsten Konzepte – etwa »Orientalismus«, »Subalterne« und »Hybridität« – exemplarisch dargelegt. Die diversen theoretischen Betrachtungen dieser drei Literaturwissenschaftler/-innen bilden u.E. einen guten Startpunkt in postkoloniale Debatten. Darüber hinaus sollen die grundsätzlichen Begrifflichkeiten wie etwa »Kolonialismus«, »Imperialismus« und »Postkolonialismus« und die wichtigsten Kontroversen um postkoloniale Theorie präsentiert werden.

Es brauchte seine Zeit, bis im deutschsprachigen Kontext von einer merklichen Rezeption postkolonialer Theorie gesprochen werden konnte. Insoweit ließe sich zu Recht fragen, ob es zum jetzigen Zeitpunkt – wo sich diese langsam etabliert – sinnvoll ist, eine *kritische* Einführung vorzulegen. Ein solches Unternehmen riskiert – so ließe

sich einwenden –, die Bedeutung postkolonialer Theorie anzuzwei-
feln, noch ehe sie sich einen Platz im kritischen Diskurs sichern konnte. Wir würden allerdings auf solcherlei Einwände mit Spivak entgeg-
nen, dass die ernsthafteste Kritik immer diejenige ist, die etwas Nütz-
liches kritisiert. Die Anstöße, die aus der Richtung postkolonialer
Theorie kommen, sind nicht nur wissenschaftlich fruchtbar, sondern
auch politisch wichtig und notwendig, weswegen wir uns die Mühe
gemacht haben, die signifikante politische und theoretische Kritik an
ihr zusammenzutragen. Der von nicht wenigen im deutschsprachigen
Raum an den Tag gelegte Enthusiasmus und die damit häufig einhergehende unreflektierte Vereinnahmung postkolonialer Konzepte für
partikulare politische Interessen erscheint uns beachtenswert. Aus
diesen Gründen haben wir uns bei der Vorstellung postkolonialer
Theorie dazu entschieden, nicht nur die bedeutsamsten Argumente,
sondern auch kontroverse Stimmen zu Wort kommen zu lassen.
Anstatt also eine allzu simple Zelebrierung von Postkolonialität zu
präsentieren, haben wir auch der anderen Seite der Debatte – der
Kritik an den einzelnen theoretischen Positionen – Raum gewährt, so
dass sich beim Lesen des Buches die Bandbreite von Meinungen,
Positionen und Perspektiven erschließt. Dies soll nicht nur zu einem
besseren Verständnis von postkolonialer Theorie beitragen, sondern
auch die Lebendigkeit und Ernsthaftigkeit der Verhandlungen doku-
mentieren.

Bedauerlicherweise sind viele postkoloniale Studien und Essays
bisher nicht ins Deutsche übertragen worden, sodass die Teilnahme
an den spannenden und kontroversen Auseinandersetzungen auf die
Gruppe der englischsprachigen Leser- und Zuhörerschaft beschränkt
ist. Deswegen ist ein Ziel dieses Buches, postkoloniale Interventionen
im deutschsprachigen Kontext zu vitalisieren. Wir verbinden damit
nicht nur die Hoffnung, dass die Gruppe der Interessierten an postkolonialer Theorie erweitert, sondern auch, dass der postkoloniale Diskurs pluralisiert wird. Wie jede kritische Theorie lebt auch die postkoloniale Theorie von der Debatte. Thesen werden präsentiert und sogleich angegriffen und hinterfragt. Es ist in den Zwischenräumen der
Dispute, wo sich unserer Ansicht nach Möglichkeiten des Widerstands
bieten und sich neue Politikformen finden lassen – und nicht in den
zu ›Wahrheit‹ gefrorenen Argumenten dieser Autorin oder jenen
Autors. In diesem Sinne plädieren wir mit Spivak für »Freiheit für den
Widerspruch« (Spivak 1999b: 39).

Danksagung

Ein Buch zu schreiben ist wie eine indische Hochzeit – es ist unmöglich, dabei *alle* glücklich zu machen! Sedef Gümen, Antke Engel,

Vathsala Aithal, Gisela Ott-Gerlach, Meher Bhoot, Stephan Bundschuh, Tülay Arslan, Birgit Jagusch, Güler Arapi, Irene Franken, Eri Park, Liliana Feierstein, Anja Weiß, Sylvia Nagel, Silvia Osei, Uschi Wachendorfer, Jyoti Sabharwal, Nutan Sarawagi, Priyadarshi Jetli, Nina Gantert, Shwetha Rao, Rahul Warke und unsere Eltern Estrella Varela Pazos, Carlos Castro Pena, Nimmi und Suresh Dhawan haben wir, so hoffen wir zumindest, glücklich gemacht! Wir danken ihnen ganz herzlich für die liebevolle, freundschaftliche und kritische Begleitung dieses Projekts.

Dem transcript Verlag danken wir für das entgegengebrachte Vertrauen und die gute Betreuung!

Köln im März 2005   *María do Mar Castro Varela und Nikita Dhawan*

I. Kolonialismus, Antikolonialismus und postkoloniale Studien

KOLONIALISMUS UND IMPERIALISMUS

Deutschland war nie eine große Kolonialmacht, so wird immer wieder behauptet. Doch selbst wenn dies zutreffend wäre – was nicht der Fall ist –, würde dies ganz sicher nicht bedeuten, dass postkoloniale Studien im deutschsprachigen Diskurs überflüssig seien. Es erscheint vielmehr problematisch, über das Ausmaß *direkter* kolonialer Interventionen einen Rückschluss auf die allgemeine Bedeutung des Kolonialismus[1] für die einzelnen Nationalstaaten zu ziehen (vgl. Eckert/ Wirz 2002).[2] Die postkoloniale Theorie hat dagegen immer wieder darauf hingewiesen, dass keine Region dieser Erde den Wirkungen kolonialer Herrschaft entkommen konnte. Sprich: Nicht nur Großbritannien und Indien weisen eine koloniale Beziehung auf, sondern kolonialistische Diskurse haben auch in Ländern, die nie kolonisiert wurden – wie etwa Thailand –, tiefe Spuren hinterlassen.

Der französische Jurist und Ökonom Arthur Girault, für den der Kolonialismus eine Frage der »Pflichterfüllung« war, kam kurz nach dem Ersten Weltkrieg zu dem Ergebnis, »das Festland der Erde sei zu etwa der Hälfte von Kolonien bedeckt. Mehr als 600 Millionen Menschen, d.h. ungefähr zwei Fünftel der [damaligen] Weltbevölkerung, unterstünden kolonialer Herrschaft: 440 Millionen in Asien, 120 Millionen in Afrika, 60 Millionen in Ozeanien und 14 Millionen in Amerika« (Osterhammel 2003: 29).

Die moderne Kolonisierung beginnt bekanntermaßen 1492 mit der vom spanischen Königshaus finanzierten ›Entdeckung‹ Amerikas und der Karibik durch Christoph Kolumbus. Es war vor allem die Gier nach Rohstoffen – insbesondere Edelmetallen –, die nicht nur die Expeditionen dieser Zeit motivierten, sondern in der Folge eine europäische Kolonisierung in Gang setzte, welche von einer brutalen Plünderung der ›entdeckten‹ Territorien, Genoziden[3] und der schrittweisen Etablierung eines Sklavenhandels,[4] der die Menschen als Arbeitskraftware exportierte, begleitet wurde. Der jahrhundertelang anhaltende Prozess der Kolonisierung verlief dabei nie uniform. In verschiedenen Regionen etablierten sich vielmehr unterschiedliche koloniale Herrschaftssysteme. In einigen Ländern wurden bereits bei der ersten Landeinnahme Genozide begangen, während es in anderen Fällen erst nach massiven Aufständen gegen die koloniale Unterdrückung zum Völkermord kam – in »Deutschland-Südwest«, dem heutigen Namibia, etwa nach dem Herero-Aufstand von 1904, dem bekanntlich Zehntausende zum Opfer fielen (vgl. Zeller/Zimmerer 2003). In einigen Fällen hatten über Jahrzehnte Handelsbeziehungen bestanden, bevor Kolonialregierungen eingesetzt wurden, wie etwa im Fall der britischen *East India Company*, dem weltweit ersten transnationalen Konzern.[5]

Natürlich existierten bereits andere Formen der Okkupation und Beherrschung, bevor im 15. Jahrhundert mit der blutigen Eroberung Amerikas und der Karibik das Zeitalter des europäischen Kolonialismus eingeläutet wurde, doch insbesondere aufgrund seiner geographischen und historischen Ausmaße gilt dieser als einzigartig in seiner gewaltvollen globalen Dimension. Dabei ist jeder Versuch, eine erschöpfende und kohärente Beschreibung und Theoretisierung des Kolonialismus zu liefern, unausweichlich zum Scheitern verurteilt, müsste eine solche Anstrengung doch in Simplifizierungen münden, die nicht nur die komplexen, sondern auch widersprüchlichen Praxen der Kolonisierung banalisieren würden. Deswegen ist es notwendig, so der Historiker Jürgen Osterhammel, von einer »Vielzahl von Geschichten einzelner Kolonialismen« (2003: 29) zu sprechen. Die Kolonisation beschreibt er als ein »Phänomen kolossaler Uneindeutigkeit« (ebd.: 8).

Systematisierungsanstrengungen mit dem Ziel, die Unterschiedlichkeit der Kolonisationsformen beschreibbar zu machen, haben drei grobe Formen herausarbeiten können (vgl. Osterhammel 2003): Zunächst gibt es die *Beherrschungskolonie*, die nur eine geringe Anzahl von Bürokraten, Geschäftsleuten und Militärangehörigen benötigte, die zum Zwecke der wirtschaftlichen Ausbeutung und der strategischen Absicherung imperialer Politik die Länder unterjochten, die vom so genannten ›Mutterland‹ aus regiert wurden. Das klassische Beispiel hierfür ist *British India*, während eine Variation *Hispano América* darstellt. Letztere ist charakterisiert durch eine enorme europäische Einwanderung, welche eine städtische ›Mischgesellschaft‹ auszubilden verhalf, die schließlich von einer ›kreolischen‹ Minderheit dominiert wurde. Dagegen sind die so genannten *Stützpunktkolonien* das Resultat von Flottenaktionen – etwa Shanghai oder Malakka. Diese dienten unter anderem der Logistik der maritimen Machtentfaltung. Als dritter Typus können schließlich die *Siedlungskolonien* genannt werden, bei denen billiges oder enteignetes Land unter Ausbeutung indigener Arbeitskräfte oder ›importierter‹ Sklaven und Sklavinnen bearbeitet und von europäischen Farmern und Plantagenbesitzern verwaltet wurde. Flankiert von militärischen Aktionen wurden so riesige Territorien vereinnahmt und zur ›Heimat‹ erklärt. Beispiele hierfür sind die heutige USA, Australien und Kanada, in denen der überwiegende Teil der indigenen Bevölkerungen grausamen Genoziden zum Opfer fiel. Es wird hier auch von einem Indigenocide gesprochen (vgl. Evans/Thorpe 2001), der eine systematische Zerstörung der Kultur, Veränderung der Umwelt sowie planvolle sexuelle Ausbeutung bedeutete. Beim Indigenocide handelt es sich mithin um die Zerstörung und Enteignung indigener Völker im Zuge des Kolonialismus.

Im heutigen Südafrika, einer weiteren klassischen Siedlungskolonie, wurde die Bevölkerung dagegen zur Land- und Minenarbeit eingesetzt und damit vom ›Mutterland‹ nicht nur physisch und ökonomisch ausgebeutet, sondern auch in ein heute noch virulentes ökonomisches Abhängigkeitsverhältnis gesetzt. Die berüchtigten rassistischen Apartheidgesetze ermöglichten etwa die Überausbeutung der autochthonen Bevölkerung. Zur moralischen Legitimierung dieser Gewalttaten wurde der indigenen Bevölkerung kurzerhand die Menschlichkeit abgesprochen. Auch die karibischen Länder gelten als Siedlungskolonien. Für sie ist charakteristisch, dass die Sklaven und Sklavinnen aus Afrika als Arbeitskräfte für die von den europäischen Kolonisatoren bewirtschafteten Plantagen in diese Länder ›transportiert‹ wurden.[6] Beispiele hierfür sind Kuba, Jamaica und Barbados (Osterhammel 2003: 8ff.).

Bei allen drei dargestellten Kolonisationsformen handelt es sich um Herrschaftsbeziehungen, die mit physischer, militärischer, epistemologischer und ideologischer Gewalt durchgesetzt und etwa über »Rasse«- und »Kultur«-Diskurse legitimiert wurden. In einer ersten herrischen Geste wurde das kolonisierte Land von den sich selbst als »Entdecker« bezeichnenden Kolonisatoren als *terra nullius* (»leeres Land«) charakterisiert (vgl. Shiva 2001: 13). »Leer« und auch »jungfräulich« war hier gleichbedeutend mit verfügbar, *menschenleer*, geschichtslos – und mithin in jeder nur denkbaren Weise ausbeutbar. Kolonien entstehen im Sinne der postkolonialen Theorie als ›Kopien‹ des zum ›Original‹ erklärten ›Mutterlandes‹ der Kolonialherren. Darauf deuten etwa Ortsbezeichnungen wie *New* York, *New* Amsterdam oder *New* Zealand hin. Spivak spricht hier von einem Prozess des »Welt-Machens« (*worlding*, 1999a: 211f.), was sowohl die ›Vergewaltigung‹ als auch ›Produktion‹ der »Dritten Welt«[7] zum Ausdruck bringen soll.

Wie die Grenze zwischen Imperialismus und Kolonialismus zu ziehen ist, darüber besteht keine wirkliche Einigkeit (Young 2001: 15).

In der marxistisch-leninistischen Interpretation ist »Imperialismus« der Begriff, der zur Analyse der Weltwirtschaft zum Einsatz kommt, um später von dem der »Globalisierung« abgelöst zu werden (Altvater/Mahnkopf 2004: 63). Hier wird Imperialismus »im Unterschied zur Kolonisierung als Inbesitznahme von Gebieten außerhalb des eigenen Landes durch private Interessengruppen mit Unterstützung des Staatsapparats« (ebd.) gefasst. Dagegen versteht Osterhammel allgemeiner unter Imperialismus die Praxis, Theorie und Haltung eines dominanten metropolitanen Zentrums, durch das »transkoloniale Imperien« entfaltet wurden (2003: 27), während Kolonialismus einen Spezialfall des Imperialismus darstellt, der »die Möglichkeit weltweiter Interessenwahrnehmung und informell abgestützter kapitalistischer Durchdringung großer Wirtschaftsräume einschließt« (ebd.: 28). Imperialismus könnte dann sozusagen als gemeinsamer Rahmen »der wechselseitigen Konstitution von Metropole und Kolonien« begriffen werden (Conrad/Randeria 2002: 10), so dass auch ein »Imperialismus ohne Kolonien« denkbar ist.[8] Dagegen ist ein »Kolonialismus ohne Imperialismus« nach Osterhammel »während der frühzeitlichen Phase der europäischen Expansion« der »Regelfall« (ebd.). Edward Said (1993: 9) zufolge ist der Kolonialismus dagegen immer eine Konsequenz des Imperialismus und nicht umgekehrt. Und Walter Mignolo (1993) beschreibt den Kolonialismus als eine Etappe der europäischen Expansion, die von 1500 bis 1945 anhielt. Dagegen setzt für ihn die Phase des Imperialismus nach dem Zweiten Weltkrieg unter der Hegemonie der USA ein. Andere Autoren wiederum geben bereits das Ende des 19. Jahrhunderts als Beginn des vor allem ökonomisch motivierten US-amerikanischen Imperialismus an (vgl. Young 2001: 41ff.).

Es scheint unmöglich, die miteinander verquickten Phänomene in einer allseits zufrieden stellenden Darstellung zusammenzubringen. Dies auch deswegen, weil der Imperialismus keine – wie schon im Falle des Kolonialismus gesehen – monolithische, von einem einzigen Zentrum aus agierende politische Herrschaftsform darstellt, sondern durch Strategie- und Machtwechsel charakterisiert ist. Zudem sind die Übergänge meist fließend und laufen z.T. parallel ab, wenn auch bisweilen klare Brüche, wie etwa die formale Beendigung der kolonialen Herrschaft, sichtbar sind.

Es sind insbesondere marxistische Theoretiker/-innen, die den Kolonialismus in einen Zusammenhang mit der Entwicklung des westlichen Kapitalismus stellen, indem der moderne Kapitalismus an das Aufkommen des europäischen Kolonialismus gebunden betrachtet wird. Bei der Expansion der europäischen Mächte in Asien, Afrika wie auch in Amerika ist es ein zentrales Element, dass eine neue Zirkulation von Waren, Ideen und Menschen initiiert wurde. Sklaven und Sklavinnen wurden ebenso wie Rohmaterialien von den Kolonien

in die Metropolen Europas exportiert, während die Kolonien die End-
produkte re-importierten und mithin als Märkte für europäische Waren dienten. So wurde etwa die rohe Baumwolle in England zu Tuch
und Kleidung verarbeitet, um dann in Indien vermarktet zu werden.
Auf der Suche nach schnellen Gewinnen entstand im 17. Jahrhundert
der so genannte »Dreieckshandel«: An der afrikanischen Küste wurden europäische Manufakturwaren (Werkzeuge, Waffen, Textilien,
Glas etc.) gegen Sklaven und Sklavinnen eingetauscht, diese wurden
nach Westindien transportiert und dort gegen Zucker, Tabak und
Gewürze eingelöst, die dann in Europa mit großem Profit verkauft
wurden. Daneben wurden Menschen und Waren auch von einer
Kolonie in die andere verschoben, so dass koloniale Subsysteme ent-
standen: Sklaven und Sklavinnen von Afrika wurden in die westindi-
schen Plantagen transportiert, um dort beispielsweise Zucker und
Kaffee für den Konsum in Europa zu produzieren. Resultat hiervon
waren unter anderem enorme Bevölkerungsbewegungen und die
Etablierung vielfältiger und verschachtelter Abhängigkeitsverhältnisse.
Doch in welche Richtung auch immer Rohmaterialien flossen und
Menschen sich bewegten oder bewegt wurden – der Hauptstrom der
Profite strömte nur in eine Richtung, in die Metropolen Europas. So
schreibt der uruguayische Journalist Eduardo Galeano in seinem
bekannten Buch *Die offenen Adern Lateinamerikas* (2003 [1971]) zu
Recht, dass der Reichtum Lateinamerikas immer auch dessen Armut
hervorgebracht hat (ebd.: 43). Die ökonomische Ungleichheit erscheint
dabei als Erfordernis, um das Wachstum des europäischen Industrie-
kapitalismus zu sichern (vgl. Amin 1977).

Notwendigerweise wurde der Prozess der materiellen Kolonisierung durch einen Legitimierungsdiskurs begleitet, der den Kolonialismus als ›zivilisatorische Mission‹ präsentierte, die den kolonisierten
Ländern schließlich ›Reife‹ und ›Freiheit‹ bringen würde. Rationalis-
ten, Modernisten und Liberale in Europa haben immer wieder – trotz
des Eingeständnisses der begangenen Gewalttaten – hervorgehoben,
dass Kolonialismus und Imperialismus letztlich der ›unzivilisierten‹
Welt die Aufklärung Europas, seine Rationalität und seinen Humanismus gebracht haben (vgl. Gandhi 1998: 32f.). Das Vordringen der
europäischen Kolonisierung wurde konsequenterweise als großartiger
Triumph der Wissenschaft und Rationalität über den Aberglauben
und das Unwissen gefeiert. Auch die Einführung der Kolonialspra-
chen wie Spanisch, Englisch oder Französisch wurde als Möglichkeit
vorgestellt, die ›zurückgebliebenen‹ Menschen in den Kolonien aus
der ›Dunkelheit‹ ans ›Licht‹ des ökonomischen Fortschritts und der
intellektuellen Entwicklung zu bringen. Quer durch das koloniale
Spektrum hindurch wurden dabei europäische Technologien und
Wissen als Symbole eines wünschenswerten Fortschritts verstanden.
Die komplizenhafte Beziehung zwischen den Diskursen der Moderne

sowie der Aufklärung und der kolonialistischen Vereinnahmung wird
hier überdeutlich. Rationalität, Humanismus und Moral sind – sehr
häufig bis in die Gegenwart – allesamt als europäische Tugenden
angesehen worden, die den Kolonien gewissermaßen als ›Geschenk‹
überreicht wurden. An dieser Stelle darf die Rolle des Christentums
und seiner Missionare nicht unerwähnt bleiben, doch muss vor einer
vereinfachenden Sichtweise gewarnt werden. Fernando Mires beispielsweise unterstreicht, dass die Kirche »in den verschiedenen Situa-
tionen im jeweilig gegebenen Kräfteverhältnis ziemlich unterschiedliche und oft auch sehr komplexe Formen angenommen« hat (1991:
224).

Stuart Hall führt aus, dass der Begriff der »Kolonisierung« wie
auch der des »Postkolonialen« auf ein Kräftefeld verweisen, welches
von Macht und Wissen regiert wird. Eine Unterscheidung in »Kolonisierung als einem Herrschafts-, Macht- und Ausbeutungssystem und
Kolonisierung als einem Erkenntnis- und Repräsentationssystem« sei
deswegen hinderlich und zurückzuweisen (Hall 2002: 237). Tatsächlich beruht der koloniale Diskurs essentiell auf einer Bedeutungsfixierung, die in der Konstruktion und Fixierung der ausnahmslosen *Anderen* zum Ausdruck kommt. Die gewaltvolle Repräsentation der *Anderen*
als unverrückbar different war notwendiger Bestandteil der Konstruktion eines souveränen, überlegenen europäischen Selbst.

ANTIKOLONIALER WIDERSTAND UND DIE FRAGE DES NATIONALISMUS

In der marxistischen Theorietradition wird der Kolonialismus lediglich
im Zusammenhang mit der Durchsetzung des Kapitalismus beschrieben – und damit problematischerweise zum einem quasi ›unumgäng-
lichen Übel‹. Tatsächlich beurteilte Karl Marx den Kolonialismus als
eine zwar brutale, aber im Grunde unabdingbare Bedingung für die
Befreiung von feudalen Verhältnissen (Marx 1960 [1853]). Seine Analyse des Kolonialismus als Begleiterscheinung des sich weltweit
durchsetzenden Kapitalismus hat viele der antikolonialen Bewegungen inspiriert, die freilich jeweils die Marx'schen Theorien kontextspe-
zifisch re-interpretiert haben.[9] Da die kolonialen Machtkonstellatio-
nen von rassistischen Strukturen durchzogen waren, die in marxistischen Schriften häufig ignoriert wurden, sahen sich antikoloniale
Intellektuelle immer wieder vor die Herausforderung gestellt, die
marxistische Vorstellung von Klassenkampf zu überdenken und zu
erweitern.

Der antikoloniale Widerstandskämpfer und Psychiater aus Martinique, Frantz Fanon, präsentiert etwa eine verknüpfende Analyse der
Kategorien »Rasse« und »Klasse«, um daran aufzuzeigen, dass sich
orthodoxe marxistische Theorien als inadäquat für den antikolonialen

Kampf erweisen (vgl. Fanon 1981). Auch der ebenfalls aus Martinique stammende Poet und Aktivist Aimé Césaire hat immer wieder die kulturellen Antagonismen zwischen Europa und den *Anderen* hervorgehoben. Europa war für diesen ohnehin der Ort der Dekadenz sowie des moralischen und spirituellen ›Abgrunds‹. In Abgrenzung dazu behauptet Césaire, dass die nicht-europäischen Zivilisationen vor der imperialen Invasion durch Kooperation und ein kollektives Verständnis des Zusammenlebens gekennzeichnet waren (1972: 9). Fanon, der sich in aller Deutlichkeit von solchen Erzählungen ›reiner‹, ›guter‹ Traditionen und Werte absetzt, stellt fest, dass es nicht nur zu einer Vereinnahmung und Ausbeutung der Arbeitskraft der Kolonisierten kam, sondern auch zu einer Entwertung ihrer Subjektivität (vgl. Fanon 1981).

Das Buch *Discourse on Colonialism* (1972 [1955]) von Césaire gilt als einer der einflussreichsten antikolonialen Texte. Der Autor wagt es hier nicht nur die Brutalität des Kolonialismus beim Namen zu nennen, sondern klagt insbesondere die »Verdinglichung« des kolonisierten Subjekts an (ebd.: 21). Weil nun im Prozess der Kolonisierung nicht nur Territorien besetzt und Reichtümer der Kolonialländer geplündert wurden, sondern auch die Kolonisierten, in dem Versuch, sie aus dem Projekt der Moderne auszuschließen, gewaltsam zu *Anderen* gemacht wurden, suchte der antikoloniale Kampf verständlicherweise nach neuen, machtvollen Identitäten, die den westlichen Repräsentationen der *Anderen* begegnen konnten. Das Projekt des Nationalismus geriet dabei, durch die Konzentration auf einen gemeinsamen Feind, zu einer planvollen systematischen Mobilisierung für den Widerstandskampf, dessen Ziel die Befreiung aus kolonialer Beherrschung war. Es stellt den Beginn einer fortschreitenden Dekolonisierung dar, die bis heute anhält und sich dabei mit den antikolonialen Kämpfen unweigerlich verwoben zeigt. Anders gewendet kann gesagt werden, dass in den diversen Kontexten die Idee der Nation als machtvoller Motor der Entfaltung und Verschweißung antikolonialer Kräfte diente.

Es war Benedict Andersons Buch *Imagined Communities* (1991 [1983]), von dem wesentliche Impulse zur theoretischen Beschreibung und Diskursanalyse der verschiedenen Nationalismen ausgingen. Für Anderson sind Nationen imaginäre Gemeinschaften und damit keine natürlichen Entitäten, sondern Konstruktionen, die fiktiv und fantasmatisch sind. Wie andere Nationalismusforscher/-innen vor und nach ihm sieht Anderson die diversen Nationalismen als historische Ablösephänomene der großen Dynastien einerseits und der großen Religionen als Sinn- und Einheitsstiftungsdiskurse andererseits, wobei der Prozess der Nationenbildung durch bedeutende Entdeckungen und Erfindungen seit Beginn der Neuzeit initiiert und beschleunigt wurde (1991: 37ff.). Mit der Ausbreitung des Buchdrucks, des Zeitungswesens und der Alphabetisierung immer neuer Gesellschaftsgruppen entstand zunehmend das Bedürfnis, neben lateinischen Druckwerken auch solche in den jeweiligen Landessprachen herauszugeben. So wurden bis dahin nicht standardisierte Dialekte zu Literatursprachen zusammengefasst und einige davon zu Amtssprachen erhoben (ebd.: 18). Daneben schaffte es die Bourgeoisie, gemeinsame Interessen auch über Klassengrenzen hinweg zu formulieren und nutzte zur Verbreitung die aufkommenden Printmedien (Zeitungen, Romane, Journale etc.). Die Medien waren es, die das für die »Erfindung der Nation« notwendige Vokabular weitertrugen und es gewissermaßen eingängig machten. Erst die Konvergenz des Kapitalismus mit den Drucktechnologien eröffnete so die Möglichkeit einer imaginierten Gemeinschaft, welche die Phase der modernen Nation einläutete (ebd.: 46). Die Schriftsprache wird zur Sprache des Nationalismus und ermöglicht das, was Anderson als Symbol moderner Nationen bezeichnet hat: Das »Vertrauen der Gemeinschaft in Anonymität« (ebd.: 36).

Andersons Argumentationen sind vielfach Angriffen ausgesetzt worden. Aus Richtung der postkolonialen Kritik wurde etwa eingewendet, dass Anderson zufolge die Nationalismen in den Kolonien immer und zwangsläufig durch die europäische politisch-intellektuelle Geschichte geformt wurden. Diese These eines »abgeleiteten Diskurses« beschreibt ein mimetisches Modell postkolonialer Nation, das von der kolonialen Herrschaft abhängig bleibt. Die autochthone Intelligenzija spielt in einer solchen Sichtweise eine entscheidende Rolle bei der Schmiedung eines anti-imperialistischen nationalistischen Bewusstseins. Sie ist es, die den Ländern im Unabhängigkeitskampf die europäischen Vorstellungen der Nation überbringt und vervielfältigt. Andersons Sichtweise überschneidet sich allerdings mit den orthodoxen Vorstellungen zum Nationalismus in den ehemaligen Kolonien – behaupten doch englische Historiker gleichermaßen, dass etwa die Inder die Ideen von »Freiheit« und »Selbstbestimmung« aus den englischen Schriften gelernt hätten (vgl. Loomba 1998: 189). Der indische Historiker Partha Chatterjee problematisiert diese Sichtweise und bemerkt, dass die Beziehung zwischen antikolonialen und metropolitanen Nationalismen von gegenseitigen Anleihen, aber auch von erheblichen Differenzen geprägt war. Folgerichtig widerspricht er in seinem Buch *The Nation and its Fragments* (1993) Andersons Modell von Nationalismus, welches davon auszugehen scheint, dass die postkoloniale Welt auf ewig dazu verdammt ist, Konsumentin europäischer Modernität zu sein.[10] Chatterjee weist damit den geradezu grotesken Gedanken zurück, dass selbst das Drehbuch antikolonialer Widerstandsbewegungen von den Kolonisatoren geschrieben wurde (1993: 5). Im Unterschied dazu schlägt er das Bild des »ideologischen Siebs« vor, durch das die antikolonialen Nationalisten die europäischen Ideen filterten. Antikolonialer Nationalismus ist dann nicht eine bloße Kopie des westlichen Modells, sondern repräsentiert die vielfältigen Vorstellungen von Freiheit und Menschlichkeit, die im Zuge der Befreiungsbewegungen entwickelt wurden. Darüber hinaus muss betont werden, dass sich die nationalen Identitäten europäischer Staaten nie ausschließlich in Abgrenzung, sondern immer auch in Austausch zu ihren jeweiligen *Anderen* herausgebildet haben.

Nicht zufällig waren es auf beiden Seiten der kolonialen Grenzziehung insbesondere Frauen, die als Marker für nationale und kulturelle Differenz instrumentalisiert wurden (vgl. etwa Walgenbach 2004). Die untergeordnete soziale Stellung der Frau galt den Kolonialherren als Beweis für die Degeneriertheit der beherrschten Kultur, weswegen die ›Reform‹ ihrer sozialen Position als eine entscheidende Aufgabe innerhalb der Kolonisierung bestimmt wurde. In der späteren nationalistischen Deutung galt dies als kolonialistischer Eingriff, dem mit eigenen Reformen des weiblichen Rollenverständnisses geantwortet wurde – eine Taktik, die zum Teil definitiv Verbesserungen für die soziale Stellung *einiger* Frauen mit sich gebracht hat, derweil allerdings die alten patriarchalen Strukturen reifiziert wurden (vgl. Sangari/Vaid 1989). Der antikoloniale Nationalismus ist also in komplexe Prozesse verwoben, die kolonialistischen Argumentationen sowohl widerstehen als sie auch bestätigen. So wurden die Ideen von »Tradition« und »Kultur« kontinuierlich (wieder-)erfunden – und zwar von beiden Seiten, den Kolonisatoren und den Nationalisten (vgl. hierzu auch Bhatti 2003). Dipesh Chakrabarty beschreibt den Prozess zwischen europäischem Imperialismus und den ›Dritte-Welt-Nationalisten‹ aus diesem Grunde als verbunden in dem Ziel der gemeinsamen Erreichung einer »Universalisierung des Nationalstaates als der am meistbegehrtesten Form politischer Gemeinschaft« (1992: 19).

Aufgrund der die Konstruktionen postkolonialer Staaten begleitenden sozialen Exklusion breiter Bevölkerungsteile wurde die Möglichkeit von Nationalidentitäten als Basis antiimperialistischer Kämpfe immer wieder in Frage gestellt. So ist argumentiert worden, dass die hegemonialen postkolonialen Staaten die antiimperialistische Rhetorik des Nationalismus instrumentalisiert habe, um ihre eigene Macht zu sichern. Die Früchte der Befreiung waren letztendlich weder für *alle* gedacht noch für *alle* erreichbar. Im Gegenteil: Die Verteilung verlief denkbar ungleich. Nicht selten wurden bereits bestehende Ungleichheitsstrukturen stabilisiert. So bedeutet die Freiheit von kolonialer Herrschaft nicht zugleich einen besseren Status für Frauen und gleichermaßen nicht für die Arbeiter und Arbeiterinnen oder die Landbevölkerung innerhalb der Kolonien. Als direkte und immer noch aktuelle Konsequenz dieser exklusiven Strategie werden diejenigen, die am nationalistischen antikolonialen Projekt teilnahmen und dabei gleichzeitig ausgegrenzten Gruppen angehörten, weiterhin kaum zur Kenntnis genommen. Ein gutes Beispiel hierfür ist Bimrao Rhamji

Ambedkar, der als *Dalit*[11] aktiv am antikolonialen indischen Befreiungskampf teilnahm und häufig als Antagonist von Mohandas Karamchand Gandhi beschrieben wird. Während Gandhi für die Freiheit von kolonialer Beherrschung kämpfte, wollte Ambedkar eine Freiheit von Ausbeutung und Unterdrückung – er nahm nicht nur die koloniale Herrschaft, sondern auch die nationalen hinduistischen Eliten ins Visier (vgl. Omvedt 2004: xv). Ambedkar, der trotz schwieriger Bedingungen als Dalit in England und USA Wirtschaftswissenschaft und Jura studierte, war ab 1924 am Obersten Gericht in Bombay tätig. Wenige Jahre später folgte er den Ruf als Professor an das staatliche Institut der Rechtswissenschaft in Bombay. Er war maßgeblich an der Ausarbeitung der Verfassung der freien indischen Republik beteiligt und setzte die soziale Gleichstellung der ›Unberührbaren‹ durch (vgl. ebd.: 1ff.). Dennoch wird er innerhalb postkolonialer Studien weitgehend ignoriert. In Robert Youngs 500-seitiger Einführung zum Postkolonialismus (2001) wird Ambedkar, einer der bemerkenswertesten antikolonialen Denker Indiens, nicht ein einziges Mal erwähnt, während sich dort für Gandhi 100 Indexeinträge finden lassen.

Es wird deutlich, dass Nationen als Gemeinschaften nicht nur über die Bildung von Zugehörigkeiten und den passenden Zugehörigkeitsmythen geschaffen werden, sondern wesentlich auch über die Aberkennung von Zugehörigkeiten. Hierfür werden bestimmte Erzählungen weiter gegeben und rhetorisch Nachdruck verliehen, während andere Geschichten absichtvoll in die Vergessenheit gedrängt werden (vgl. Loomba 1998: 202). Dennoch beharren postkoloniale Kritiker/-innen wie Benita Parry (2004) und Neil Lazarus (1994) darauf, dass es notwendig bleibt, die enorme Kraft des Befreiungsnationalismus und seine treibende Rolle im Prozess der Dekolonisierung anzuerkennen, obschon auch sie dafür plädieren, die damit einhergegangenen Exklusionen zu problematisieren.

Dabei sind nicht alle antikolonialen Strategien, welche die Nation evozieren, sogleich auf diese beschränkt. Die *Négritude*-Bewegung beispielsweise – oder auch der *Pan-Afrikanismus* – wählen bekanntermaßen eine Beschreibung der Nation als geteilte Erfahrung und Kultur, welche die kolonial gesetzten Landesgrenzen überschreitet (vgl. hierzu Mudimbe 1988). Die Bezeichnung »*Négritude*«, die von Césaire geprägt wurde, bezieht sich dabei auf die auf Französisch geschriebene Literatur schwarzer Intellektueller, während der Pan-Afrikanismus im Allgemeinen die englischsprachigen schwarzen Intellektuellen zusammenfasst und der Begriff »*Latinoamericanismo*« dasselbe für Lateinamerika versucht. All diese Bewegungen artikulieren eine pan-nationale Solidarität mit dem Ziel, die weiße, westliche Vorherrschaft ideologisch und epistemologisch herauszufordern. Im *Pan-Afrikanismus* und in der *Négritude* wird zudem das Schwarzsein als eine distinkte Form ›rassisch-kulturellen‹ Seins zelebriert. Für Léopold Senghor, der als der wichtigste Philosoph der *Négritude* gilt, bedeutet deswegen die Erfahrung des Kolonialismus für schwarze Menschen eine ›rassische‹ Erfahrung, die eine »kollektive Persönlichkeit schwarzer Menschen« schafft. Senghor, der von 1960 bis 1980 erster Staatspräsident des Senegals war, assoziiert die »schwarze Rasse«, wie er schreibt, ausschließlich mit Afrika, das die geteilte kulturelle Wurzel aller Schwarzen in der Welt darstelle. *Négritude* wird damit zu einem direkten Angriff auf die Werte und Haltungen, die von ›Weißen‹ mit ›Schwarzsein‹ verknüpft werden (Senghor 1994: 28). Nicht in Frage gestellt werden dabei die von den europäischen Kolonialmächten aufgestellten Theorien der ›rassischen Differenz‹. Fanon zeigt sich deswegen sehr skeptisch gegenüber der *Négritude*-Bewegung. Indigene Intellektuelle, die sich unhinterfragt auf eine afrikanische Kultur beziehen, sind für Fanon fehlgeleitet, bleiben sie doch der kolonialen Logik verhaftet, indem sie deren Stereotype einfach nur invertieren. In seinem Buch *Die Verdammten dieser Erde* (1981 [1961]) spricht er sich beispielshalber gegen eine Gleichsetzung der historischen und kulturellen Not der afroamerikanischen Community mit der Gewalterfahrung kolonisierter Menschen, die sich direkt unter einer weißen europäischen Kontrolle befanden, aus.

Paul Gilroys Buch *The Black Atlantic* (1993) versucht sich im Gegensatz zur *Négritude* an einem alternativen Denken transnationaler Solidaritäten und Verbindungen, die eine pan-nationale »schwarze Kultur« entlang anderer Linien theoretisiert (ebd.: 6). Gilroy fokussiert ein historisches, kulturelles, linguistisches und politisches Interaktions- und Kommunikationssystem, welches im Prozess der Versklavung von Afrikanern und Afrikanerinnen entstand. Die Sklaverei sollte, so Gilroy, nicht ausschließlich als eine ökonomische Angelegenheit betrachtet werden, denn sie hat unvorhersehbare kulturelle Effekte gezeigt. Durch den Sklavenhandel wurden die verschiedensten Menschen in komplexen sozialen Kombinationen in Kontakt gebracht, was unintendierte Konsequenzen hatte. Diverse Geschichten, Religionen, Sprachen und Weltverständnisse wurden kombiniert und mutierten zu einem dynamischen Muster. *Black Atlantic* umfasst Gilroy zufolge den Prozess der langsamen Übernahme einer fremden Sprache sowie die Anpassung an (neue) Gewohnheiten im Rahmen eines Emanzipationsprojekts (ebd.: 122). Der Fokus wird hier auf die unordentliche Komplexität der sich überkreuzenden Erfahrungen und Geschichten gerichtet – und auf die Herausforderungen, die sich dadurch für die Idee einer uniformen und fixierten Kultur ergeben. Gegenüber einem »ethnischen Absolutismus« und »kulturellen Nationalismus« zeigt sich Gilroy kritisch und macht deutlich, dass der Synkretismus der Nation vollkommen übersehen wird, solange der Nationalismus als der privilegierte Ort des Widerstands und der Rebellion gegen Herrschaft und Unterdrückung gilt (ebd.: 6). Westliche Nationen sind für ihn von einer afrikanischen Diaspora durchdrungen, deren Erfahrungen die Basis einer geteilten »schwarzen Kultur« darstellen, die allerdings niemals in einer »rassischen« oder ontologischen Weise gedacht werden kann (ebd.: 39f.). Die Idee eines »Schwarzen Atlantiks« führt mithin die Inadäquatheit von »Nation« und »Rasse« als Symbole einer privilegierten kulturellen Identität vor Augen.

DIE VORLÄUFER POSTKOLONIALER THEORIE: COMMONWEALTH LITERARY STUDIES

Die *Commonwealth Literary Studies* gelten als einer der Vorläufer postkolonialer Studien, da sie einen Großteil der Argumente und Konzepte postkolonialer Theorie vorweggenommen haben. Unter *Commonwealth Literary Studies* wurde ursprünglich das Studium der Literatur im ehemaligen Territorium des britischen Empires verstanden. Theoretisch begründet wurde die Disziplin dabei mit der gemeinsamen Sprache und den geteilten Erfahrungen mit der britischen Herrschaft, die auch Affinitäten in den literarischen Produktionen vermuten ließen. Aus dieser geteilten politischen und kulturellen Geschichte, so wurde angenommen, hat sich ein Repertoire an bündigen Stilen und eine gemeinsame Weltsicht entwickelt, die sich als beharrlicher erweist als die partikularen nationalen Modulationen. Die britische Literatur blieb allerdings die Norm, an der die Literatur der postkolonialen Produktionen gemessen wurde, folglich wurden ›offenbare‹ Abweichungen von den metropolitanen Schreibtraditionen rigoros verworfen. Der die *Commonwealth Literary Studies* durchziehende Anglozentrismus gab die Richtung der Disziplin vor (vgl. Moore-Gilbert 1998: 27f.).

Die dominante frühe Version der *Commonwealth Literary Studies* sah sich jedoch schon recht bald Angriffen ausgesetzt. Nicht nur wurde die Verwendung des geforderten »britischen Standardenglisch« hinterfragt, sondern auch festgestellt, dass die einzelnen Länder – trotz der scheinbaren Uniformität des Empire – sehr verschiedene Geschichten der Besiedlung und der damit einhergehenden kulturellen Entwicklungen aufwiesen. Wurden zu Beginn auch die ehemaligen Siedlungskolonien (Australien, Neuseeland, Kanada) berücksichtigt, so forderte die Kritik insbesondere die Differenzierung zwischen ehemaligen Beherrschungskolonien und Siedlungskolonien, in denen die dominante Mehrheit von weißen Farmern gestellt wurde. Dies führte bei Letzteren zu einer stärkeren Berücksichtigung der Rolle der Dominanzkultur bei der Ausbildung kolonialer Formationen – insbesondere bezüglich ihrer Beziehung zu den autochthonen Gesellschaftsschichten (ebd.: 9ff.).

Ab Mitte der 1970er Jahre begann schließlich eine umfassende Revidierung der Geschichte des Kolonialismus, die zu einer gründlichen Hinterfragung der unterstellten Vorteile, die der Imperialismus den ehemaligen Kolonialländern gebracht haben soll, initiierte. Die daran anschließende Überprüfung der ideologischen Grundlagen früherer Beschreibungen der *Commonwealth Literary Studies* entlarvte das darin enthaltene neokoloniale Ansinnen, die westliche Autorität nach der formalen Dekolonisierung zu rekonstituieren. Dies waren erste behutsame Schritte in Richtung postkolonialer Kritik. Am Anfang wurden *Commonwealth Literary Studies* und *Postcolonial Studies* tatsächlich als synonyme Begrifflichkeiten verwendet (ebd.: 31). Erst mit der langsamen Etablierung der kolonialen Diskursanalyse in den Hochschulen der Metropolen, nach Saids Veröffentlichung von *Orientalism*, machten die *Commonwealth Literary Studies* langsam Platz für die heute populären postkolonialen Studien. Das bedeutet jedoch zu keinem Zeitpunkt, dass die alten problematischen Paradigmen verschwunden wären (ebd.: 32). Diese ›geistern‹ noch immer durch die postkolonialen Studien und erinnern fortwährend an ihre Vorläufer.

Postkoloniale Theorie: Perspektiven und Methodologien

Der Begriff »postkolonial« bleibt trotz aller Versuche der Klärung unscharf und heiß debattiert. Beschrieb er in den 1970er Jahren innerhalb der politischen Theorie noch die Lage ehemaliger Kolonien, die die Unabhängigkeit von der kolonialen Herrschaft errungen hatten, so wurde er in den 1980ern ausgeweitet und bezeichnete fortan alle kolonisierten Kulturen – und zwar vom Moment der Kolonisierung bis hin zur Gegenwart (Ashcroft/Griffiths/Tiffin 1989: 2). Die Perspektiven und Herangehensweisen, die mit postkolonialer Kritik assoziiert werden, finden dabei auch Anwendung auf die Bedingungen so genannter »interner Kolonien« innerhalb des Westens – etwa Schottland, Irland und Wales (vgl. etwa Young 2001). Auf ein Problem mit dem Begriff »postkolonial« weist Ania Loomba hin, die nicht nur das Präfix »post« problematisiert, sondern auch den Terminus »kolonial« in »postkolonial« als Bezeichnung aller vormals kolonisierten Länder. Damit werden, so Loomba, die reichen Traditionen, Ideologien und Geschichten dieser Länder verleugnet – als seien sie erst mit dem Kolonialismus entstanden und nur durch denselben überhaupt bedeutsam (1998: 17). Kolonialismus hat jedoch nicht auf einer *Tabula rasa* stattgefunden. Wenngleich die präkolonialen Geschichten heute schwer nachzuzeichnen sind – gegeben hat es sie. Dies impliziert, dass die präkolonialen Strukturen in die kolonialen hineingewirkt haben. Shalini Randeria spricht in diesem Zusammenhang von »verwobenen Geschichten« (*entangled histories*, Conrad/Randeria 2002: 17) und beschreibt damit eine relationale Perspektive, die die Unmöglichkeit aufzeigt, eine Geschichte des ›Westens‹ ohne die Geschichte der Kolonialländer zu schreiben und *vice versa*: »[D]ie moderne Geschichte [ist] als ein Ensemble von Verflechtungen aufzufassen« (ebd.). Postkoloniale Theorie nimmt gewissermaßen die Herausforderung einer solchen transnationalen Geschichtsschreibung ernst. Folgerichtig untersucht sie den Imperialismus als ein europäisches wie außereuropäisches *Gesamt*phänomen.

Postkolonialismus kann nicht einfach als etwas gedacht werden, dass ›nach‹ dem Kolonialismus eingetreten ist, sondern muss als eine Widerstandsform gegen die koloniale Herrschaft und ihre Konsequenzen betrachtet werden. Anstatt also Geschichte als lineare Progression zu betrachten, wendet sich postkoloniale Theorie den Widersprüchen historischer Prozesse zu. Und so komplex, wie sich die Kolonisierung und ihre Folgen zeigen, so kompliziert und uneindeutig stellen sich auch Dekolonisierungsprozesse dar. Soll »postkolonial« nicht nur einen technischen Machttransfer andeuten, so verlangt dies danach, die Brüche und Widersprüche des Dekolonisierungsprozesses konstant herauszuarbeiten (vgl. Loomba 1998: 10).

Zudem ist der Prozess der Dekolonisierung ein andauernder, der sich eben nicht als linear und fortschreitend darstellen lässt. Neokolonialismus und Rekolonisierungstendenzen zeigen vielmehr an, dass der Kolonialismus immer neue Wege erfindet, um sich die Ressourcen der *anderen* Länder zu sichern. Kolonialismus ist damit bei weitem nicht ausschließlich Stoff für staubige Geschichtsbücher, da gewisse Unterdrückungsformen anhalten, während andere immer wieder revitalisiert werden. Dasselbe gilt im Übrigen für die facettenreichen Widerstandskämpfe innerhalb des Südens und auch in den Metropolen der imperialen Mächte. Dies schließt die Durchsetzung eines uniformen Verständnisses von Postkolonialität aus und spricht vielmehr für die Notwendigkeit einer *Kontextsensibilität* beim Gebrauch des Begriffes.

Die koloniale Diskursanalyse als wichtiger Teil postkolonialer Theorie repräsentiert einen neuen Weg Kolonialgeschichte zu lesen, werden hier doch sowohl kulturelle als auch ökonomische Prozesse als sich bedingende Formationen des Kolonialismus betrachtet. Eines der Ziele solcher Analysen ist deswegen, über die Untersuchung der Überschneidungen von Ideen und Institutionen – etwa Wissen und Macht im Sinne Foucaults – den Blickwinkel kolonialer Studien zu erweitern. Neben den offenkundigen materiellen Seiten kolonialer Herrschaft wird die gewaltvolle Macht der Repräsentation untersucht. Die koloniale Diskursanalyse insistiert dabei darauf, dass Literatur nur verstanden werden kann, wenn sie gemeinsam mit Geschichte, Politik, Philosophie, Sozialwissenschaften und anderen Disziplinen betrachtet wird. Die scheinbar fixierten Grenzen zwischen Text und Kontext werden radikal problematisiert, um daran die Kontinuitäten von Repräsentationsformen der Kolonisierten und die Praxen (neo-) kolonialer Macht aufzeigen zu können (vgl. Moore-Gilbert 1998: 8).

Das Aufkommen postkolonialer Studien knüpft dabei an zwei Momente an: zum einen an die Geschichte der Dekolonisierung sowie die Problematisierung dominanter ›Rassen-‹, Kultur-, Sprach- und Klassendiskurse durch die intellektuellen Aktivisten antikolonialer Kämpfe und zum anderen an die Revolutionierung westlich intellektueller Traditionen, welche die gängigen Konzepte von Macht, Subjektivität und Widerstand herauszufordern wussten. Diese zwei Diskurse scheinen sich nur auf den ersten Blick zu widersprechen. Sie bilden *de facto* eine dynamische Einheit (vgl. Loomba 1998: 20). Unter »Postkolonialität« wird in der Folge ein Set diskursiver Praxen verstanden, die Widerstand leisten gegen Kolonialismus, kolonialistische Ideologien und ihre Hinterlassenschaften (Adam/Tiffin 1991: vii). Die daraus entstandene postkoloniale Theorie umfasst eine Vielfalt methodologischer Herangehensweisen, die in einem umfassenden interdisziplinären Feld und in den unterschiedlichsten Institutionen zur Anwendung kommt. Dabei beschäftigt sie sich heute längst nicht mehr nur mit den Wirkungen der Kolonisierung, sondern bezieht auch die aktuell bestehenden neokolonialen Machtverhältnissen und die diversen »kulturellen Formationen«, die in Folge von Kolonisierung und Migration in den Metropolen entstanden sind, in ihre Betrachtungen mit ein.

Trotz der verspäteten Rezeption[12] sowie der komplexen Geschichte der postkolonialen Kritik in den westlichen Akademien hat diese zweifelsfrei einen starken Einfluss auf gegenwärtige Modi der Kulturanalyse. Methodologisch bedient sich die postkoloniale Kritik hierfür vor allem bei der französischen Theorietradition – insbesondere Konzepte und Ideen von Michel Foucault, Jacques Derrida und Jacques Lacan kommen häufig zum Einsatz. Dabei ist das Verhältnis zu der ›hohen Theorie‹ – wie es im anglophonen Sprachraum heißt – bei den drei im Folgenden vorgestellten Ansätzen durchaus different. Mag dies auch verwirrend sein, so sabotiert es doch die Möglichkeit der Vereinnahmung postkolonialer Theorie durch eine ›Schule‹ oder ›Richtung‹. Young stellt fest, dass diese Herangehensweise eine neue Logik des historischen Schreibens hervorgebracht hat (1995: 163). Mit einer solchen Aussage setzt er sich im Übrigen von den vehementen Kritikern und Kritikerinnen postkolonialer Theorie ab, die den Einsatz der ›hohen Theorie‹ beklagen (wie etwa Parry 2004: 23), da diese den antikolonialen Widerstand zu einer elitären Veranstaltung werden lasse, der nur wenige folgen können. Dagegen haben Young (1995: 163) zufolge Said, Spivak und Bhabha, die er als die »Heilige Dreifaltigkeit« (*Holy Trinity*) der postkolonialen Theorien bezeichnet, eine radikale Rekonzeptionalisierung der Beziehung zwischen Nation, Kultur und Ethnizität ermöglicht, die ohne Zweifel von weitreichender kultureller und politischer Bedeutung ist.

Neben anderen Faktoren ist es die Dominanz des englischsprachigen Kontextes, die dazu geführt hat, dass etwa ›Lateinamerika‹ innerhalb der postkolonialen Theorie nur eine marginale Rolle zu spielen scheint, obschon äußerst inspirierende Arbeiten aus diesem Bereich kommen. So hat sich Anfang der 1990er Jahren in den USA die *Latin American Subaltern Studies Group* gegründet, die es sich zur Aufgabe gemacht hat, die so genannten Lateinamerikastudien mittels der postkolonialen Perspektive zu revidieren. Inspiriert durch die Arbeiten der *South Asian Subaltern Studies Group,* die sich bereits in den 1970er Jahren um den indischen Historiker Ranajit Guha gründete, beschäftigten sich die Mitglieder dieser Gruppe unter anderem mit der Übertragbarkeit von Konzepten wie etwa das der »Subalternität« auf die lateinamerikanische Situation (Rodríguez 2001: 6ff.). In diesem Sinne analysiert John Beverley (2004) in Anlehnung an Guha die subalternen Widerstandspraxen der nicht-alphabetisierten indigenen Bevölkerung und führt als Beispiele die mexikanischen Zapatisten und die bolivianische Friedensnobelpreisträgerin Rigoberta Menchú an. Spannend sind die Studien vor allem dort, wo sie die Grenzen postkolonialer Theorie aufzuzeigen vermögen und neue Perspektiven einbringen (vgl. auch Castro-Gómez/Mendieta 1998). So verweist Walter Mignolo auf »lokale Sensibilitäten« und beschreibt einen lateinamerikanischen »Postokzidentalismus«, dessen Anfänge er auf das Jahr 1918 datiert – also lange bevor überhaupt postkoloniale Theorie diskutiert wurde. Zu den Theoretikern dieser Richtung zählt er unter anderem José Carlos Mariátegui, Darcy Ribeiro und Roberto Fernández Retamar. Seiner Meinung nach artikulieren diese Autoren eine kritische Antwort auf das soziale und wissenschaftliche Projekt der Moderne im Zuge der imperialistischen Globalisierung. Die hier *von* Lateinamerikanern *in* Lateinamerika *für* Lateinamerikaner/-innen produzierten Diskurse vermögen die eurozentrische Epistemologie der Modernen zu durchbrechen, die schließlich das kolonialistische Projekt einer fortschreitenden Verwestlichung begleitet hat (vgl. Mignolo 1993).

Die Arbeiten der *Latin American Subaltern Studies Group* wurden allerdings sehr bald heftiger Kritik ausgesetzt. So klagt etwa Mabel Moraña die Gruppe eines »theoretischen Handels« (*theoretical trafficking,* Moraña 1998: 243) von der ›Dritten Welt‹ in die ›Erste Welt‹ an. Darüber hinaus bemerkt sie, dass die Dominierung der Lateinamerikastudien durch die US-amerikanischen Hochschulen ein weiteres Mal das hegemoniale Verhältnis der USA *vis-à-vis* ›Lateinamerika‹ stabilisiert (ebd.). Aufgrund der starken Kritik löste sich die Gruppe im Jahre 2000 auf.

Es wird deutlich, dass der Kampf um Dekolonisierung nicht nur verschiedene Strategien hervorgebracht und diverse Phasen durchlaufen hat, sondern auch unlösbare interne Kämpfe beherbergt. Diese drehen sich immer wieder um die Fragen der Repräsentation und der materiellen Dominanzverhältnisse wie auch um die Beziehung von Theorie und politischem Aktivismus.

II. Edward Said — Der orientalisierte Orient

>»[H]eutige Intellektuelle sind eher [...] Literaturprofessoren und
>-professorinnen mit einem sicheren Einkommen und keinem Inte-
>resse an einer Auseinandersetzung mit der Welt außerhalb des Se-
>minarraums. Solche Individuen [...] schreiben esoterische und
>barbarische Prosa, die vor allem auf akademische Förderung und
>nicht auf soziale Veränderung abzielen« (Edward Said 1994a: 53).[1]

Der Literaturwissenschaftler Edward Said wurde 1935 in Jerusalem, als
die Stadt noch unter britischer Mandatsmacht stand, in eine christ-
lich-palästinische Familie geboren und wuchs dort und in Kairo im
Milieu eines episkopischen Protestantismus auf. Nachdem er am
bekannten Victoria College in Kairo studiert hatte, migrierte er mit 16
in die USA, wo er erst am Mount Hermon College, dann an der
Princeton University und später an der Harvard University studierte
und schließlich an Letzterer den Doktor in Literaturwissenschaft erwarb. Unmittelbar nach Abschluss seiner Promotion 1963 erhielt er
die Stelle eines *Assistant Professor* für Vergleichende Literaturwissenschaften an der Columbia University in New York, wo er bis zu seinem Tode im September 2003 lehrte. Er veröffentlichte insgesamt 17
Bücher und unzählige Aufsätze, die in mehr als 20 Sprachen übersetzt wurden, und erhielt eine Vielzahl nationaler und internationaler
Auszeichnungen. 1978 erschien sein wohl bedeutendstes Werk *Orientalism*, das eine bis heute andauernde Kontroverse auslöste und von
vielen als ›Gründungsdokument‹ der postkolonialen Studien gesehen
wird. Als Wendepunkt in Saids Leben gilt der Ausbruch des arabisch-
israelischen Krieges im Jahre 1967.[2] Said, der damals in den USA
bereits ein anerkannter Literaturwissenschaftler war, wird in diesem
Jahr unmittelbar mit antiarabischen Feindseligkeiten konfrontiert. Die
Besetzung Palästinas ist ihm Anlass, sich mit den imperialistischen
Diskursen des Westens zu beschäftigen und diese in Beziehung zu
seiner eigenen Identität zu setzen. Nicht von ungefähr gelten seine

Schriften heute als renommierte Argumente gegen die Dämonisierung der arabischen Welt und des Islams.

Sein Engagement in der Palästinafrage steht im Mittelpunkt der Trilogie *Orientalism* (1978), *The Question of Palestine* (1979) und *Covering Islam* (1981). Theoretisch werden in diesen Arbeiten insbesondere Fragen des Exils und die Folgen einer »De-platzierung« behandelt. Besonders deutlich tritt in diesen drei Arbeiten Saids beständiges Bemühen hervor, Textualität und Welt zu verbinden. Said hat es vermieden, eine palästinensische Kultur in essentialistischer Weise zu beschreiben, sind doch Kultur und Identität für ihn Prozesse und also Ergebnisse von »Herrschaft und Willensanstrengung« und eben nicht unveränderbare statische Tatsachen (Said 1999: 38).

Es war ihm ein Gräuel, als Literaturwissenschaftler *und* politischer Aktivist beschrieben zu werden, denn die wissenschaftliche Praxis musste für ihn, sollte sie sinnreich sein, immer im Kontakt mit der aktuellen Alltagswelt bleiben. Insoweit sah sich der Literaturwissenschaftler *gleichzeitig* als politischer Aktivist. Auch zeigte er sich beunruhigt von der Vereinnahmung seiner Thesen durch – wie er es nannte – »nativistische Anliegen«. Verortet hat er sich in einem Raum zwischen der kolonialen Vergangenheit Palästinas und der imperialistischen US-amerikanischen Gegenwart, und obwohl er sich in vielen seiner Schriften für ein palästinensisches Selbstbestimmungsrecht eingesetzt hat, ist die Verbreitung seiner Schriften auf Arabisch nicht nur in Palästina, sondern auch in der gesamten Golfregion untersagt (Said 2002: 3). Überhaupt ist festzustellen, dass sich viele in der so genannten arabischen Welt – im Westen freilich ohnehin – schwer tun mit Said, diesem umstrittenen Intellektuellen, dessen wissenschaftliche Arbeit nicht nur an ein politisches Engagement gekoppelt war, sondern auch durch komplexe Differenziertheit charakterisiert wurde. Während er den einen als ›verwestlicht‹ galt, ist er den anderen, insbesondere den liberaleren Intellektuellen des Nahen Ostens, wegen seiner Verteidigung des Islams suspekt gewesen.

Die Studie *Orientalism* stellt, wie erwähnt, einen Meilenstein in Saids Schaffen dar. Das dort entwickelte Konzept des Orientalismus zählt heute zu den Schlüsselkonzepten postkolonialer Theorie und gilt längst schon als generischer Begriff, der beschreibt, wie dominante Kulturen so genannte *andere* Kulturen repräsentieren und damit erst schaffen. Mit Hilfe der Foucault'schen Diskursanalyse zeichnet Said nach, wie der koloniale Diskurs die kolonisierten Subjekte *und* Kolonisatoren gleichermaßen produziert hat[3] und wie der Orient durch die ›Orientexperten‹, die vorgaben den Orient zu kennen, erst hergestellt wurde. Darüber hinaus arbeitet er überzeugend heraus, wie der Diskurs dazu instrumentalisiert wurde, die europäische Kolonialherrschaft auf- und auszubauen: Das vermeintliche Wissen über den Orient habe nicht nur der direkten Machausübung, sondern insbesondere der Legitimierung von Gewalt gedient. Seit dem Erscheinen von *Orientalism* haben sich in den USA Imperialismusstudien zu einem bedeutsamen Forschungsfeld entwickelt, so dass ohne Übertreibung gesagt werden kann, dass Said das politische Denken und die kritischen Diskurse der letzten Jahrzehnte entscheidend beeinflusst hat. Dies ist letztendlich auch deswegen der Fall, weil er in der Rolle des Intellektuellen die westliche akademische Landschaft vehement dafür angeklagt hat, die Kämpfe der Unterdrückten in Form von Theorie angeeignet und damit gezähmt zu haben (Said 1983: 226f.).

In *Culture and Imperialism* (1993) setzt sich Said mit den kulturellen Produktionen des Westens auseinander und entwirft Strategien des postkolonialen Widerstands. Wichtiges Feld seiner theoretischen Abhandlungen ist die Palästinafrage, die Said seit den 1960er Jahren beschäftigt (vgl. insbesondere Said 1979). In *Covering Islam* (1997a [1981]) geht es ihm etwa darum, die aktuellen einseitigen Islamdarstellungen des Westens – insbesondere der USA – transparent zu machen. Der Islam, so Said, sei kein monolithisches Gebilde, sondern ein äußerst komplexes Phänomen und eine umkämpfte Identität, die nicht nur heterogen, sondern auch Gegenstand einer fortgesetzten Debatte ist – eine Tatsache, die von den Medien und auch der Wissenschaft gerne ignoriert werde. Stattdessen gäben diese vor, *den* Islam zu *kennen*, wobei insbesondere die Medien Muslime und Araber in erster Linie als Öllieferanten und potentielle Terroristen repräsentieren würden (ebd.: 28). Anders lautenden Einschätzungen zum Trotz war es nie Saids Intention, jedwede politische Praxis ›islamischer Staaten‹ zu verteidigen. Im Gegenteil: Immer wieder hat er sich dezidiert von repressiven Staaten distanziert, die ihre spezifischen Unterdrückungsstrukturen mit dem Koran zu legitimieren versuchen. Viel eher ging es ihm darum zu zeigen, dass die Berichterstattung über *den* Islam eine Interpretationspolitik darstellt, die eigentlich ein Spiegelbild spezifischer hegemonialer Verhältnisse ist. Der Begriff des »Fundamentalismus« erweise sich mittlerweile, so Said, geradezu als Synonym für die Dämonisierung des Islams und der Araber (ebd.: xvi).

Das Gründungsdokument postkolonialer Theorie: Orientalism

Orientalism (1978) gilt als eines der frühesten Beispiele für die kombinierte Anwendung kritischer französischer Theorie und anglophoner Kulturgeschichte und Texttradition. Thema dieser bemerkenswerten Studie ist der Orientalismusdiskurs, der eine Art westliche Projektion darstellt, die an eine willentliche Unterwerfung des Orients[4] gebunden ist (Said 1978: 95). Der Fokus kann dabei als ein doppelter beschrieben werden, geht es doch auf der einen Seite um die Konstruktion des Orients durch Europa sowie um die damit einhergehenden

Repräsentationspolitiken und auf der anderen Seite um die Instrumentalisierung dieses akademisch informierten ›Wissens‹ zur kolonialen Herrschaftsstabilisierung. Saids Aufmerksamkeit richtet sich hier insbesondere auf die diskursiven Konstruktionen, die sowohl die hegemoniale Epistemologien als auch die materiellen Realitäten strukturieren.

Als akademische Disziplin entsteht der Orientalismus im späten 18. Jahrhundert und bildet fortan ein Wissensarchiv, welches die westliche kulturelle, ökonomische und militärische Dominanz über den Orient konsolidieren hilft. Der Orient wird seitdem systematisch als ein Ort beschrieben, den es zu entdecken und begreifbar zu machen gilt (ebd.: 73). Said legt dar, dass alle kulturellen Beschreibungssysteme des Westens zutiefst mit Strategien der Macht durchzogen sind. Um diese These zu untermauern, analysiert er in *Orientalism* die Verbindungslinien zwischen Wissensproduktion und dem europäischen Imperialismus. Die Politik des Eurozentrismus beginnt für Said folgerichtig immer mit der Repräsentationsfrage. Über eine Darlegung der Art und Weise, mit der die Repräsentation der *Anderen* durch Europa seit dem 18. Jahrhundert als Charakteristikum kultureller Dominanz institutionalisiert worden ist, kann Said exemplarisch die Verbindung zwischen Macht und Wissen offen legen. So zeigt er auf, inwieweit Europas Strategien des angeblichen »Kennenlernens« letztendlich Strategien der Weltbeherrschung darstellen.

Der Orientalismus konstruiert die Menschen im Orient als das Gegenbild der Europäer/-innen, als ihre *Anderen*. Der Versuch, die *Anderen* Europas zu verorten und festzulegen, geht zugleich mit der Bestimmung eines positiv besetzten europäischen Selbst einher. Womit sich der Orientalismus als ein Diskurs über nationale Besonderheiten wie auch ›rassische‹ und linguistische Ursprünge erweist. Durch den Begriff »orientalisch« wird eine durchaus breite, diversifizierte Wissensfülle homogenisiert und versucht mit einem einzigen Konzept zu erfassen. Orientalische Sprachen, Geschichte und Kultur wurden hierfür innerhalb eines Kontextes erforscht, der die »positionelle Superiorität« (*positional superiority*) Europas nie in Frage stellte (ebd.: 7).

Als Denkweise gründet der Orientalismus auf einer ontologisch und epistemologisch gesetzten Differenz zwischen Orient und Okzident (ebd.: 2). Der Begriff »Orientalist« diente dabei anfangs der Bezeichnung für Akademiker, die zwischen 1780-1830 in Indien tätig waren. Sie galten gemeinhin als Indienbegeisterte, die sich für indische Kultur interessierten und indische Sprachen studierten.[5] Früh zeigten sich auch europäische Ethnologen, Philologen und Historiker geradezu besessen vom Orient und den indo-europäischen Sprachgruppen, boten diese doch scheinbar Erklärungen zu den Wurzeln einer europäischen Zivilisation an (Said 1999: 29). Nicht wenige sahen beispielsweise den Ursprung europäischer Sprachen im Sanskrit.[6] Konsequenz dieser Annahme war ein obsessives Studium des Orients – insbesondere des antiken Indiens –, die so genannte *Indomania* (vgl. Moore-Gilbert 1998: 38). Said ist diese Begeisterung verdächtig, handelte es sich für ihn hierbei doch weniger um eine selbstlose Praxis als um eine spezifische Herrschaftsstrategie. Interkulturelle Begegnung, wie sie die Orientalisten anstrebten, findet charakteristischerweise zwischen ungleichen Partnern statt. Und das Wissen, das durch diese Experten hergestellt und akkumuliert wurde, diente nicht zufällig der kolonialen Administration, der es die Beherrschung der kolonisierten Gebiete erheblich erleichterte. Das von diesen hergestellte dichotome Repräsentationssystem zeigt sich dabei eingebettet in ein Stereotypenregime, bei dem der Orient als feminin, irrational und primitiv im Gegensatz zum maskulinen, rationalen und fortschrittlichen Westen entworfen wird.[7]

Um seine Argumentation zu entfalten, analysiert Said verschiedene Werke von Gelehrten und Schriftstellern des 18. Jahrhunderts bis hin zur Gegenwart. Einige der untersuchten Autoren waren direkt als Administratoren oder Berater der Kolonialmächte eingestellt. Dabei gelingt es ihm, die enge Beziehung zwischen den westlichen Texten, Repräsentationen und Studieninhalten mit den Institutionen und Techniken der kolonialen Machtzentralen nachzuweisen. Seine Studie dreht die koloniale Perspektive um und nimmt nunmehr die Kolonisatoren und ihre »Wissensproduzenten« ins Visier. Die Orientalisten werden nun umgekehrt als »geheime Agenten *innerhalb* des Orients« (Said 1978: 223; Hervorhebung im Original) beschrieben.

Was die Bandbreite der untersuchten Wissensgebiete und Disziplinen betrifft, handelt es sich bei *Orientalism* um ein überaus ambitioniertes Projekt. So wurden nicht nur wissenschaftliche Texte, sondern auch Reiseberichte, journalistische Schriften, Belletristik und religiöse Texte untersucht (ebd.: 23). Fokussiert Said zu Beginn des Buchs insbesondere die imperiale Geschichte Frankreichs und Großbritanniens, so finden sich im Schlussteil der Studie kritische Analysen über die USA und ihre aktuelle neokoloniale Weltpolitik.

Das Buch gliedert sich in drei Teile. Im ersten wird die expansive und amorphe Kapazität des Orientalismus dargestellt. Im Zentrum der Untersuchung steht hier die Frage der Repräsentation, die zu einer der bedeutsamsten Themen postkolonialer Studien avancierte. Darüber hinaus zeigt Said die enge Verbindung zwischen Orientalismusstudien und dem Aufstieg imperialistischer europäischer Herrschaft zwischen 1815 und 1914 auf. Er erinnert hier an Napoleons Invasion in Ägypten und die damit einhergehende so genannte *mission civilisatrice* am Ende des 18. Jahrhunderts. Napoleon gelang es, die ägyptische Bevölkerung praktisch davon zu überzeugen, dass er im Namen des Islams und nicht gegen ihn kämpft. Hierfür setzte er strategisch geschickt das bereits vorhandene Wissen über den Koran und die islamischen Gesellschaften ein. Eindrucksvoll gelingt es Said, die taktische, wohlberechnete Macht des Wissens nachzuweisen. So beschreibt er, dass Napoleon beim Verlassen Ägyptens strikte Anweisungen gegeben hatte, die Verwaltung Ägyptens den Orientalisten und den religiösen islamischen Führern, die er für seine Sache hatte gewinnen können, zu übergeben, »jede andere Politik war zu teuer und zu dumm« (ebd.: 82). Fortan, so Said, erwies sich die Sprache des Orientalismus als grundlegend verändert. Nun handelte es sich nicht mehr »nur um einen Repräsentationsstil, sondern tatsächlich um eine Form der *Schöpfung*« (ebd.: 87; Hervorhebung im Original). Der Orientalismus, so Said, hat die koloniale Herrschaft nicht nur rationalisiert, sondern eigentlich erst ermöglicht (ebd.: 39).

Daran anschließend beschäftigt sich der zweite Teil des Buches mit den sich beständig verändernden orientalistischen Strukturierungen (*structures and restructures*). Hier wird gezeigt, wie sich die prominentesten Schriftsteller und Philologen des 19. Jahrhunderts auf eine Wissenstradition stützen konnten, die es ihnen erlaubte, den Orient zu konstruieren und gleichzeitig zu vereinnahmen. Said demonstriert, wie der Orientalismus sich »systematisch als Aneignung von orientalischem Material und einer regulierten Verbreitung in Form von spezialisiertem Wissen« organisierte (ebd.: 165), und weist die Etablierung des »Orients« als textliches Konstrukt aus.

Abschließend beschreibt er die Verdrängung Frankreichs und Großbritanniens durch die USA als neues Epizentrum der Macht. Er stellt fest, dass diese Machtverschiebung die Orientalisierungsstrategien nur geringfügig modifiziert hat, denn Muslime und Araber nehmen auch einen zentralen Platz in den aktuellen populären Imaginationen der USA ein. Anders gesagt: Es wird aufgezeigt, wie etablierte britische und französische Orientalismen in den USA fortbestehen und noch heute die US-amerikanische Außenpolitik grundlegend beeinflussen.

In *Orientalism* ist es Said gelungen, die absorptive Kraft des Orientalismusdiskurses nachzuweisen, der Einflüsse aus dem Marxismus, Darwinismus und Positivismus vereinnahmte, um mit ihnen seine zentralen Aussagen zu verstärken. Er kann daneben aufzeigen, dass sich die Imaginationen des Orients als streng limitiert erwiesen. Die Demarkationslinie zwischen Orient und Okzident ist damit keine natürliche, sondern vielmehr klarer Effekt eines spezifischen Dominanzdiskurses (ebd.: 2). Es ist die »imaginative Geographie« (*imaginative geography*, ebd.: 54), die als zentral für die Konstruktion von Entitäten – wie den Orient – gelten kann, und diese verlangt nach rigider und stabiler Grenzziehung. Die Trennung zwischen Orient und Okzident wurde über Jahrhunderte aufgebaut und ist bis zum heutigen Tage aufrechterhalten. Sie bildet zudem eine wichtige Basis für westliche Handelsbeziehungen mit dem Orient. Der koloniale Diskurs entspricht sozusagen einem Bündel von systematisierten Aussagen über die Kolonien und die kolonisierenden Kräfte und deren Beziehungen zwischen diesen zwei ungleichen Seiten (ebd.: 12). Als Wissenssystem, aber auch als Glauben definiert er das geopolitische Territorium der Kolonisierung und nicht wenige kolonisierte Subjekte haben sich in der Nachfolge im Sinne dieses Diskurses selbst beschrieben und bezeichnet.

In fruchtbarer Weise hat Said versucht, Foucaults Denken mit dem des Marxisten Antonio Gramscis zu verknüpfen. Letzterer hat einleuchtend dargestellt, wie der unterdrückten Bevölkerung durch Erziehung und kulturelle Praxen eine Einwilligung in hegemoniale Ordnungsverhältnisse abgerungen wird. Daran anknüpfend kann Said anschaulich aufzeigen, in welcher Weise kulturelle Beziehungen als Medium innerhalb des Orientalismusdiskurses fungierten und welche Rolle westliche Wissens- und Repräsentationssysteme bei der materiellen und politischen Unterwerfung der nicht-westlichen Welt spielten (ebd.: 7). Hierfür fokussiert er insbesondere die Diskurse, welche gewissermaßen zwischen Westen und Nicht-Westen vermittelten.

Mit Saids Wendung hin zum Orientalismusdiskurs wird nun ein fruchtbarer Perspektivenwechsel vollführt, ist es doch der angebliche *Orientale*, der hier die europäischen Diskurse analysiert. Provozieren wollte er damit »eine neue Form der Auseinandersetzung mit dem Orient« (ebd.: 28), die bestrebt ist, den Orient-Okzident-Dualismus aufzulösen. Wichtige Konsequenz dieser Vorgehensweise war deswegen eine veränderte Wahrnehmung bezüglich der Literatur des Empires sowie auch der Literaturproduktionen dekolonisierter Länder, die heute insbesondere das postkoloniale Metier ausmachen.

Said macht deutlich, dass es nur über eine Analyse des Orientalismus als Diskurs möglich wird, die enorm systematische Disziplin zu verstehen, die es Europa erst gestattete, den Orient nicht nur zu beherrschen, sondern in der Periode nach der Aufklärung diesen politisch, ideologisch und imaginativ herzustellen (ebd.: 3). Es ist gerade das Wissen um die ›Orientalen‹, das das Regieren derselben zu einem einfachen und profitablen Geschäft haben werden lassen. Nach Foucault, auf den sich Said hier bezieht, ist Wissen Macht, und ein Mehr an Macht verlangt unweigerlich nach mehr Wissen innerhalb einer wachsenden profitablen Dialektik von Information und Kontrolle (ebd.: 32). Die Macht der Konstruktionen ist dabei Effekt einer realen, materiellen Herrschaft des Westens über den Osten – ein Prozess, der schließlich nicht nur dazu führte, dass die Kultur des Orients als Abweichung und minderwertig gegenüber den Okzident erachtet wurde, sondern auch dafür verantwortlich zeichnet, dass der Orient als monolithisch und zeitlos erscheint. Der Okzident wirkt dagegen, schon allein weil ihm eine aktive Geschichte zugeschrieben wird, als

›normal‹, ›reif‹ und dynamisch (ebd.: 40). Da das Wissen über den
Orient aus einer Haltung der Überlegenheit generiert wurde, etablierte es das Bild eines unterwürfigen Orientalen und Orients gleichermaßen (ebd.). Als Textkreation dient der Orient den Westen somit als
Ort von Macht und Wissen. Diese versteckte politische Funktion der
orientalistischen Texte ist ein Merkmal seiner »Weltlichkeit«. Said ist
dabei weniger darin interessiert, nachzuweisen, was sich hinter den
orientalistischen Text verbirgt, sondern zeigt vielmehr auf, wie der
Orientalist über seine Beschreibungen den Orient sprechen lässt
(ebd.: 20f.). Eine der brisantesten Thesen in Saids *Orientalism* besagt,
dass alles akademische Wissen über kolonisierte Gesellschaften immer imperialistisch geprägt ist (ebd.: 11).[8] Die Orientalisten, die in
ihren Schriften den Orient wiederholt beschrieben, haben, in Saids
Worten, seine »Mysterien freigegeben« (ebd.: 21). Irritierenderweise
sprechen die Orientalisten in einem geradezu vertraulichen Ton über
eine ihnen distinkte Wirklichkeit. Ihren Texten kommt dabei ein weitaus höherer Status zu als den Objekten, über die sie sprechen. Und
die, *über die* gesprochen wird, sprechen selber nicht (ebd.: 94f.).

Anstatt eine ›korrekte‹ orientalische Essenz aufzudecken, zeigt
Said wie die europäische Repräsentation den Orient entstellt. So bemerkt er, dass der Islam im Westen permanent missrepräsentiert
wurde (ebd.: 272). Diese westlichen (Miss-)Repräsentationen des
Orients, so Said, erwerben Autorität, Normalität, ja, selbst den Status
›natürlicher‹ Wahrheiten (ebd.: 325f.). Überdies stellen diese Repräsentationen eine spezifische Form der Gewaltlegitimation dar. Entsprechend warnt Said nicht nur leidenschaftlich vor den Konsequenzen eines unkritischen Umgangs mit den Repräsentationen der *Anderen* (ebd.: 327), sondern versucht auch Alternativen zu diesen gewaltvollen Formen akademischer Praxis auszuarbeiten. Um freilich Widerstand gegen einen postkolonialen Orientalismusdiskurs zu leisten,
ist es notwendig, einen Orient außerhalb dieses Diskurses zu kennen,
dieses Wissen schließlich zu repräsentieren und den Orientalisten
entgegenzuhalten. Wie Said richtig feststellt, richten sich die Schriften
der Orientalisten nicht an Leser/-innen im Orient – im Gegenteil: Die
imaginierten Leser/-innen und Konsumenten waren immer in den
Metropolen des Westens verortet (Said 2001: 323ff.). Die selbst ernannten Experten werden jedoch durch *Orientalism* nicht mit einer
›authentischen‹ Geschichte des Orients, die nur ein ›echter Orientale‹
zu schreiben in der Lage ist, konfrontiert, war es doch Said selber, der
die Idee der »Authentizität« als solche problematisierte. Ihm zufolge
kann es keinen ›wahren Orient‹ geben, da es sich dabei um eine Imagination des Westens handelt (Said 1978: 322). Statt sich auf die Suche
nach dem authentischen Ort zu machen, können die Intellektuellen
ihr kritisches Bewusstsein zum Einsatz bringen, indem sie die imperialen Diskurse nicht einfach zurückweisen oder umkehren, sondern

stattdessen kritisch intervenieren – und damit eine verantwortungsvolle, widersprechende Position einnehmen. Die Entwicklung eines solchen kritischen Bewusstseins ist für Said eine zentrale Widerstandsstrategie.

Said hat sich immer entschieden für eine Kontextualisierung von Fragestellungen und Methoden eingesetzt und eine Wissenschaft mit ›Tunnelblick‹, die sich selbst als uneigennützig konstruiert, abgelehnt. Kulturen und Geschichte können seiner Auffassung nach unmöglich studiert werden, ohne die bestehenden Machtkonfigurationen einer Betrachtung zu unterziehen (ebd.: 7). In diesem Sinne beschreibt er, wie die disziplinierenden Machtregimes innerhalb des Orientalismusdiskurses den *realen* Osten in einen diskursiven Orient verwandelten. Anders gewendet könnte gesagt werden, dass der Orient nicht entdeckt, sondern »orientalisiert« wurde (ebd.: 5). Für Said ist – hier indes im Gegensatz zu Foucaults Machtvorstellungen – die Dominierung der Welt durch den Westen ein bewusster und intendierter Prozess individueller und institutioneller Praxen. Aus diesem Grunde betont er immer wieder den konkreten Einfluss spezifischer Schriften auf das insgesamt anonyme kollektive orientalistische Schaffen, welches die diskursive Formation des Orientalismus darstellt (ebd.: 23). Diese Abweichung von Foucaults Auffassung kann als durchaus symptomatisch für sein Festhalten an den humanistischen Traditionen gesehen werden, die dafür sorgen, dass sowohl die Konzepte der Intentionalität wie auch der Handlungsmacht in *Orientalism* erklärungsmächtig bleiben. Nach Said stellt *Orientalism* als humanistische Studie, einen Versuch dar, die gewalttätigen Grenzen des Denkens in Richtung einer nicht-dominanten und nicht-essentialistischen Form des Lernens zu überschreiten (Said 1995: 337).

Die Orientalismus-Kontroverse

In seinem Nachwort zur Ausgabe von 1995 zeigt sich Said erstaunt über die Rezeption seines Werks, die er, so gibt er an, in dieser Weise nicht vorhergesehen habe. *Orientalism* ist keineswegs nur positiv aufgenommen worden, sondern wurde von unterschiedlichen Seiten einer radikalen Kritik unterzogen (Said 2001: 329f.). Der Popularität des Buches hat dies allerdings keinen Abbruch getan. Eine der am schärfsten formulierten Attacken gegen Said – insbesondere seiner Foucault'schen Position – findet sich beim indischen marxistischen Literaturwissenschaftler Aijaz Ahmad, der *Orientalism* als ein Beispiel für den Rückzug der Linken im Anbetracht des globalen Aufschwungs der Rechten bezeichnet hat (Ahmad 1992: 192). Besonders irritierend ist für Ahmad, dass *Orientalism* sehr anziehend auf bestimmte Gruppierungen des rechten ›Dritte-Welt-Nationalismus‹ wirke. Ihm zufolge ist der Grund hierfür in einer selektiven Erinnerung zu suchen, die z.B. die Gräueltaten, die bei der Teilung des indischen Subkontinents – in Indien und Pakistan – von Subjekten des Orients begangen wurden, schlichtweg vergisst (ebd.: 196f.).[9] Das übergreifende Ziel der theoretischen Darlegung von Said scheint demgegenüber darin zu bestehen, einen monolithischen Feind des Orients zu konstruieren, so Ahmad. Die Popularität von *Orientalism* zeige sich darüber hinaus unweigerlich verschwistert mit dem Prominentwerden eines Personenkreises der universitären Intelligenzija, die entweder selbst minorisierten Gruppen entstammt oder sich ideologisch zu diesen rechnet (ebd.: 195ff.).

Die sehr heterogene Kritik an *Orientalism* kann in fünf sich variantenreich wiederholenden Problematisierungen zusammengefasst werden: Erstens wird Said eine *Homogenisierung* und damit *Essentialisierung* des Orients wie auch des Okzidents vorgeworfen; zweitens wurde immer wieder festgestellt, dass der *totalisierende Impetus* des präsentierten Arguments keinen Raum für das Denken von Widerstand lässt; drittens werden die *Einseitigkeit* und der *anklagende Ton* Saids bemängelt; viertens wurden *diverse Lücken* in der sehr breit angelegten Studie nachgewiesen und fünftens sind zahlreiche *Paradoxien* und *Widersprüche* festgestellt worden, die auch mit den von ihm verwendeten theoretischen Werkzeugen in Verbindung gebracht wurden. Eine genauere Beschäftigung mit der elaborierten Kritik an *Orientalism* erleichtert unseres Erachtens nicht nur den Zugang zu Saids Hauptwerk, sondern auch zu seinen, sich durch das Gesamtwerk ziehenden wichtigsten Thesen.

Eine methodische Schwierigkeit in Saids Werk scheint in der Tatsache zu liegen, dass er selbst Teil des Systems ist, das er scharf attackiert (vgl. Moore-Gilbert 1998: 42). Immer wieder beschreibt Said die Intellektuellen als Personen, die sozusagen einen Raum abseits und unabhängig von der aktuellen Ideologie bewohnen. Er führt daneben an, dass ihm die *gelebten* Erfahrungen im Exil eine kritische Distanz zu den verschiedenen Kontexten ermöglichen. Die Orientalisten hätten sich dagegen nicht in der Lage gezeigt, die »menschliche Realität« wahrzunehmen. Young merkt hierzu zynisch an, dass es fast so aussähe, als würde Widerstand gegen die »verführerische Unterwerfung unter das Wissen« gleichbedeutend sein mit einer Ethik der Treue zu den gemachten Erfahrungen und methodischer Selbstbewusstheit, die einher gehe mit dem Werben für die menschliche Gemeinschaft (Young 2004: 172). Durch Saids Rettung der Kategorie des »Humanen«, gekoppelt an seinen Glauben, dass die persönlichen Erfahrungen wichtiger Bestandteil theoretischer und politischer Praxen sind, ist zweifellos die Rolle des Individuums als widerständige politische und soziale Handlungsmacht wiederbelebt worden. Wenn er aber den hegemonialen Orientalismus als Totalität ohne Referenten und fernab innerer Konflikte beschreibt, dessen alleiniges Ziel die Dominanz über die *Anderen* ist, dann muss Said einen Widerstand von einem Außen des Systems her denken. Im Grunde hält er damit an der traditionellen Idee des Individuums als ›Handelnden‹ und ›Aufrührer‹ fest und lässt dafür Foucaults »Diskurs« und Gramscis »organischen Intellektuellen« in eins fallen. So stellt er sich vor, dass der Kritiker den Raum des »skeptischen kritischen Bewusstseins« (Said 1978: 327) einnimmt, der sich zwischen der dominanten Kultur und den totalisierenden Formen von Kritik befindet. Eine solche Überzeugung geht freilich davon aus, dass sowohl die dominante Kultur als auch die Kritik eine homogene und widerspruchsfreie Struktur aufweisen. Saids Versuch, die einzigartige Struktur kultureller Beherrschung aufzuzeigen, die sich in dem Dualismus von Orient und Okzident widerspiegelt, endet schließlich in der Stabilisierung eben dieses Dualismus. So verwundert es nicht, dass *Orientalism* für seine Homogenisierungen und Totalisierungen entschieden kritisiert wurde, unterschlägt Said doch beispielsweise jene Orientalisten, die argumentiert haben, dass die Kulturen des Ostens höherwertig als die des Westens seien. Ebenso wird der US-amerikanische Orientalismus des 20. Jahrhunderts dem britischen und französischen des 19. Jahrhunderts nahezu gleichgestellt, so dass die drei Formen wie ein ›Diskursblock‹ erscheinen.

Zudem stellt Moore-Gilbert fest, dass Said unsicher zwischen der Anerkennung der Heterogenität kolonialer Diskurse und der Überzeugung einer essentiellen Konsistenz schwankt (1998: 45). Um eine Darstellung zu ermöglichen, welche die Kontinuität der westlichen Dominanzdiskurse herausarbeitet, so die Kritiker, muss Said alle historischen und geographischen Differenzen im Westen einschließlich ihrer spezifischen imperialistischen Formen unterschlagen oder zumindest möglichst gering halten, weswegen er kaum auf die Unterschiede der verschiedenen Orientalismusdiskurse eingehe und den spanischen sowie auch deutschen Diskurs fast gänzlich übergehe. Dabei handele es sich beileibe nicht um simple Variationen: Insbesondere der einflussreiche deutsche Orientalismusdiskurs stelle Saids Argument in Frage, dass die territoriale Expansion mit dem »Wissen um den Orient« Hand in Hand gegangen ist (Clifford 1988: 267). In *Orientalism Reconsidered* (1985) bezeichnet Said diese Einwände als trivial und rechtfertigt seine Position mit der Einschätzung, dass der deutsche Orientalismus als untergeordnet im Gegensatz zu denen Frankreichs und England einzuschätzen sei (Said 1978: 17ff.). Mit dieser Art von Widersprüchlichkeit hat Said seine Thesen freilich angreifbar gemacht.

Ein weiterer, häufig debattierter Punkt ist Saids Vergleich des britischen und französischen Kolonialismus. Von den britischen Orientalisten behauptet Said, dass diese im Allgemeinen einen wissenschaftlichen Stil bevorzugt haben, der eher unpersönlich und distanziert war (ebd.: 192ff.). Darin lasse sich beispiellos deren Begierde nach Klassifizierung und Katalogisierung nachweisen, die schließlich auch die Kontrolle der Kolonien sicherte. Im Gegensatz dazu beschreibt Said die französische Tradition als distinguiert in ihrer ästhetischen Qualität und der »verständnisvollen Identifikation« mit den unterworfenen Gesellschaften. Für Said sind diese Unterschiede, die er anhand der differenten Kolonialgeschichten beider Ländern erklärt, historisch konsistent. Während die Briten scheinbar mehr an den materiellen Notwendigkeiten aktueller Herrschaftsstabilisierung interessiert waren, deutet Said an, dass der französische Orientalismus eher Strategien des kulturellen Einflusses entwickelt hat (ebd.: 244). Gleichwohl muss hier angemerkt werden, dass Said den Maghreb bei seiner Analyse der Beziehungen des Westens mit der islamischen Welt in der modernen Periode, wie er selber später zugibt, außer Acht lässt (Said 2001: 338). Hätte er indessen das nördliche Afrika in seine Untersuchungen einbezogen, wären seine Schlüsse so wohl kaum nachvollziehbar (vgl. Moore-Gilbert 1998: 47). Berücksichtigt man nämlich die Kolonialgeschichte Algeriens, so erscheint eine Differenzierung zwischen einem repressiven und distanzierten britischen gegenüber einem ästhetischen, emotionalen und an der Kultur der Eroberten interessierten französischen Orientalismus geradezu abstrus. Die unablässige Betonung der Kontinuitäten des Diskurses bei Vernachlässigung der Diskontinuitäten gelingt Said scheinbar nur unter Missachtung einer zentralen Aussage Foucaults, der zufolge westliche Wissensregimes gewalttätig und *unstetig* waren (ebd.: 48).

Said kann auch nicht plausibel machen, wie und warum der Orientalismus entstanden ist, weil er die prozessuale Natur hegemonialer Systeme vernachlässigt, in denen Machtverhältnisse kontinuierlich restrukturiert, herausgefordert und wieder stabilisiert werden. Seine Beschreibung von Machtverhältnissen übersieht mithin die diskursive Natur der Macht wie auch die evidenten Differenzen, Widersprüche und gegenhegemonialen Positionen innerhalb des Orientalismusdiskurses. Macht wird von ihm generell negativ konstruiert und der »Repressionshypothese« unterworfen. Damit formt er einen totalisierenden Interpretationsrahmen, mit dem er ein Phänomen zu beschreiben versucht, welches tatsächlich aber voller Widersprüche und Diskontinuitäten ist und plurale Formationen zeigt. Für Said sind die erkennbaren Transformationen des Diskurses nicht qualitativer Art, sondern zeigen nur an, ob das Interesse am Orient in einer bestimmten Phase stärker oder geringer ist. Deswegen vermag seine Theorie z.B. nicht zu erklären, wieso die eher positive Beschreibung Indiens durch die Orientalisten abgelöst werden konnte durch die feindliche Haltung der Anglizisten, die schließlich auch einen Wechsel in der kolonialen Gouvernementalität herbeiführte (vgl. Viswanathan 1989).

Saids Behauptung, dass der Orientalismus nach dem 18. Jahrhundert niemals revidiert wurde (Said 1978: 96), steht zudem vehement im Widerspruch zu seinem eigenen Argument, dass der Orientalismusdiskurs im 20. Jahrhundert einen radikalen Wandel durchgemacht habe. Diese Flexibilität der orientalistischen Repräsentationsmuster korrespondiert fernerhin mit den diversen Formen, in denen gegenüber der kolonialen Herrschaft Widerstand geleistet wurde. So standen beispielsweise in Indien im 19. Jahrhundert die wechselnden Repräsentationen von Islam und Hinduismus in einem direkten Zusammenhang mit der von den Kolonialmächten angenommenen Gefahr, die für sie von den jeweilig kategorisierten Subjekten ausging, welche die imperiale Kontrolle ins Wanken zu bringen drohte. Der Aufstand von 1857[10] etwa führte bekanntermaßen zu einer radikalen Modifizierung des jahrhundertealten Stereotyps des angeblich femininen und demütigen »sanften Hindu« sowie auch seines Gegenbilds des »gewalttätigen Muslims«, der als unberechenbar galt (vgl. Sharpe 1993). Mit dem Aufkommen der antikolonialen nationalistischen Bewegung in Indien wurde der Islam zu einer strategisch kalkulierbaren Gegenkraft, womit sich die zuvor negativen Repräsentationen in milder gestimmte transformierten. Das neue Stereotyp zeigte den gebildeten städtischen Hindu als berechnend und gerissen. Dies bedeutet letztlich, dass der Westen ein Interesse daran hatte, die Machtverhältnisse zu verhandeln und hierfür bereit war, falls erforderlich, die Porträtierung der *Anderen* zu verändern (vgl. Moore-Gilbert 1998: 50f.).

Wenn, wie die Analyse von *Orientalism* demaskiert, alles Wissen sich mit den Institutionen der Macht verwoben sieht, so impliziert dies die Vorstellung einer Form der Wissensproduktion, bei der Wissen und Machtinstitutionen nicht unweigerlich miteinander verquickt sind. Ein bedeutsamer Einwand gegen Saids *Orientalism* richtet sich daher gegen die Nichtbenennung von Alternativen, bleibt er doch die wichtige Antwort auf die Frage nach nicht gewalttätigen Wissensformen, die er schließlich für möglich hält, schuldig (Young 2004: 167). Des Weiteren argumentiert Said, dass der Orientalismus eine auf ewig unveränderliche platonische Vision des Orients geschaffen habe, womit er als diskursive Formation zur Essenz gerinne, die über die Jahrhunderte hinweg unverändert bleiben könne (Said 1978: 38).

Zu Saids Verteidigung muss gesagt werden, dass er verschiedentlich bemerkt, dass der koloniale Diskurs in seinen Operationen, Zielen und in den vielfältigen Formen der Implementierung heterogen gewesen war. Obschon er argumentiert, dass der Westen den Osten *bewusst* als ein Außerhalb seiner selbst definiert hat, so zeigt er doch auch auf, dass der Osten integraler Bestandteil des Westens – und damit aufs innigste mit ihm verwoben – war und ist. Damit bestätigt Said, dass der Westen kein einheitliches Gebilde darstellt und erkennt an, dass durchaus Unterschiede der Repräsentation des Ostens durch den Westen auszumachen sind. Auch lenkt er die Aufmerksamkeit auf den Konflikt zwischen den konkreten, bewussten Zielen und Intentionen des Orientalismus und seinem Begehren und seiner Projektionen, die gleichermaßen bei der Kolonisierung zum Tragen kommen. Seine Analyse der historischen Entwicklungen des Diskurses berücksichtigen durchaus die Transformationen, Verfeinerungen und auch Revolutionen, die innerhalb des Orientalismus stattfanden (ebd.: 15). Das heißt letztlich, dass er kein statisches Bild entwirft, sondern unterschiedliche Phasen des Diskurses aufzeigt. Trotz dieser Einschränkung bleibt dennoch der berechtigte Vorwurf bestehen, dass er die Heterogenitäten und Diskontinuitäten zugunsten der Darstellung eines homogenisierenden Diskurses deutlich vernachlässigt hat.

Weitere Kritik kommt von Seiten der Literatur- und Kulturwissenschaften: Hier wird Said vorgeworfen, dass er zwar untersucht habe, wie man Belletristik und Lyrik in den Dienst der kolonialen Herrschaft stellen konnte, dabei jedoch unerwähnt lasse, dass auch westliche Literatur zuweilen eine kritische Funktion gegenüber dem politischen Orientalismusdiskurs eingenommen hat (vgl. etwa Clifford 1988; Porter 1993). Said totalisiere dabei nicht nur den westlichen Diskurs, sondern tue dies auch mit dem Diskurs des Orients. So beschreibe er den Orientalismusdiskurs erst als einen Versuch, die arabische Welt – konkret den Mittleren Osten – zu beherrschen und subsumiere später ohne weitere Erklärungen Indien, Indonesien und Japan unter denselben. Solcherlei Generalisierungen haben Historiker/-innen auf den Plan gerufen, welche die Genauigkeit von Saids Analysen in Frage stellen (vgl. MacKenzie 1995). Es zeigt sich, dass die beeindruckende Systematisierung des kolonialen Diskurses, die Said in *Orientalism* vorgelegt hat, nur durch Unterdrückung der Ambivalenzen, Brüche und Widersprüche im Diskurs gelingen konnte.

Verschiedentlich wurde auch sein anklagender Ton negativ angemerkt. So wird in *Orientalism* jedem westlichen Schriftsteller und jeder westlichen Schriftstellerin die Komplizenschaft mit der Unterwerfung des Orients vorgeworfen. Said stellt alle Europäer/-innen, die sich zum Orient geäußert haben, sogleich unter Verdacht des Rassismus, Imperialismus und Ethnozentrismus (1978: 204). Lediglich gegenüber Marx zeigt sich Said eher zwiespältig, denn wenngleich dessen ökonomische Schriften voll von orientalistischem Denken seien, habe er sich doch immer klar auf der Seite der Unterdrückten und Deklassierten gestellt. Said konkludiert, dass bei Marx der romantische Orientalismus dominiert habe (ebd.: 154).

Auch das Fehlen einer spezifischen Widerstandstheorie in Saids Ansatz wurde angemahnt. Für diese Lücke sind nicht nur seine Homogenisierungstendenzen, sondern auch seine Anlehnung an Foucaults Theorien verantwortlich gemacht worden, die keine Analyse von sozialem und politischem Widerstand möglich machen würde (vgl. Ahmad 1992: 199ff.). Interessanterweise hat sich Said in seinem Spätwerk selbst von Foucault distanziert, ihn eines fehlenden politischen Engagements angeklagt und kritisiert, dass sich dieser mehr an der Weise interessiert zeige, wie Macht funktioniere, anstatt Wege aufzuzeigen, wie sie in Bewegung zu versetzen sei. Hier bemerkt er auch, dass Foucaults Machtkonzeption keinen Raum für Widerstand lasse (Said 1983: 245) – wie es Said für seine Theorieproduktion vorgeworfen wurde. Die scharfe Variante der Kritik an Saids Werk nimmt daran Anstoß, dass dieses ihrer Meinung nach nur die Diskurse der Kolonialmächte beleuchtet und dagegen die Widerstandsdiskurse der Kolonisierten sträflich vernachlässigt. Konsequenz dieser Missachtung sei die unintendierte Stabilisierung der von ihm angegriffenen Repräsentationen des kolonisierten Subjekts als passiv und damit zum Widerstand unfähig. Said hat sich gegen derartige Kritiken verteidigt, indem er ausführte, dass der Orient innerhalb des imperialen Diskurses kein gleichberechtigter Gesprächspartner Europas gewesen sei, sondern eben immer der schweigende *Andere* (Said 1985: 17). Damit bestätigt er jedoch die Feststellung, dass er nicht in der Lage sei, Widerstand darzustellen, der hingegen ironischerweise im Westen durchaus wahrgenommen und dokumentiert wurde (vgl. Moore-Gilbert 1998: 50).

Allerdings kann nicht behauptet werden, dass Said Widerstand überhaupt nicht erwähnen würde (Said 1978: 205). Er hat dem ungeachtet versäumt, die vielfältigen Formen, mit denen die Kolonisierten den hegemonialen Diskurs herausgefordert haben, aufzuarbeiten. Auch stellt er selbst fest, dass durchaus auch aus der Richtung der Orientalisten Widerstände gegen Stereotypisierungen vorgebracht wurden. Eine Erkenntnis, die leider keinen Einlass in seine Theorie fand, wo stattdessen von klar differenzierbaren Machtblöcken die Rede ist. Wenn es aber eine Reihe von Orientalisten gegeben hat, die offenbar in einer oppositionellen Weise innerhalb der Diskurse operiert haben, so bestätigt dies, dass eine »Einfühlung« (*identification by sympathy*, Said 1978: 118) durchaus wichtige Gegendiskurse hervorbringen kann. Dies bedeutet wiederum, dass entgegen Saids früheren Ansichten eine nicht gewaltsame Repräsentation innerhalb ungleicher Machtverhältnisse durchaus möglich ist.

Die fehlende Berücksichtigung der Genderanalyse gesteht Said an einigen Stellen selbst ein, und stellt später fest, dass der koloniale Diskurs zweifelsohne ein vergeschlechtlichter war. Er begnügt sich jedoch bedauerlicherweise mit der Bemerkung, dass sich der Orientalismus nur für die männlichen Orientalen interessiert hat und insoweit einen männlichen Diskurs darstellt. Dies freilich stimmt so nicht (kritisch hierzu Lewis 1995; Yeğenoğlu 1998). So haben feministische Wissenschaftlerinnen herausgearbeitet, dass der Orient für Europa als ein Ort verbotener sexueller Praxen imaginiert wurde, in dem Frauen die Rolle des passiven, schweigsamen und willigen Subjekts zugewiesen wurde (vgl. McClintock 1995). Gleichzeitig wurde die koloniale Beziehung immer als heterosexuell gedacht, in denen der Orient als Frau attribuiert wurde, der vom männlichen Westen beherrscht und »penetriert« wird. Von einer *queertheoretischen* Perspektive aus liest sich Saids Analyse gerade wegen dieser Auslassungen als auffällig heterosexistisch (vgl. Lane 1995). Zu Recht haben feministische Kritikerinnen angemerkt, dass den Argumenten von *Orientalism* nur eine Leserin folgen könne, die für die Zeit des Lesens ihr eigenes Geschlecht beiseite lässt (vgl. Mills 1993). Darüber hinaus wird die Rolle der kolonialen weißen Frau innerhalb des Empires auch bei der Produktion kolonialer Textualität von Said gänzlich ignoriert, womit er nicht nur ihr Mitwirken am Kolonialismus, sondern auch ihren Widerstand gegen die dominanten Diskurse eines maskulinisierten Imperialismus unberücksichtigt lässt (vgl. Callaway 1987). Die Folgen sind klar: Das traditionelle Bild der passiven Frau, die im Grunde gar nicht in das koloniale Geschehen involviert ist, wird ein weiteres Mal stabilisiert.

Am vehementesten wurde jedoch Saids Behauptung eines *realen* Orients problematisiert, dem er dem durch Orientalisten *konstruierten* Orient entgegenhielt. Heikel erscheint hier die Idee eines tatsächlich existierenden Orients, die im Grunde sein Anliegen, die *Konstruktion* des Orients nachzuweisen, unterläuft (vgl. Young 2004: 168f.).

Auch wird oft bemängelt, dass er den hegemonialen Prozess nur als über Gewalt hervorgebracht wahrnimmt und dabei gänzlich unberücksichtigt lässt, welche Rolle die ›Billigung‹ der autochtonen Eliten beim Prozess der Kolonisierung gespielt haben (vgl. etwa Porter 1993). Ahmad zeigt darüber hinaus auf, dass Said gleichzeitig von herrschenden Repräsentationssystemen *und* falschen Repräsentationen spricht – eine Paradoxie, die er für eine Reihe von Inkonsistenzen in Saids Werk verantwortlich macht (Ahmad 1992: 185f., 193f.).

Der Orientalismus, so Said, ermögliche ein systematisches Lernen über den Orient, das von direktem Vorteil für die sozio-ökonomischen und politischen Institutionen ist und mithin Kolonialismus nicht nur begründet hat, sondern auch zu einem ›erfolgreichen‹ Projekt werden ließ. Das Problem besteht hier darin, dass Said einerseits konstatiert, dass der Orientalismus nichts zu tun hat mit dem realen, materiell existenten Orient, um dann andererseits zu behaupten, dass der Orientalismusdiskurs im Dienste kolonialer Eroberung stand. Beide Aussagen stehen zueinander in einem klaren Widerspruch, denn wenn es sich beim Orientalismus um ein reines Imaginationsphänomen und bloße Repräsentationspolitik handeln würde, wie kann er dann effektiv zum Aufbau und Erhalt kolonialer Macht- und Herrschaftsstrukturen eingesetzt werden (Young 2004: 169)? Auch hat Said die Komplizenschaft mit Herrschaftsformationen, die er dem Orientalismus unterstellt, nie nachweisen können. Es bleibt also weiterhin darzulegen, wie der Orientalismus die gewaltvolle koloniale Aneignung tatsächlich konsolidierte.

Ein häufig benannter Widerspruch findet sich in Saids Unterscheidung zwischen *latentem* und *manifestem* Orientalismus (Said 1978: 201ff.). Erstere bezeichnet die Tiefenstruktur des Orientalismus, die politische Positionierung und den Willen zur Macht, während sich der manifeste Orientalismus auf die Oberflächendetails, also einzelne Disziplinen, kulturelle Produktionen und akademische Praxen bezieht. Indem Said versucht, die determinierenden Kräfte nachzuweisen, die von den latenten auf die manifesten Strukturen übergehen, geraten seine Schlussfolgerungen in eine dauerhafte Spannung. Diese versucht er durch die Argumentation zu lösen, dass die latenten Formationen unverändert bleiben und nur die manifesten Diskurse Transformationen ausgesetzt sind. Doch vermag dieser Versuch nicht zu überzeugen, denn es bleibt weiterhin unklar, wie sich der Orientalismusdiskurs gleichzeitig verändern und dabei doch immer gleich bleiben kann. Said verfeinert das Modell allerdings ein wenig, indem er von zwei unterschiedlichen Orientalismusdiskursen spricht: einem des Wissenschaftsapparats, der das Objekt konstruiert und einem zweiten, der die zu einem bestimmten Zeitpunkt aktuellen Orientalismusbilder in Reiseberichten, Pilgerfahrten und Staatspolitiken Ausdruck verleiht (ebd.: 221f.). Doch auch hierbei bleibt die Frage bestehen, wie eine Repräsentation, von der er behauptet, dass sie keine Ähnlichkeit mit dem eigentlichen Objekt habe, für die gewaltvolle Unterwerfung von Ländern, die als zum Orient zugehörig bezeichnet wurden, instrumentalisiert werden konnte. Paradox erscheint des Weiteren, dass Said einerseits behauptet, dass es den Orient nicht gibt, und andererseits bemerkt, dass es sich bei der Repräsentation des Orients um eine Missrepräsentation handelt. Letzteres impliziert, dass eine ›korrekte‹ Repräsentation des Orients doch möglich ist. Dieser bezeichnende und ungelöste Widerspruch hallt in vielen Diskussionen um *Orientalism* nach. Unbeantwortet bleibt auch die Frage, ob der Orientalismusdiskurs der imperialistischen Expansion vorausging oder umgekehrt. Said behauptet beides (etwa ebd.: 80, 87).

Kompliziert wird seine Argumentation zudem durch sein unablässiges Rekurrieren auf humanistische Werte und Traditionen (Said 1983: 5ff.). Obschon die Untersuchung des Orientalismus als Diskurs unverkennbar von Foucault inspiriert wurde, weicht Said doch an diesem sehr entscheidenden Punkt von Foucault'schen Vorstellungen ab. Seine Grundthese ist, dass der Orientalismus einen Versuch darstelle, die »humanistischen Werte« zu zerstören und dass mithin der Orientalist im Allgemeinen inhuman sei (Said 1978: 44, 110). Freilich ist es problematisch, dass die Idee des »Humanen«, die Said gegen die westliche Repräsentation des Orients einklagt, nicht nur selber Bestandteil westlicher Tradition ist, sondern zudem mitverantwortlich zeichnet für den Aufbau einer rassistischen Ideologie, die von der Überlegenheit des »weißen Mannes« spricht und deren Rhetorik eine von ›Hochkulturen‹ und ›Zivilisation‹ ist, die sich gegen die intellektuelle und kulturelle ›Minderwertigkeit‹ der Kolonien absetzte – wie Said selbst herausgearbeitet hat (ebd.: 227f.).

Eigentlich, so muss zusammenfassend gesagt werden, konnte der Versuch, marxistische Traditionen der Kulturtheorie mit einer an Foucault angelehnten poststrukturalistischen Theorie zu verknüpfen, kaum widerspruchsfrei bleiben. Doch selbst seine heftigsten Kritiker/-innen erkennen *Orientalism* als bedeutsamen Text innerhalb der Geisteswissenschaften an.

»WELTLICHKEIT« UND DIE ROLLE DER INTELLEKTUELLEN

Neben *Orientalism* bietet die Essaysammlung *The World, the Text and the Critic* (1983) einen guten, wenn nicht sogar besseren Einstieg in Saids Werk, da hier seine Hauptthesen systematisch vorgestellt und zudem seine oft diskutierten Gedanken zur Rolle der Intellektuellen in der Gesellschaft präsentiert werden.

An mehreren Stellen in seinem Werk hat Said die materielle Lokalisierung des Textes in der Welt hervorgehoben und dies als »Weltlichkeit« (*worldliness*) bezeichnet. In dieser Perspektive schweben Texte nicht in einem sozialen Vakuum, sondern stehen in einer direkter Beziehung zu ihrem Entstehungskontext. Sie tragen gewissermaßen die Spuren der Welt in sich, weshalb ihre Bedeutung und Sinnstruktur weit über das auf den ersten Blick Sichtbare hinausgehen. Die Verbindung mit den politischen Realitäten ermöglicht den Intellektuellen, die »Wahrheit gegen die Macht vorzutragen« (Said 1994a: xiv).[11] In diesem Zusammenhang lehnt Said spezialisierte Disziplinen ab, die sich einer kryptischen, nicht mehr allgemein verständlichen Fachsprache bedienen.[12] Für Said hat das akademische Sprechen und Schreiben, welches sich einer verschlüsselten Geheimsprache bedient, monologischen Charakter, das den Kontakt mit dem gemeinen Alltagsleben verloren bzw. bewusst aufgekündigt hat. Im Gegensatz dazu plädiert er für eine »säkulare Kritik« (*secular criticism*), die vehement die begrenzte Spezialisierung akademischer Diskurse, die Rolle der Intellektuellen in diesen hinterfragt (ebd.: 57) und sich als »amateurhaft« versteht. »Amateurhafte« Kritiker/-innen würden sich nicht mit den eng gezogenen Grenzen einer Disziplin und deren eigener Sprache zufrieden geben, da dies dem Grundprinzip der »Weltlichkeit« widerspreche. Dabei spielt Said mit der eher negativen Konnotation der Bezeichnung »Amateur«, die unsere Vorstellungen von den sozia-

len Funktionen, die Akademiker/-innen erfüllen, irritiert. Wortwört-
lich ist die Bedeutung von *amateurism*: eine »Aktivität, welche geleitet
wird durch Fürsorge und Liebe« (ebd.: 61). Die heutigen Intellektuellen sollen Said zufolge Amateure sein, die sich nicht in Sorge darüber
zeigen, ob das von ihnen Gesagte den Leuten gefällt oder wie sie Profit
daraus schlagen können. Ihre Praxis beschreibt er vielmehr *idealiter*
als eine ethische, die von den Willen geleitet wird, etwas verändern zu
wollen und soziale Verantwortung zu übernehmen (ebd.: 61f.).

Ohne ein Verhaftetsein in der Welt kann es laut Said für die Intellektuellen keinen Ort geben, von dem aus und in dessen Richtung sie
sprechen können. Sie seien gezwungen, die Verhältnisse zu verändern
und die Falle des Spezialistentums zu umgehen, damit sie nicht zur
gesellschaftlichen Marginalie am Rande des politischen Geschehens
geraten. Die »säkulare Kritik«, welche Said hier verteidigt, setzt dabei
einen Kontrapunkt zu einer intellektuellen Praxis, die er, in Anlehnung an Gramsci, als »priesterlich« bezeichnet. Gegen einen Rückzug
der Kritik in eine labyrinthartige Textualität proponiert er gewissermaßen eine *weltliche* Dreifaltigkeit: »Die Welt, der Text und die Kriti-
ker/-innen«. Saids Konzept der »säkularen Kritik« befreit sich bewusst
von jeglichen Restriktionen, die sich aus einer intellektuellen Spezialisierung ergeben können. Desgleichen betont er die Notwendigkeit
eines realen oder metaphorischen Exils, das seiner Meinung nach erst
die für die Kritik notwendige Pluralität von Visionen ermöglicht. Das
Exil gestatte es den Kritikern und Kritikerinnen dagegen, die vermeintliche Heimat aus der Distanz zu betrachten und dabei auch den aktuellen Lebenskontext kritisch zu hinterfragen. So kann eine »doppelte
Perspektive« eingenommen werden, die sich als besonders sensitiv erweist (ebd.: 44). Für Said ist das Exil ein zutiefst ambivalenter Zustand, der gerade deswegen eine Notwendigkeit für die kritische
»Weltlichkeit« intellektueller Praxis darstelle, weil er auch Quelle der
Verzweiflung sei.

Beständig warnt Said davor, die kritische Praxis aus der Welt zu
entlassen, da Kritiker/-innen nicht bloße Übersetzer/-innen einer
zufälligen Realität seien. Im Gegenteil: Kritik sei immer persönlich,
aktiv und verquickt mit der Welt. Dass sich viele Leser/-innen häufig
durch die ›schwierige‹ Sprache aktueller Theoriebildung marginali-
siert fühlen, bedeute auch, so Said, dass die Mehrheit der Intellektuellen die hegemonialen Vorstellungen und Konzepte einer europäischen
Elite repliziere, die sich in einer spezifischen Art des Schreibens do-
kumentieren. Insbesondere für ehemals kolonisierte Menschen – und
andere Minorisierte – sei eine elitäre, ›abgehobene‹ Form der Kritik,
die keinen Wert auf einen Kontakt mit dem aktuellen sozio-politischen Geschehen zeigt, bedeutungslos.

Das größere Problem zeitgenössischer Kritik verortet Said jedoch
in der Tatsache, dass den formalen Aspekten eines Textes eine zu

hohe Bedeutung beigemessen wird, während die Materialität des Textes, sein Gebundensein an den Kontext seines Ursprungs, ignoriert wird. Manche Literaturkritik ende gar, so Said, mit der Reduzierung des Textes zum Objekt, womit der Text selbst verzerrt werde. Dabei gewinne die intellektuelle Kritik gerade aus dem Aufzeigen der Verbindungslinie zwischen akademischer Praxis und den Beziehungen zur Macht ihren sozialen Wert. Deswegen insistiert das Said'sche Konzept der »Weltlichkeit« auf der fundamentalen politischen Bedeutsamkeit des Kontextes, der Welt, aus der Text und Autor/-in entstammen. Der Text trägt immer die Spuren der Umstände, der Zeit, des Ortes und Gesellschaft, in denen er geschaffen wurde und ist mithin »weltlich« (Said 1983: 35). Zudem ist er »in der Welt« (ebd.: 33), d.h. er hat eine materielle Präsenz, eine kulturelle und soziale Geschichte und ist durch politische und ökonomische Strukturen gekennzeichnet. Zudem stehe er auch in einer wechselseitigen Beziehung zu anderen Texten, die eine andere materielle Präsenz aufweisen würden.

Kritik müsse auch in der Lage sein, über spezifische Positionen hinauszugehen, weswegen Said es ablehnt, Kritik mit Etiketten wie etwa Marxismus, Liberalismus oder anderen »-ismen« zu versehen (ebd.: 28). Sollte die Solidarität Priorität gegenüber der Kritik erhalten, so würde dies für Said das Ende der Kritik selbst bedeuten, weswegen nichts grundsätzlich von Kritik verschont bleiben sollte (ebd.). Selbst wenn zwei Seiten miteinander kämpfen und die Loyalitäten geklärt scheinen, bleibt die Kritik eine unabdingbare Notwendigkeit, denn gerade, wenn um Existentielles gekämpft und gerungen wird, ist nichts wichtiger als ein kritisches Bewusstsein. Said bezeichnet dies als »oppositionelle Kritik« (*oppositional criticism*, ebd.: 29). Der akademische Jargon ist auch für die zeitgenössische Kritik ein durchaus ernst zu nehmendes Thema, da er die soziale Realität vernebelt, anstatt sie offen zu legen und begreifbar zu machen (ebd.: 4). Seine eigenen Schriften hat Said deswegen so verfasst, dass sie sich auch an so genannte ›Laien‹ richten. Der von ihm gepflegte Stil, ist gekennzeichnet durch viele Wiederholungen und es wird eher erzählt denn demonstriert, weswegen mitunter viele seiner Texte – ungerechtfertigterweise – als wenig theoretisch bezeichnet wurden.

Wenn die Intellektuellen dem Imperialismus ihre Schriften entgegenhalten und Ungerechtigkeiten skandalisieren, dann formiert sich Said zufolge Widerstand. Dieser hat nichts mit einer »Rhetorik der Schuldzuweisung« (*rhetorics of blame*, Said 1994a: xi) zu tun, bei der postkoloniale Subjekte den Imperialismus für alles verantwortlich machen. Diese lehnt Said ab, weil damit im Grunde Strategien der Veränderung unterlaufen werden. Die von ihm propagierte Strategie der »säkularen Interpretation« (*secular interpretation*, Said 1993: 60) scheint dagegen radikaler und effektvoller zu sein. Die intellektuelle

Praxis erinnert hier persistent an koloniale Zeiten und den Folgen aus diesen für das Hier und Jetzt und verknüpft diese Erinnerungsleistung gleichzeitig mit der Hoffnung auf eine ›bessere‹ Welt.

KULTUR ALS IMPERIALISMUS

Bei dem Buch *Culture and Imperialism* (1993) handelt es sich um eine Aufsatzsammlung, in der Said die in *Orientalism* vorgebrachten Argumente erweitert und modifiziert. Hierfür fügt er Beispiele aus anderen Kontexten hinzu und fokussiert aktuelle Praxen und Entwicklungen des Orientalismusdiskurses. Interessanterweise greift Said hierzu literarische Werke auf, die dem Bildungskanon der Metropolen entstammen, und begnügt sich nicht mehr mit marginalen Produktionen, etwa Reiseberichten der imperialen Periode. Darüber hinaus berücksichtigt er zunehmend nicht-westliche Kulturproduktionen und fordert damit seine frühere Konzeption des Kolonisierten als einen »schweigenden *Anderen*« (*silent Other,* Said 1985: 17) innerhalb der hegemonialen Diskurse heraus. Wie von den Kritikern an *Orientalism* gefordert, analysiert er die gegen eine imperialistische Macht gerichteten Widerstandstraditionen, wofür er sich mit zahlreichen Erzählungen aus dem Zeitraum moderner Dekolonisierung auseinander setzt. Dabei zeigt er sich weiterhin skeptisch gegenüber den nationalistischen antikolonialen Bewegungen, obschon er anerkennt, dass diese eine wichtige Rolle im Dekolonisierungsprozess gespielt haben (Said 1993: 217f.). Solche Politiken bergen für ihn immer das Risiko, in einer destruktiven Konfrontationsgeste eingefroren zu werden (ebd.: 18). Westlicher Imperialismus und ›Dritte-Welt-Nationalismus‹ stehen Said zufolge in einem gegenseitigen Verhältnis der ›Hege und Pflege‹ (ebd.: xxiv). Dagegen setzt er eine Betrachtungsweise, die die miteinander verquickten Geschichten der Moderne reflektiert und Identitätskonzeptionen, die auf rassifizierenden Kategorien oder nationaler Identität aufruhen, herausfordert, anstatt sie zu stabilisieren.

In *Culture and Imperialism* präsentiert Said eine Serie von miteinander verwobenen Aufsätzen und verzichtet darauf, eine ›glatte‹ Theorie zu entwickeln. 15 Jahre nach *Orientalism* distanziert er sich erneut von Foucault (Said 1993: 26f.). Insbesondere dessen Machttheorie erscheint ihm nun zu pessimistisch und auch deterministisch. Sie lasse kein Denken der Überwindung der über Jahrhunderte aufgebauten Dualismen zwischen dem Westen und seinen *Anderen* zu. Da Foucault auf Konzepte wie »Intention« und »Wille« verzichtet, ist es ihm, Said zufolge, nicht möglich, das hegemoniale System anzugreifen (ebd.).

Wurden in *Orientalism* die Ost-West-Beziehungen noch als unweigerlich konfligierend präsentiert, so stellt Said die Kulturen und Ökonomien der ehemaligen Kolonisierten und Kolonisierenden nun als voneinander abhängig und Ergebnis einer zunehmend globalisierten Welt dar (ebd.: xx). Eine Versöhnung zwischen dem Westen und dem Nicht-Westen, die von gegenseitigem Respekt und Anerkennung getragen wird, erscheint nun nicht mehr gänzlich unmöglich. Sie wird zumindest denkbar: über eine Wahrnehmung der Welt als eine sich annähernde »gemeinsame Kultur«, deren Wurzel in einer geteilten Erfahrung von Kolonialismus und Imperialismus liegt (ebd.: 268). Hierzu schlägt Said ein »Reisen nach innen« (*voyage in*, ebd.: 244ff.) vor. Die oppositionelle Qualität dieser Strategie liegt darin begründet, dass die dominanten Diskurse des Westens von im Exil lebenden »Dritte-Welt-Intellektuellen« vereinnahmt werden, um sie gegen das hegemoniale System selbst zu wenden. Aufgrund der materiellen Grenzüberschreitung gelinge es diesen postkolonialen Subjekten, die Fallen des Nationalismus zu umgehen. Seine persönlichen Erfahrungen, die es ihm nach eigenen Worten nicht nur ermöglicht haben, auf beiden Seiten zu leben, sondern auch zwischen den Seiten zu vermitteln (ebd.: xxiii), werden hier zum Ausgangspunkt seines Kritikansatzes. Eine der wichtigsten Fragen, die Said in diesem Kontext aufwirft, ist jene nach der Möglichkeit, kulturelle Differenzen zu repräsentieren, ohne auf essentialistische Identitätsmodelle zurückzugreifen. Dies nimmt die immer wieder akute Frage postkolonialer Theorie auf, ob eine nicht-gewaltvolle, nicht-reduktive Repräsentation der *Anderen* überhaupt möglich ist.

Die Rolle, die der Kultur als Stützpfeiler des Imperialismus zukommt, kann eigentlich nicht überbewertet werden, wird der Imperialismus doch erst durch die Kultur zur »zivilisatorischen Mission«. Für Said stellt Kultur eine moralische Macht dar, die eine »ideologische Befriedung« (*ideological pacification*, 1994b: 67) herzustellen in der Lage ist, in deren Folge die Beherrschten nicht rebellieren, sondern zuweilen dem ›weißen Mann‹ dankbar sind (Said 1993: 9). Er führt hier das Beispiel Indiens an, wo nur 4.000 britische Kolonialbeamte mit dem Beistand von 60.000 Soldaten und 90.000 Zivilisten ein Land von damals 300 Millionen Menschen beherrschen konnten (ebd.: 11). Es ist deswegen sein Anliegen aufzuzeigen, wie kulturelle Praxen über die Produktion von »Gefühlsstrukturen« (*structures of feeling*) die imperiale Macht konsolidierten (ebd.: 14).

In den Metropolen des Westens habe sich die imperiale Ideologie und Rhetorik ungebrochen halten können, ohne von den sozialen Bewegungen wirklich herausgefordert worden zu sein. Ob Frauenbewegung oder Arbeiterbewegung – sie alle zeigten Züge der Komplizenschaft mit dem Imperialismus auf (ebd.: 67). Die von der imperialen Kultur aufgestellten, sehr grundsätzlichen Behauptungen seien durch soziale Reformen nicht in Frage gestellt worden. Das autoritative Gebäude selbstherrlicher Kultur, das im 19. Jahrhundert von Europa ausgehend aufgebaut wurde, erwies sich als stabil – seine Beteiligung an der imperialen Zivilisationsmission wurde nie wirklich hinterfragt. An dieser Stelle nimmt Said eine wichtige Unterscheidung zwischen Antiimperialismus und Antikolonialismus vor, wurde doch in den liberalen Zirkeln der Metropolen der Kolonialismus durchaus heftig und kontrovers debattiert, während die Überlegenheit des Westens gleichzeitig nie bezweifelt wurde (ebd.: 240f.). Daneben schließt er eine oft kritisierte Lücke in *Orientalism*, indem er die außereuropäischen Grundlegungen des europäischen Imperialismus, die präkolonialen Machtstrukturen, untersucht, die mit den kolonialen Kräften kollaboriert haben (ebd.: 262).

Said verdeutlich, dass alle Kulturproduktionen auf engste mit dem politischen Charakter der Gesellschaft verwoben sind und dass es gerade die Unsichtbarkeit dieser Beziehung ist, welche die darin zugrunde liegende Ideologie so effektiv werden lässt. Das macht auch verständlich, warum Said die »De-Universalisierung« der imperialen Kultur anzielt. Durch möglichst konkrete Kontextualisierung und Offenlegung der Quelle der Behauptung des angeblich universellen Charakters der Kulturproduktion soll diese untergraben werden. Die weit verbreitete Behauptung einer ›neutralen‹ Kultur, weist Said, indem er das Verhältnis zwischen Kultur und politischen Praxen aufdeckt, dagegen vehement zurück. Kulturproduktionen, welcher Art auch immer, seien nie ›unschuldig‹, sondern stünden in komplexer und dynamischer Beziehung zu den hegemonialen Strukturen, in denen sie hervorgebracht wurden (ebd.: 15). Im Gegensatz zu der traditionellen Sichtweise von Imperialismus als der Herrschaft einer Nation über die *Anderen* fügt Said entscheidend die Rolle der Kultur der Betrachtung hinzu. In dieser Perspektive endet der Imperialismus nicht mit der Freiheit der militärisch vereinnahmten Länder, sondern wird im Gegenteil kulturell, ökonomisch und auch politisch fortgeführt (ebd.: 9). Vornehmlich die Kulturproduktionen sind es, die den Imperialismus zu einer Kraft haben werden lassen, die über das geographische Empire weit hinausreicht. Sie erfüllen nicht nur eine Funktion, sondern sind Quelle für Identität, was einen häufig auftretenden kulturellen Traditionalismus in postkolonialen Gesellschaften erklärt, der die Form eines religiösen und/oder nationalen Fundamentalismus annehmen kann.

Imperiale Diskurse wiederholen kontinuierlich, dass die *Anderen* unterworfen werden *müssen*, und propagieren gleichzeitig ein metaphysisches Recht des Imperiums zur gewaltsamen Unterdrückung derselben (ebd.: 10). Das impliziert eine dichte Bezugnahme zwischen imperialen Zielen und einer nationalen Kultur, die über die weitverbreitete Rhetorik der Universalität von Kultur hergestellt wird.[13] Said bemerkt, dass die individuellen Schriftsteller/-innen und Künstler/-innen im Westen nicht einfach den Determinierungen der dominanten Ideologie entfliehen können, sondern einem neokolonialen Kontext verhaftet bleiben. So zeigt er beispielsweise auf, dass das Aufkommen von Romanen in einer direkten Beziehung zum westlichen Imperialismus stand. Ohne das Empire, so Said, hätte es den europäischen Roman nie gegeben. Der Roman stellt sich als ein kulturelles Artefakt der bürgerlichen Gesellschaft und des Imperialismus dar (Said 1993: 70ff.). Und es war gerade die Dominanz des britischen Romans während des 19. Jahrhunderts, welches die Macht des britischen Imperialismus stabilisieren half. Romane waren mithin daran beteiligt, so Said, das Selbstverständnis der Briten als imperiales Machtzentrum durchzusetzen.

Um die dichte Beziehung zwischen der europäischen Kultur und dem imperialen Unternehmen zu analysieren, schlägt Said eine Lesart vor, die er als »kontrapunktisch« (*contrapuntal reading*, ebd.: 66f.) bezeichnet. Es ist dies eine Form des »Zurück-Lesens« (*reading back*), d.h. es wird aus der Perspektive der Kolonisierten gelesen, um daran zu verdeutlichen, wie die Präsenz des Empires in die kanonischen Texte eingelassen ist. Ein solches Lesen eröffne neue Sichtweisen, die das Gefühl vermitteln, es würde im Roman etwas völlig anderes passieren. Für ein kontrapunktisches Lesen muss die Geschichte der Metropolen ebenso bewusst sein wie die versiegelte(n) Geschichte(n), gegen die sich die dominanten Diskurse richten (ebd.: 51). Wenn etwa eine Erzählung auf einer Zuckerplantage spielt und die Leserin versteht, was es heißt, wenn der Erzähler zeigt, dass die Zuckerplantagen notwendig waren zur Erhaltung einer bestimmen Lebensqualität in England, dann liegt ein kontrapunktisches Lesen vor (ebd.: 66). Es ermöglicht eine Sichtweise, die zwischen der imperialen Erzählung und der postkolonialen Perspektive verortet ist und eine Gegenerzählung aufbaut, die immer wieder die Oberfläche einzelner Texte durchstößt. Einer solchen Praxis geht es vor allem darum, die durchdringende Konstitution der imperialistischen Macht in diesen Texten aufzudecken, um damit sowohl Imperialismus als auch den antiimperialistischen Widerstand transparent zu machen.

Durch das Aufzeigen der überlappenden Geschichte(n) ehemalig kolonisierter Gesellschaften mit den europäischen Metropolen kann eine reduzierende und essentialisierende »Politik der Schuldzuweisung« vermieden werden (ebd.: 18). Für Said sind kulturelle Erfahrungen und Kulturproduktionen immer radikal und in der Quintessenz hybrid (ebd.: xxv), während ein kontrapunktisches Lesen in der Lage sei, die Verbindung zwischen diskrepanten Erfahrungen herzustellen. Der kontrapunktische Prozess sei zudem auch eine Praxis, die gewöhnliche Geographie zu überdenken. Der Kampf um die Konstitution der Orte sei einer der wichtigsten Merkmale des Imperialismus, weswegen sowohl die Kultur als auch der Imperialismus die Vorrangigkeit der Geographie affirmiere, die letztlich Bestandteil einer Ideologie territorialer Kontrolle sei (ebd.: 225f.). Die meisten Kultur-

historiker/-innen und Literaturwissenschaftler/-innen haben es laut
Said versäumt, die Bedeutung der geographischen Notierung, das
theoretische Kartographieren und Verwalten von Territorien innerhalb
westlicher Erzählungen, die von großer Relevanz für das Geltend-
machen kultureller Dominanz war, anzuerkennen. Der Kampf um die
Geographie versuche dem hingegen die historische imperiale Geographie des Westens zu überwinden (ebd.). Ein kontrapunktisches Lesen
störe scheinbar stabile, undurchlässige Kategorien, welche die Ansicht
verbreiten, die Kulturen des Westens könnten in vollkommener Unabhängigkeit von anderen Kulturen bestehen.

Wo auch immer man einen Blick auf die europäische Kultur des
19. Jahrhunderts wirft, stößt man sogleich auf dichte Bezüge zum
imperialen Prozess. Jane Austens *Mansfield Park* (1814), Giuseppi
Verdis *Aida* (1871), Rudyard Kiplings *Kim* (1901) und Albert Camus'
L'Étranger (1942) werden allesamt von Said kontrapunktisch gelesen,
um daran das enge Zusammenspiel von Kultur und Imperialismus zu
demonstrieren. So zeigt er zum Beispiel an Kiplings Erzählung *Kim*
auf, wie unproblematisch es für den Autor war, eine Empathie für
Indien zu zeigen und trotzdem seinen Glauben an die Richtigkeit der
britischen Kolonialherrschaft aufrechtzuerhalten (Said 1993: 132ff.).
Im Roman ist kein Raum für koloniale Konflikte, denn für Kiplings
Protagonist Kim war die britische Herrschaft das bestmögliche
Schicksal für die indische Bevölkerung. Said erkennt hier die Methode, nach der der Mythos einer permanenten britischen Herrschaft
aufgebaut wurde: die Produktion solcher Billigungsphantasien, die im
Grunde eine Spiegelung des eigenen Glaubens an die Zivilisierungsmission waren.

Neben diesen Analysen, die das Projekt von *Orientalism* weiterführen, wird hier Widerstand zum zentralen Thema. Said argumentiert,
dass Widerstand gegen das Empire im Bereich des Imperialismus
immer vorhanden gewesen sei (ebd.: xii) und bemerkt beiläufig, dass
sein Fokus in *Orientalism* nicht bedeute, dass die imperiale Macht
einfach ihre Dominanz habe durchsetzen können. Trotz seiner Distanzierung von Foucault nutzt er zur Verteidigung dessen Argumentation: Wo Macht ist, ist auch Widerstand (ebd.). Doch anstatt eine
›direkte‹ Theorie des Widerstands zu präsentieren, werden in einer
kontrapunktischen Lesart konstant die Überlappungen und Einsprüche beleuchtet, die in aktuellen widerständigen Kulturproduktionen
nachgewiesen werden können. Seine Theoriepolitik der »säkularen
Interpretation« versucht hier, die »Fallstricke des nationalen Bewusstseins« über eine aktive Wachsamkeit und Selbstkritik zu vermeiden
(ebd.: 54).

Said vertritt die Ansicht, dass die Phase der Rückeroberung geographischer Territorien immer mit der Veränderung der kulturellen
Territorien verbunden war und ist. Die Phase des physischen Wider-

stands gegen die imperiale Okkupation werde begleitet und/oder gefolgt von einer ideologischen und kulturellen Rekonstitution. Diese Zurückführung funktioniere über ein »Zurück-Schreiben« der ehemalig Kolonisierten. Dieses wird als ein bewusster Akt beschrieben, der die Diskurse des Westens zu betreten sucht, um sie von innen heraus zu verändern. Die marginalisierten und vergessenen Geschichten könnten so die Achtung finden, die ihnen bis dahin entzogen wurde. Es ist dies eine durchaus kraftvolle transformative Widerstandsbewegung, die Said, wie bereits erwähnt, als ein »Reisen ins Innere« bezeichnet hat (ebd.: 243). Die ideologischen Kriege gegen den Imperialismus in den Kolonien finden jetzt in veränderter Form Eingang in die Metropolen des Westens (ebd.: 276). Zum ersten Mal sieht sich die westliche Bevölkerung in der Zwangslage, sich als Repräsentantin einer Kultur wahrzunehmen, die gewaltiger Verbrechen angeklagt wird (ebd.: 195).

In seiner Diskussion der Widerstandskulturen und Befreiungsbewegungen warnt Said dennoch beständig vor einem separatistischen Nativismus, der das koloniale Selbst abzuschütteln versucht, indem er sich auf die Suche nach einem essentiellen präkolonialen Selbst macht (ebd.: 228f.). Die Gefahr liegt für ihn darin begründet, dass es dann nicht mehr möglich ist, die »emotionale Genugtuung bei der Zelebrierung der eigenen Identität« (ebd. 229) zu überschreiten. Auch wenn Said die Wichtigkeit des antiimperialistischen Nationalismus einräumt, so wiederholt er doch Fanons Warnung gegen ein nationalistisches Bewusstsein, das zu einer Rigidität führen kann, die chauvinistisches Potential in sich birgt (ebd.: 267). Folgerichtig lehnt er einen Nationalismus, der sich – wie z.B. im Falle der *Négritude* – zu einem Nativismus entwickelt, rigoros ab.[14] Said folgt hier Fanon, für den die *Négritude* im Grunde in sich selbst gefangen bleibt und damit nur eine passive Rolle einnimmt. Auch wenn die Strategie aggressiv und radikal erscheint, wird doch die Aufteilung in ›Herrscher‹ und ›Beherrschte‹ erneut konsolidiert (ebd.: 228). Deswegen bedauert Said, dass innerhalb des Postkolonialismus die Kritik am Nativismus, wie sie von Fanon, aber auch von anderen formuliert wurde, nicht wirklich ernst genommen wird.

Wenn postkoloniale Subjekte im Inneren des Orientalismusdiskurses die Konstruktionen des Orientalismus in Frage stellen, so widerstehen sie ihm nicht nur, sondern schaffen auch die Möglichkeit, Subjekte zu werden und damit die ihnen zugewiesene Rolle der *Anderen* zu verlassen. Die Said'sche Kunst des »Zurück-Schreibens« ermöglicht es den ›Entwürdigten‹ ihre Erfahrungen zu verwerfen und eine nicht-imperialistische Welt zu entwerfen (ebd.: 276).

III. Gayatri Chakravorty Spivak –
Marxistisch-feministische Dekonstruktion

»Falls Ihnen etwas, das ich heute sage, ganz unzumutbar erscheint, so bitte ich Sie, dies der Ernsthaftigkeit meines Ansinnens
zuzuschreiben. Also wieder Freiheit für den Widerspruch« (Spivak
1999b: 39).

Geboren wurde die Literaturwissenschaftlerin Gayatri Chakravorty
Spivak 1942, fünf Jahre vor der Unabhängigkeitserklärung Indiens, in
Kalkutta, der Hauptstadt West-Bengalens. Sie wuchs in einer gebilde-
ten Mittelschichtsfamilie auf und besuchte das angesehene Presidency
College der Universität Kalkutta. Im Alter von 17 Jahren erwarb sie
dort ihren *Bachelor* in Anglistik und migrierte anschließend in die
USA, um dort Literaturwissenschaften zu studieren. Zügig erwarb sie
den *Masters of Art* und schloss daran eine Promotion an. Heute hat sie
die Avalon Foundation Professur für Englisch und Vergleichende
Literaturwissenschaften an der New Yorker Columbia University inne.
Zu ihren wichtigsten Publikationen zählen *In Other Worlds* (1988),
Outside in the Teaching Machine (1993a) und *A Critique of Postcolonial
Reason: Towards a History of the Vanishing Present* (1999a).[1]

Spivak lehnt es ab, unter eine theoretische Schule subsumiert zu
werden und lässt stattdessen in ihren multiplen Analysen mannigfache Strategien und Konzepte unterschiedlicher Schulen zum Einsatz
kommen. Ergebnis solch intellektueller Performanz sind komplexe
und eigenwillige Betrachtungen, die nicht nur von hoher Dichte sind,
sondern allenthalben auch mit unerwarteten Wendungen aufwarten,
die die Leser/-innen zuweilen desorientieren können (vgl. Young
2004: 199). Mit ihren ambitionierten Texten zeigt Spivak, wie es möglich ist, einen politischen Kampf an mehreren Fronten gleichzeitig
auszutragen. Den postkolonialen Gegendiskurs beschreibt sie dabei in
der interessanten rhetorischen Wendung: »die hartnäckige Kritik an
dem, was man nicht nicht wollen kann« (Spivak 1991: 234). Gegen die

Kritik, die behauptet, dass ihre Schriften im Grunde das politische Ziel zu sabotieren drohen, da sie zu voraussetzungsvoll seien, argumentiert Spivak, dass gerade innerhalb der postkolonialen Theorie die Verwendung diverser Quellen eine unumgehbare Notwendigkeit darstelle. Die Analyse müsse unvermeidlicherweise die Heterogenität postkolonialer Realitäten anerkennen (Spivak 1999a: 314ff.). Die fragmentarische Form ihrer Schriften ist damit nicht nur eine Frage des persönlichen Stils, sondern stellt eine politische und theoretische Strategie dar. Spivak behauptet von sich selbst, nicht gelehrt genug, um transdisziplinär zu sein, aber doch in der Lage, die Regeln zu verletzen (ebd.: xiii). Und an anderer Stelle bezeichnet sie sich gar als »bricoleur« (1985a: 8), die das nutzt, was ihr in die Hände gerät.

Im Gegensatz zu der Said'schen Konzeption von Kolonialismus als recht uniformer Diskurs von Unterdrückung und Ausbeutung nimmt Spivak eher die Widersprüchlichkeiten von Kolonialisierungs- und Dekolonisierungsprozessen in den Blick. Ihr Konzept der »befähigenden Verletzung« (enabling violation, Spivak 1996a: 19) beschreibt den Kolonisierungsprozess als grundsätzlich destruktiv, der gleichwohl mit der Eröffnung neuer Möglichkeiten einhergegangen sei. Um dies zu verdeutlichen, charakterisiert Spivak den Postkolonialismus als ›Produkt einer Vergewaltigung‹. Damit ist sie in der Lage, sowohl die internationale Arbeitsteilung zu verurteilen als auch die zivilisatorische Kraft eines globalen »Kapitals mit sozialen Zügen« (socialized capital, ebd.: 5) zu beschreiben.

»Epistemische Gewalt« (epistemic violence) geht für Spivak nicht nur vom Kolonialismus aus, sondern wird in neokolonialen Machtverhältnissen, die schließlich das postkoloniale Subjekt herstellen, fortgeführt. Der Begriff »Inderin« sei etwa ein exemplarisches Beispiel für das Erbe kolonialer Diskurse und als Identitätskategorie ein Produkt imperialistischer Geschichte der Subjektkonstitution (1993a: 211). Die Fetischisierung solcher Bezeichnungen wie »Inderin« oder »Asiatin« homogenisiere unvergleichbare Lebenserfahrungen. Dies wiederum gehe mit erheblich negativen politischen Folgen insbesondere für diejenigen postkolonialen Subjekte einher, die am untersten Ende der sozialen Hierarchie verortet sind. Im Gegensatz zu klassischen Kolonialismusanalysen betrachtet Spivak mithin auch die Folgen und Kontinuitäten des Kolonialismus und die diversen neokolonialistischen Formationen nach den Unabhängigkeitserklärungen. So verdeutlicht sie, wie die Indigenen im heutigen Indien, die noch in Stammesgesellschaften leben, im Namen von ›Entwicklung‹ und ›Fortschritt‹ ausgebeutet werden. Während diese vornehmlich, wie Spivak schreibt, im Status von »Zuschauern« verbleiben, zerstört der neoliberale Kapitalismus, der auf ein »ferngesteuertes Leiden« (remote-control suffering, 1996a: 277) aufbaut, ihre Lebenswelten. Wie schon Said lässt sich auch Spivak nicht von der naiven Begeisterung für antikoloniale Bewegungen mitreißen und zeigt stattdessen auf, wie der bürgerliche Charakter eines antikolonialen Nationalismus viele der sozio-politischen Ungleichheiten, die während der kolonialen Ära Bestand hatten, ein weiteres Mal reproduziert. In diesem Kontext beschreibt sie den aus dem antikolonialen Widerstand hervorgegangenen Nationalismus provokant als ein Produkt des Imperialismus.

Spivaks Migration ebenso wie die links-intellektuelle antikoloniale Tradition Indiens – insbesondere in Bengalen – haben ihr Denken und Schreiben entscheidend geprägt. Ihr beständiges Bemühen, Marxismus und dekonstruktive Praxis mit feministischen Anliegen zusammenzubringen, haben ihr den Titel »feministisch marxistische Dekonstruktivistin« (MacCabe 1988: ix) eingebracht. Ihre bereits 1976 erschienene Übersetzung von Derridas *De la Grammatologie* ([1967]) ins Englische und das darin enthaltene 80-seitige Vorwort brachten ihr beachtliche Anerkennung innerhalb der internationalen Wissenschaftscommunity ein. Die Übersetzung fungierte dabei als Türöffner für Derridas Werk in den anglophonen Wissenschaftsbetrieb und ist insoweit mitverantwortlich für die weltweite Rezeption der Dekonstruktion.

Auch wenn Spivak es ablehnt, sich als »Dekonstruktivistin« zu bezeichnen (1990a: 45), so bildet die Dekonstruktion doch eine ihrer wichtigsten theoretischen Säulen. Als ehemalige Studentin von Paul de Man hat sie früh begonnen, dekonstruktive Strategien heranzuziehen, um etwa die offizielle indische Geschichtsschreibung »gegen den Strich« zu lesen. Allerdings sagt sie auch, dass Dekonstruktion selber »katachrestisch« (*catachretized*) gefasst werden muss (1991: 242).[2] Spivak ist der Ansicht, dass die Dekonstruktion politische und theoretische Werkzeuge zur Verfügung stellt, die im Kampf gegen soziale Ungerechtigkeit effektiv zum Einsatz gebracht werden können. Zugleich bedient sie sich jedoch auch marxistischer Theorieansätze und feministischer Analysen – wiewohl sie auch diese konsequenterweise kritisch zur Disposition stellt. Nicht wenige zeigen sich misstrauisch gegenüber den Versuch – wie kritisch er auch immer angelegt sein mag –, die Dekonstruktion mit dem politischen Ziel der sozialen Gerechtigkeit zu verbinden.

Neben dem »Neu-Denken« Marx'scher und Derrida'scher Ansätze werden auch Spivaks Übersetzungen und Kommentierungen des Werkes der bengalischen Schriftstellerin und Aktivistin Mahasweta Devi ins Englische geschätzt. Stark inspiriert wurden Spivaks Arbeiten durch die *South Asian Subaltern Studies Group*, ein Zusammenschluss indischer Historiographen und Historiographinnen, in deren Fokus der Widerstand so genannter subalterner Gruppen steht. Das Verständnis vom Konzept der Subalternen basiert dabei auf einer Gramsci-Interpretation durch Ranajit Guha, dem Mitbegründer der Gruppe. Guha definiert, so Spivak, »subaltern« als einen Raum, der innerhalb eines kolonialisierten Territoriums von allen Mobilitätsformen abgeschnitten ist (Spivak 1996a: 288, 1999a: 270f.). Die Arbeiten der Gruppe zeigen auf, inwiefern der nationale Befreiungskampf im Grunde versagt hat, wenn die *Mehrheit* eines postkolonialen Indien, die immer noch in bitterer Armut lebt, in den Blick genommen wird. Die ökonomische und politische Macht ruht in Indien – wie auch in anderen ehemaligen Kolonialländern – bis zum heutigen Tage in den Händen einer kleinen Gruppe männlicher Angehöriger der gebildeten Mittelschicht, während die ländlichen Bevölkerungsschichten dagegen kaum von der Unabhängigkeit profitierten. Existenziell hat sich für sie nach der Befreiung von der Kolonialherrschaft nur wenig verändert (vgl. Guha 1983).[3] Das Projekt der *South Asian Subaltern Studies Group* möchte mithin, indem es die Leerstellen des bürgerlichen Befreiungskampfes beleuchtet, die ›Geschichte von unten‹ nachzeichnen.

Ein Hauptaugenmerk Spivaks gilt der Pädagogik, die sie als ein »sich Anlegen mit dem Apparat der Wertekodierung« (1990b: 227f.) und damit als eine politisch intervenierende Praxis beschreibt (1999a: 74ff.). So kommt sie in ihren Texten immer wieder auf Lernprozesse, ›gefährliche‹ Lehrpläne und auf die Notwendigkeit des Verlernens zu sprechen. Die Nichtberücksichtigung des Kolonialismus und Imperialismus bei der Behandlung der Geschichte des 19. Jahrhunderts, die typisch für die Hochschulen des Westens scheint, wird von Spivak scharf kritisiert. Sie stellt für diese einen erneuten Beweis für die Fortsetzung epistemischer Gewalt dar (1985b: 130). Als Konsequenz fordert sie in *Death of a Discipline* (2004) eine einschneidende Revision des Kanons und die Weiterentwicklung der Literaturwissenschaften bzw. Geisteswissenschaften zu einer transdisziplinären und transnationalen Kulturwissenschaft, die sich den Konsequenzen des (Neo-)Kolonialismus stellt.

PRIVILEGIEN VERLERNEN: IMPERIALISTISCHER FEMINISMUS UND DIE ›DRITTE-WELT-FRAU‹

Einer der wichtigsten Beiträge Spivaks ist die Fokussierung des »vergeschlechtlichten subalternen Subjekts« (*sexed subaltern subject*, Spivak 1994: 103) innerhalb der postkolonialen Studien. Die subalterne Frau wird dabei von ihr als doppelt verletzlich beschrieben, nämlich über eine ökonomische Ausbeutung als Folge des Imperialismus und eine erzwungene Unterordnung als Teil des patriarchalen Systems. Es ist insbesondere die geschlechtsspezifische Perspektive, die Spivak vom Kreis postkolonialer Theoretiker wie Said und Bhabha merklich abhebt.

Als großer Verdienst Spivaks gilt zudem, dass sie die westlichen

Feminismen einer kontinuierlich kritischen Hinterfragung ausgesetzt hat und dabei deutlich machen konnte, dass es unmöglich ist, in einer universellen Geste *alle* Frauen repräsentieren zu wollen, ohne die Komplizenschaft mit imperialistischen Politiken zu analysieren. Wie andere postkoloniale Feministinnen zweifelt auch Spivak die Existenz einer ›globalen Schwesterlichkeit‹ an, die die Frauenbewegung der ›Ersten Welt‹ mit der ›Dritten Welt‹ angeblich verbindet. Die Sprache der Bündnispolitik ist in Spivaks Augen nur attraktiv für Frauen aus dominanten sozialen Gruppen, die sich an einem »internationalen Feminismus« interessiert zeigen (1994: 84). Und so bemerkt sie, dass der akademische Feminismus des Nordens ungewollt mit den Interessen der Frauen im Süden in Konflikt tritt – diesen zuweilen sogar schadet. Anders gewendet: Der »Internationale Feminismus« ist für Spivak in erster Linie ein Diskurs des Nordens, und sein Engagement für die Frauen des Südens ist oft nichts weiter als eine paternalistische Mission in Richtung der ›armen‹ Schwestern in der ›Dritten Welt‹ (vgl. auch Mohanty 1988).

In ihrem Essay *French Feminism in an International Frame* (1988) verweist Spivak beispielsweise auf die koloniale Kontinuität eines westlichen Feminismus, der Kolonialismus nur selten zum Thema macht und noch seltener den Beitrag weißer Frauen bei der Ausbeutung und gewaltvollen Unterdrückung der Kolonialländer analysiert. Insbesondere Julia Kristeva (1982 [1974]) gerät in Spivaks Visier, deren ›Engagement‹ für Frauen in China als beispielhaft für eine Selbstkonstitution der westlichen Welt über die Funktionalisierung des Südens zu sehen sei, bleibt doch das Interesse zuvorderst die *eigene* Identität. Neben anderen westlichen poststrukturalistischen Intellektuellen sei es Kristeva, die *andere* Kulturen nur dann benennt, wenn sie die Autorität westlichen Wissens und westlicher Subjektivität herausfordern will, womit sie in »obsessiver Weise selbstzentriert« bleibe (Spivak 1988: 137). So interessiere sich Kristeva für die matriarchalen Ursprünge Chinas, weil diese eine alternative feministische Utopie bereitzustellen scheinen, und blendet dabei die aktuelle Situation chinesischer Frauen aus. Für Spivak ist das »symptomatisch für ein kolonialistisches Wohlwollen« (ebd.: 138).[4]

In *Three Women's Text and a Critique of Imperialism* (1985c) wiederum bestimmt Spivak den klassischen Roman *Jane Eyre* als eine für den feministischen Individualismus im imperialistischen Zeitalter geradezu typische Erzählung und liest ihn *à rebours* – gegen den Strich also. Sie zeigt auf, wie in diesem die jamaikanische Kreolin und Ehefrau des Briten Rochester, Bertha Mason, in der Rolle der *Anderen* auftritt, damit Jane Eyre, die Protagonistin, den Part der Heldin übernehmen kann. In Charlotte Brontës Erzählungen, die begeistert feministisch rezipiert worden sind, wird Spivak zufolge eine weibliche Emanzipation der weißen europäischen Frau nur unter Auslassung der kolonisierten Frau möglich. Spivaks spezifische Lesart verdeutlicht, in welcher Weise selbst eine radikale Kritik am Patriarchat imperialistisch wirksam sein kann, wenn sie unter einer *anderen* Perspektive betrachtet wird. Dabei bringt sie in ihren Analysen die unbewusst rassifizierte Anordnung eines konzeptuellen Rahmens zu Tage, welches sich in einer Reihe von kanonischen Texten weiblicher Autorinnen des 19. Jahrhunderts nachweisen lässt. Anhand einer überlegten Untersuchung dieser Erzählungen gelingt es Spivak unter anderem, die Art und Weise, wie eine westliche weibliche Individualität auf Kosten der *Anderen* erreicht wird, darzulegen. Beständig weist sie die feministischen Bewegungen des Nordens darauf hin, dass die Kämpfe der Frauen im Süden eine andere materielle Grundlage haben als jene, die von Frauen der ›Ersten Welt‹ ausgetragen werden. In diesem Zusammenhang erinnert Spivak daran, dass das »Different-Machen« (*othering*, Spivak 1999a: 113) nicht-westlicher Frauen letztlich dazu beigetragen hat, den (britischen) Imperialismus als eine soziale Mission zu legitimieren. Beispielsweise diente die Witwenverbrennung als Beweis dafür, dass es sich bei der indischen um eine ›barbarische‹ und ›primitive‹ Gesellschaft handelt, die über eine Kolonisierung zivilisiert werden *musste*.

Spivaks Kritik gilt zunächst den westlichen Intellektuellen, jedoch bezieht sie kontinuierlich ihre eigene privilegierte soziale Position in die theoretischen Betrachtungen ein, und kritisiert etwa, dass sie in den Hochschulen des Nordens als Repräsentantin und/oder »einheimische Informantin« (*native informant*, 1999a: 6) des Südens wahrgenommen wird. Sie stellt hierbei die notwendige Frage, wie es möglich sei, der Rolle und Funktion der effizienten Informantin für akademische Interessen des Westens zu widerstehen, und insistiert, dass erst das privilegierte Wissen *verlernt* werden muss, da es sich durch koloniale und neokoloniale Interessen korrumpiert zeigt. Erst dann, so Spivak, kann der Prozess der Globalisierung und seine Effekte auf den Lebensalltag der subalternen Frauen im Süden verstanden werden. Die verbreitete Praxis, Frauen des Südens zu romantisieren/viktimisieren oder etwa in paternalistischer Manier darzustellen, sei symptomatisch für ein kolonialistisches Wohlwollen (1988: 138). Wiederholt macht Spivak auf die internationale Arbeitsteilung aufmerksam, die sich in der Ausbeutung der Frauen des Südens von multinationalen Konzernen als billige Arbeitskräfte dokumentiert. Die Tendenz, Erfahrungen von Frauen aus der ›Dritten Welt‹ in den Begrifflichkeiten einer westlichen weiblichen Subjektivität zu beschreiben, kritisiert sie folgerichtig aufs schärfste. Die privilegierte Distanz zum Leben der Entmächtigten zeige sich dabei insbesondere in einer »gestatteten Ignoranz« (*sanctioned ignorance*) westlicher pädagogischer Institutionen, die ironischerweise nur über die Ausbeutung der Arbeitskraft aus der ›Dritten Welt‹ aufrechterhalten werden können, und insoweit abhängig von dieser sind (1994: 86). Spivak schlägt unter anderem die Praxis des Verlernens als Intervention vor. Privilegien seien immer auch ein Verlust. Sie nur als Gewinn zu sehen, müsse dementsprechend verlernt werden (1990a: 9). Der Prozess des Verlernens impliziert die Problematisierung der eigenen »gestatteten Ignoranz«.

Zur Illustration erzählt Spivak, wie sie als Kind auf dem Land ihres Großvaters ein Streitgespräch zwischen zwei Wäscherinnen mithörte, bei der die Frauen die *East India Company* als Eigentümer des Landes bezeichneten. Da die materiellen Bedingungen des Lebens dieser Frauen unverändert geblieben waren, war es ihnen entgangen, dass das Eigentum des Landes schon vor Jahrzehnten von der *East India Company* auf das *British Raj* (Britische Herrschaft) und dann schließlich auf die unabhängige Republik Indien oder in Einzelbesitz übergegangen war. Damals empfand Spivak das Reden der Frauen als historisch inakkurat. Durch den Prozess des Verlernens konnte sie später ihr eigenes Urteil über das situierte Wissen dieser Frauen zu den Eigentumsrechten des Landes reflektieren. Die klassenabhängigen Annahmen sind, so Spivak, für ihr voreiliges Urteil verantwortlich zu machen (1988: 135).

Als Teil ihrer kontinuierlichen Beschäftigung mit Dekolonisierungsbewegungen und der Frage der Subalternen im Allgemeinen verfolgt Spivak die sich wandelnden globalen Diskurse bezüglich der Frauen des Südens. In ihrem Essay *Claiming Transformation* (2000) greift sie etwa die Rhetorik der UNO in der Deklaration der Frauenrechte an, die den Zugang zur globalen Telekommunikation und das Recht auf Kredite mit dem allgemeinen »Empowerment« von Frauen des Südens verwechsle. Hingegen werde kein Versuch gemacht, die infrastrukturellen Bedingungen zu verändern, die die ökonomische Verarmung der Frauen auf dem Lande erst herstellen. Angesichts der aktuellen globalen Ungleichheiten zwischen den gebildeten professionellen Frauen in den hochindustrialisierten Ländern des Nordens und den subalternen Frauen in den sich ›entwickelnden‹ Nationen des Südens erscheint Spivak die Rhetorik der Vereinten Nationen als geradezu zynisch. Für dringend notwendig hält sie auch eine klare Abstinenz gegenüber jeglicher Exotisierung subalterner Frauen oder dem nostalgischen Wunsch, so sein zu wollen wie diese. Viel eher gehe es für die »privilegierten Feministinnen im Prozess der Dekolonisierung« (1995c: 197) darum, von den entmächtigten und entrechteten Frauen zu lernen, anstatt deren historischen Erfahrungen mit einer Geste der mitleidigen Aufklärung korrigieren zu wollen (1988: 135). Konkreter besteht die Herausforderung darin, zu denen zu sprechen und von denen zu lernen, die weder lesen noch schreiben können und doch »in den Poren des Kapitalismus« (über-)leben (ebd.; vgl. auch Aithal 2004).

DEKONSTRUKTIVE STRATEGIEN

Als theoretisches Instrumentarium nutzt Spivak die Dekonstruktion, um kritische Interventionen möglich zu machen, die dem Erbe des Kolonialismus wie auch den aktuellen globalen Politiken nachspüren. Im Gegensatz zu Said argumentiert Spivak, dass Derridas Dekonstruktion für die postkoloniale Theorie weitaus mehr zu bieten hat als etwa die Arbeiten eines Foucault, die ihrer Ansicht nach eher »enthusiastische Radikale« im Westen ansprechen würden (1994: 104).[5] Die Dekonstruktion beschreibt sie als eine »negative Wissenschaft«, die ihr Ziel weder darin hat, »positives Wissen« im Sinne einer autoritativen Wahrheit zu produzieren, noch als Ideologiekritik bestimmt werden kann (1996a: 155). Der Blick solle dagegen auf die verschwiegenen Annahmen und Strategien gerichtet werden, die überhaupt erst die Macht eines Diskurses schaffen und stabilisieren. Daneben erkennt Spivak in der dekonstruktivistischen Praxis einen »affirmativen« Aspekt, da sie ihr das Potential zuschreibt, politisch befähigend zu sein. Der Kampf gegen bestehende Herrschaftsverhältnisse stehe immer in der Gefahr, die Normen und Werte des kolonialen Diskurses zu verstärken, indem sich Teile von diesem in die Gegendiskurse einschreiben. Sie spricht hier von einer »Wiederholung in den Rissen« (*repetition-in-rupture*, ebd.: 211). Dies veranschaulicht, dass die bloße Umpolung eines hegemonialen Diskurses diesen nicht aufheben kann, sondern stattdessen eine Argumentation repliziert, die in der dualistischen Logik gefangen bleibt. Wer beispielsweise den ›Orient‹ pauschal für besser befindet als den ›Westen‹, bleibe einer Logik verhaftet, die die bestehenden Herrschaftsverhältnisse stabilisiere, anstatt sie zu erschüttern. Dagegen soll die Verabschiedung opponierender Begriffe angestrebt werden (Spivak 1985c: 250). Darüber hinaus ist ein geradliniger Gegendiskurs recht schnell zu vereinnahmen, wohingegen die Taktiken, die in Spivaks politisch-theoretischen Interventionen zur Anwendung kommen, Macht- und Herrschaftsverhältnisse von innen her zu destabilisieren suchen.

Derridas Konzept des »dezentrierten Subjekts« erweise sich als nützlich, um postkoloniale Politik davor zu bewahren, in eine fundamentalistische Richtung abzudriften, da es die traditionellen Vorstellungen von »Identität« und »Herkunft« angreife. Dies bildet auch den theoretischen Hintergrund für Spivaks Ablehnung einer Suche nach den eigenen »Wurzeln« (1990a: 93), da hiermit zwangsläufig auf eine Idee von ›Reinheit‹ und ›Original‹ zurückgegriffen werde, mit der die ›Identität‹ mal wieder in essentialistische Container gegossen wird. Die Tendenz, fundamentalistische Konzeptionen nicht-westlicher Identitäten zu bevorzugen, ist für Spivak nichts weiter als eine nostalgische Vorstellung von ›authentischen Dritte-Welt-Subjekten‹, die sowohl einem antikolonialen Nationalismus als auch den ›wohlwollenden‹ Westen zugute kommt. Sie argumentiert dagegen, dass das postkoloniale Subjekt so stark durch die koloniale Herrschaft bearbeitet wurde, dass es keine Möglichkeit mehr gibt, die ›reine‹ präkoloniale Subjektivität zu bergen (Spivak 1999a: 63).

Bei Spivaks Werk handelt es sich dabei keineswegs um ein ›Versöhnungsprojekt‹, welches zwischen Feminismus, Dekonstruktion und Marxismus zu vermitteln sucht (Spivak 1990a: 15), viel eher geht es ihr darum, die Leerstellen und Begrenzungen der einzelnen Diskurse aufzuzeigen, um damit die (neo-)kolonialen Spuren sichtbar zu machen. Insofern sind ihre theoretischen Interventionen als »kritische Unterbrechungen« (*critical interruptions*, ebd.: 110) zu verstehen, die die Diskontinuitäten zwischen Feminismus, Marxismus und Dekonstruktion durchaus zu bewahren suchen. Die Praxis der Verhandlung und Interruption ist dabei ein Kennzeichen Spivak'scher Theoriebildung. So kritisiert sie die Marx'sche Werttheorie, die, obschon sie zweifellos von großem Nutzen für die Analyse der internationalen Arbeitsteilung sei, die unbezahlte Arbeitskraft der Frauen des Südens unbeachtet lasse.[6] Die Dekonstruktion hält sie indessen für einen guten Ansatz, um der emanzipatorischen Rhetorik des Marxismus und Feminismus zu widerstehen. Dennoch wendet sie in ihrem Essay *Ghostwriting* (1995b) gegen Derrida ein, dass dieser den systematischen Charakter eines globalen Kapitalismus unterschätzt habe. Die Mobilisierung der Dekonstruktion durch Spivak liefert wichtige Beiträge zu den Debatten um Repräsentation, Gerechtigkeit und Ethik. Indem Spivak Identität als ›zerstreut‹ und ›dezentriert‹ theoretisiert, widersetzt sie sich auch der Vorstellung, dass nur das postkoloniale Subjekt postkoloniale Themen behandeln könnte. Eine solche Position bezeichnet sie als »umgekehrten Ethnozentrismus«. Es sei nicht plausibel, warum postkoloniale Subjekte einen besseren Einblick in das Feld des Postkolonialismus haben sollten (1996a: 15f.).

Aus demselben Grund kritisiert sie *Women of Colour*, die feministische Theoriebildung als westlich ablehnen. Ebenso wenig leuchtet ihr ein, dass sich Frauen aus der ›Ersten Welt‹ nicht mit Postkolonialismus befassen, weil sie – nach eigenem Befinden – nicht genug Expertise in diesem Feld aufweisen. Im Gegensatz dazu plädiert Spivak für eine »De-Hegemonisierung« hegemonialer Positionen (1990a: 121). Man solle versuchen, die fehlende Expertise einzuholen, anstatt sich auf einer bequemen Ignoranz auszuruhen. Letzteres könne zu einer Politik führen, die letztlich bestehende Privilegienstrukturen stützt. Von ›Objektivität‹ hält Spivak freilich nichts, denn ihrer Meinung nach bleibt jede Kritik gebunden an den Ort, von dem aus sie formuliert wurde (1988: 110). Für Spivak kann es keinen unkontaminierten Ort geben, zu dem postkoloniale Theoretiker/-innen einen privilegierten Zugang hätten. Die Dekonstruktion affirmiere hingegen die eigene Komplizenschaft mit dem Objekt der Kritik und hinterfrage die Autorität des untersuchenden Subjekts, ohne es zu paralysieren (ebd.: 201). Dementsprechend hinterfragt Spivak auch selbstkritisch ihre eigenen Privilegien als Angestellte einer westlichen Eliteuniversität und die damit einhergehende Komplizenschaft durch das Arbeiten für eine Institution, die an der ideologischen Produktion des Neokolonialismus beteiligt ist (ebd.: 210).

MARXISMUS ÜBERDACHT

Spivaks Positionen bleiben bewusst strategisch ambivalent. Auf der einen Seite bezeichnet sie sich etwa als »altmodische Marxistin« (1991: 244), um dann auf der anderen Seite davon zu sprechen, dass es gelte, Marx zu »radikalisieren«. Wie wir bereits aufgezeigt haben, ist es ein Kennzeichen Spivak'schen Denkens, die Grenzen klassischer Theorien auszutesten und nicht, eine systematische und konsistente Form kultureller Kritik zu etablieren. Deswegen hat Spivak die Verwendung Marx'scher Konzepte und Kategorien nie abgelehnt, wie dies andere postkoloniale Kritiker/-innen getan haben, sondern stattdessen ein dekonstruktives »Wieder-Lesen« (re-reading, Spivak 1993a: 115) angeregt. Kontinuierlich überarbeitet sie traditionelles Marx'sches Vokabular, um die ökonomische Ausbeutung von Frauen im Süden in Bezug auf die internationale Arbeitsteilung beschreibbar zu machen. Die ökonomischen Strukturen im Zeitalter des mikroelektronischen Kapitalismus und seine politischen – aber auch kulturellen Konsequenzen – bilden dabei das Zentrum Spivak'scher Theoriebildung und Analysen.

Marx ist immer wieder zu Recht für sein eurozentrisches Modell politischer Emanzipation, welches die Erfahrungen kolonisierter Subjekte in nicht-westlichen Gesellschaften durchgängig ignoriert, kritisiert worden (Ahmad 1992: 222ff.). Tatsächlich hat er es bekanntlich auch versäumt, seine Studien über Indien und Afrika (etwa 1960 [1853]) in eine entwickelte Imperialismusanalyse zu überführen.[7] Die Kämpfe des westlichen Proletariats für ökonomische Gleichheit und Emanzipation im 19. Jahrhundert repräsentieren Marx zufolge ein politisches Interesse der *gesamten* Menschheit, womit er offenkundig entrechtete Gruppen wie kolonisierte Subjekte nicht in seine Analysen einbezog. Deren politisches Interesse weicht nicht nur empfindlich von denen westlicher Proletarier ab, sondern steht nicht selten auch im direkten Widerspruch zu diesen. Trotz dieser Leerstellen war und ist marxistische Theorie zentral für die intellektuellen und politischen Arbeiten vieler postkolonialer Aktivisten und Theoretiker/-innen. Auch aufgrund des gescheiterten Versuchs der ›Dritten Welt‹, ökonomisch unabhängig von der ›Ersten Welt‹ zu werden,[8] werden

Marx'sche Theorien für postkoloniale Analysen weiterhin bedeutsam bleiben.

Um Marx'sche Ansätze für einen nicht-westlichen Kontext weiter zu ›öffnen‹, analysiert Spivak Subjektpositionen unter diversen Gender- und Klassenperspektiven, um daran die Irreduzibilität der Vielfalt von Subjekten und Territorien, die beim »Welt-Machen« unter kolonialer Herrschaft produziert wurden, darzulegen. In diesen marxistischen Interventionen deckt sie unter anderem die Ignoranz westlicher Theoriebildung bezüglich Rassismus und Sexismus auf. Die elaborierten Studien zu Lohnarbeit und Kapitalismus haben hierbei in beeindruckender Weise die Aktualität, Vitalität und Relevanz Marx'schen Denkens nachweisen können (Spivak 1988: 154ff.). So machen die brutalen Bedingungen, unter denen viele in der postkolonialen Welt arbeiten müssen, schmerzlich deutlich, dass Marx' Kritik am Kapitalismus im Europa des 19. Jahrhundert immer noch aktuell für die ökonomische Welt des 21. Jahrhunderts ist.

Interessanterweise beschreibt Spivak selbst ihr »Wieder-Lesen« von Marx *via* Derrida als eine Antwort auf das Versäumnis Derridas, die zentralen Argumente über den industriellen Kapitalismus in *Das Kapital* zu berücksichtigen (Spivak 1993a: 97). Spivaks Debatte mit Derrida über Marx fokussiert dabei insbesondere auf die Ausbeutung des weiblichen Körpers in der ›Dritten Welt‹, wo die subalternen Frauen den Erhalt der globalen Produktion sichern (1999a: 67). Sie zeigt, inwiefern die erbarmungslose Ausbeutung von Frauen im Süden durch multinationale Konzerne eine Folge der wechselnden vergeschlechtlichten und geographischen Dynamiken des aktuellen Kapitalismus darstellt.[9]

Im Vergleich zu den Erfahrungen des männlichen europäischen Industriearbeiters im 19. Jahrhundert finden wir aktuell eine Situation vor, in der multinationale Konzerne zunehmend ihre Produktionen in den Süden auslagern, da dort die Arbeiter/-innen vielfach nicht gewerkschaftlich organisiert und aus diesem Grunde maximal ausbeutbar sind (vgl. etwa Mohanty 2000). Die geographische Zerstreutheit eines modernen Kapitalismus macht es Arbeiterinnen im Süden besonders schwierig, sich zu organisieren und in den Begrifflichkeiten zu repräsentieren, die dem männlichen Industriearbeiter im Europa des 19. Jahrhunderts noch zur Verfügung standen. Die Arbeiterin im Süden ist darüber hinaus besonders verletzlich, nicht nur weil sie selten über eine gewerkschaftliche Vertretung verfügt, sondern weil ihr vergeschlechtlichter Körper zusätzlich durch patriarchale Regimes – dazu zählen die eigene Familie, die Religion und der Staat – regiert wird (Spivak 1988: 167). Spivaks Analysen regen hier zu einem Überdenken der Idee des ausbeutbaren Körpers an, denn nicht der männliche Arbeiter, sondern der Körper der subalternen Frau wird im Kontext eines globalen und ungebremsten Kapitalismus zum Ort der Überausbeutung. Marx' Aussage, dass der Arbeiter das Kapital produziert, weil er derjenige ist, der mit seiner Arbeitskraft für den Mehrwert verantwortlich zeichnet, ergänzt Spivak dahingehend, dass es die ›Dritte Welt‹ ist, die nicht nur den Reichtum, sondern auch die Möglichkeiten der kulturellen Selbstrepräsentation des Nordens produziert (1990a: 96).

Auch die logischen Grundannahmen des aktuellen Kapitalismus, die diesen als quasi natürlich und unausweichlich darstellen, werden von Spivak problematisiert und teilweise reformuliert. Dabei weist sie die antikapitalistische Idee zurück, dass es sich beim Gebrauchswert um einen reinen und unentfremdeten Ausdruck der Arbeitskraft des Proletariers handelt, während der Tauschwert die korrupte, entfremdete Repräsentation der kapitalistischen Ausbeutung darstellt. Diese allzu vereinfachte binäre Oppositionsbildung zwischen Kapitalismus und Sozialismus sei einer Kritik zu unterwerfen. Die von Spivak betriebene Dekonstruktion des Kapitalismus-Sozialismus-Dualismus ist ein Beitrag bei der Suche des Südens nach einer Alternative zu Kapitalismus und Kommunismus. Im Gegensatz zum ökonomischen Determinismus eines klassischen Marxismus fokussiert Spivak althusserianisch andere Formen sozialer Unterdrückung – etwa aufgrund des Geschlechts. Es sei allerdings zu bedenken, dass die wachsende Beschäftigung der *Cultural Studies* mit Kultur und Identität dazu geführt habe, dass die ökonomischen Ausgrenzungen übersehen und neue Formen der Barbarei heute weitestgehend ignoriert würden (1988: 168). Die Ökonomie, darauf ist mehrfach hingewiesen worden, steht in der Gefahr, in den aktuellen kritischen Studien keinen Platz mehr zugewiesen zu bekommen (etwa Eagleton 2003: 161).

Der gleichzeitigen Tendenz in Richtung marxistisch-ökonomischen Determinismus begegnet Spivak indessen, indem sie das Ökonomische kontinuierlich »bis zu seiner Streichung« (*under erasure*, 1988: 168; 1999a: 266) bringt.[10] Sie fragt mithin gleichzeitig, was die Ökonomie in der Debatte hält, ohne dabei die Auseinandersetzungen darauf zu reduzieren. Ihr Ziel ist die Überwindung einer Logik des Kapitalismus, die vom Standpunkt der entwickelten, industrialisierten Nationalstaaten des Nordens ausgeht. Wenn immer nicht-westliche Ökonomien fokussiert werden, würden diese als »primitive konzeptionelle Objekte« für westliches Theoretisieren eingeführt. Das unterschlage, dass die Nationalstaaten des Südens Teil des global kapitalistischen Systems sind, und dass es vor allem die Ausbeutung der dortigen weiblichen Arbeitskraft ist, durch die Reichtum und Ressourcen für den Westen hergestellt werden. Spivaks Diskussion der globalen Dynamiken des modernen Kapitalismus zeigt sich nicht nur immer gendersensibel, sondern betont zudem, dass der Produktion von Kultur immer ein ökonomischer Text zugrunde liegt.

MASTERWORDS ODER ÜBER DIE MACHT ZU BEZEICHNEN

Eine spannende Strategie stellt die Hinterfragung gängiger Begrifflichkeiten politischer Bewegungen dar, die versuchen, die Erfahrungen, Perspektiven und Kämpfe minorisierter Gruppen in abstrakten Überbegriffen, »machtvollen Bezeichnungen« (*masterwords*, Spivak 1990a: 104) einzufrieren. Beispiele hierfür sind etwa: *die* Arbeiter, *die* Frauen oder auch *die* Kolonisierten. Für Spivak stellen all diese Bezeichnungen Bildstörungen – Katachresen – dar, versuchen sie doch, *alle* Arbeiter, *alle* Frauen und *alle* Kolonisierten darzustellen, ohne dass hierfür ein Referent zur Verfügung steht (1990a: 104). Dieser Versuch, unterschiedlichste Lebenserfahrungen von Menschen durch einen Begriff zum Ausdruck zu bringen, sei nichts weiter als ein essentialistisches Manöver, welches letztlich zum Scheitern verurteilt bleibe. Dasselbe gilt auch für die selbst ernannten und gewählten Repräsentanten und Repräsentantinnen, die im Namen unterdrückter Gruppen so sprechen, als gäbe es ein einheitliches politisches Subjekt, welches kollektiv *durch sie* sprechen würde. Die bei dieser Praxis hergestellte Kohärenz sei nichts anderes als ein Effekt dominanter Diskurse, während die Sprache eines universalen politischen Kampfes immer potentiell gewalttätig ist. Gewalt erfahren dabei die, die unter die machtvollen Bezeichnungen subsumiert und damit assimiliert werden. Ihre Stimmen würden, so Spivak, gerade von den radikalen Gegendiskursen zum Verstummen gebracht, die vorgeben für sie zu sprechen.

Statt der Verwendung der gängigen politischen *masterwords* schlägt Spivak die Begrifflichkeit »Subalterne« vor, die gleichzeitig eine Reihe von Subjektpositionen zu beschreiben vermag. Es geht hierbei nicht um marginalisierte Perspektiven *per se*, sondern um heterogene Subjektpositionen, die innerhalb präkolonialer und kolonialer Strukturen – und auch durch die nationalistische Bourgeoisie nach der Unabhängigkeit – in unterschiedlicher Weise ausgebeutet und unterdrückt worden sind. Spivak warnt jedoch vor theoretischen Verallgemeinerungen, die bedeutsame soziale Differenzen zwischen den unterschiedlichen subalternen Gruppen verwischen könnten. Zudem bemerkt sie, dass die postkolonialen Intellektuellen in den reichen Metropolen bei der Leser/-innenschaft des Nordens oft als »Ersatz-Subalterne« (*token subalterns*, 1996a: 292) wahrgenommen werden, wenn diese im Namen derselben sprechen. Spivak rät, dieser narzisstischen Verführung zu widerstehen, die sowohl den postkolonialen Intellektuellen als auch den Lesern und Leserinnen der ›Ersten Welt‹ Vorteile verspricht. Erstere werden nämlich im Zuge dessen zu *der* legitimen Stimme der Unterdrückten und Entrechteten dieser Welt und erhalten als solche vermarktbares Gehör, während Letztere nur einigen wenigen Stimmen zuhören und nur jenen Repräsentanten und Repräsentantinnen Raum gewähren müssen, die ohnehin ihre Sprache – und zwar in mehrfacher Hinsicht – sprechen. Konkret: Es ist leichter für die Intelligenzija im Westen, Spivak, Said und Bhabha zu zitieren, als sich gegen eine Verschärfung der internationalen Arbeitsteilung zu engagieren.

Spivaks politischer Gegenvorschlag folgt indessen auch hier Derrida. Sie empfiehlt einen verantwortungsvolleren Ansatz, der die spezifischen Kontexte und materiellen Bedingungen, unter denen Menschen leben, berücksichtigt. Darüber hinaus betont sie die Bedeutsamkeit, eine »ethische Singularität« (ethical singularity, 1996a: 272) mit den Subalternen zu etablieren, macht es doch ohne Frage einen Unterschied, eine Frau in der ›Dritten Welt‹, die täglich um ihr Überleben kämpfen muss oder eine postkoloniale Akademikerin in der ›Ersten Welt‹ zu sein. Beide sind Frauen – dennoch können die Differenzen kaum größer sein. Derrida spricht von einer Ethik der Verantwortlichkeit gegenüber den Anderen und Spivak bemerkt, wie schwierig diese sich de facto zeigt. Deswegen sei die Ethik à la Derrida als eine Erfahrung der Unmöglichkeit zu bezeichnen (ebd.: 270).

Heute wirkt Spivak unter anderem in Projekten in Bengalen und Bangladesch, wo sie vor allem Lehrer/-innen ausbildet. Sie engagiert sich damit aktiv gegen das Analphabetentum Subalterner, weswegen sie sich auch als »Alphabetisierungsaktivistin« (literacy activist) bezeichnet. Bei dieser Tätigkeit wurde Spivak nach eigenen Worten deutlich, wie langsam der Prozess im konkreten Kampf der subalternen Gruppen tatsächlich verläuft, bei dem die Subalternen nicht nur versuchen, lesen und schreiben zu lernen, sondern auch Bürgerinnen zu werden. Insofern plädiert Spivak konsequent dafür, geduldig zu versuchen, von den Subalternen zu lernen, anstatt allzu schnell für sie zu sprechen, würde dies doch im Grunde nur einem »Willen, sich selbst sprechen zu hören« (will to hear oneself speak, 1996a: 33), gleichkommen. Ihr geht es nicht – das ist entscheidend – um die Erhaltung und Glorifizierung der Subalternität, sondern darum, die subalternen Räume aufzulösen (undoing of subaltern space, ebd.: 307).

Kann die Subalterne sprechen?

In ihrem einflussreichen Essay Can the Subaltern speak? (1994 [1988]) entfaltet Spivak eine elegante und facettenreiche Kritik an dem Wohlwollen radikaler westlicher Intellektueller, welche durch die Behauptung, die ›Massen‹ könnten für sich selbst sprechen, ihre eigene Macht verschleiern würden. Die Benennung historischer und struktureller Bedingungen politischer Repräsentation sei keine Garantie dafür, dass die Interessen subalterner Gruppen anerkannt und ihre Stimmen gehört werden. Die theoretische Analyse kreist also um die

Frage, ob die Subalternen für sich selbst sprechen können oder quasi dazu verdammt bleiben, dass *für sie* gesprochen wird – und sie mithin repräsentiert werden, anstatt sich selbst zu repräsentieren.

Bevor wir nun auf die konkrete Argumentation und die Konsequenzen von Spivaks provokanter und leider oft missverstandener Aussage eingehen, dass die Subalternen nicht sprechen können, sollen vorher die theoretischen Quellen beleuchtet werden, auf die Spivak dabei zurückgreift. Der Begriff der Subalternen, auf den sich Spivak und auch die bereits erwähnte *South Asian Subaltern Studies Group* beziehen, ist aus Gramscis *Gefängnishefte* (1929-1935) entliehen. Diese verfasste der italienische Marxist während Mussolinis faschistischem Regime in Kerkerhaft. »Subalterne« sind bei ihm diejenigen, die keiner hegemonialen Klasse angehören, die politisch unorganisiert sind und über kein allgemeines Klassenbewusstsein verfügen. Es war Gramscis Annahme, dass das hegemoniale Unterdrückungssystem, dass die Subalternen ausbeutet, durch Gewinnung eines Klassenbewusstseins und/oder durch das Eingehen einer Allianz mit der städtischen Arbeiterklasse gestürzt werden könne (vgl. Gramsci 1999 [1934]). Das Konzept der Subalternen weicht insofern von einer orthodox-marxistischen Sichtweise ab, da Letztere ihr Hauptaugenmerk auf die städtische Arbeiterklasse richtet. Die ländliche Bevölkerung wird bei Marx eher vernachlässigt, weil sie als unorganisiert gilt und keinen systematischen Gegenpol zur Bourgeoise bilden kann – wie es das städtische Industrieproletariat tut. Die Vorstellung der Subalternen als potentielle revolutionäre Kraft wurde von den Historikern und Historikerinnen der *South Asian Subaltern Studies Group* übernommen, kontextualisiert und weiterentwickelt.[11] Ihren Vorstellungen nach ist die Situation der ländlichen Bevölkerung im Süditalien der 1930er Jahre mit jener der ländlichen Bevölkerung und der Arbeiterklasse des unabhängigen Indien vergleichbar, erleben Letztere doch auch eine fortgesetzte, durch das Erreichen der nationalen Unabhängigkeit nicht unterbrochene Unterdrückung und Marginalisierung. Der nationale Befreiungskampf habe es versäumt, die Situation dieser Kollektive, die die *South Asian Subaltern Studies Group* als Subalterne bezeichnet, zu transformieren (Guha 1982: 3). Die stark durch ein Klassen- und Kastensystem charakterisierte präkoloniale Gesellschaftsstruktur zeigt sich zusätzlich von der Missachtung subalterner Räume durch die koloniale Hegemonie geprägt. Der antagonistische Kampf zwischen bürgerlicher nationaler Elite und kolonialer Hegemonie ließ keinen Raum für die komplexen sozialen Bewegungen subalterner Gruppen. Die Analyse der Subalternen im Kontext der Dekolonisierung demonstriert darüber hinaus, dass die Geschichte des Erfolgs des nationalistischen Widerstands nur solange in kohärenter Weise erzählt werden konnte, wie die Rolle der Subalternen strategisch ausgegrenzt wurde (Spivak 1988: 245). Der *South Asian Subaltern Studies Group* geht es deswegen darum, eine »Gegengeschichte« (*writing in reverse*, Guha 1983: 1) zu verfassen, die den Fokus auf andere Antagonisten lenkt und die Kampfschauplätze pluralisiert.

Wie auch später in anderen Unabhängigkeitsbewegungen galten die spontanen Aufstände der Landbevölkerung den bürgerlich-städtischen Befreiungskämpfern als unkontrollierte Gewalt, der es an politischen Inhalten und Organisation fehle. So notiert Fanon, dass paradoxerweise die nationale Regierung nach der Unabhängigkeit »in ihrem Verhalten gegenüber den ländlichen Massen an die Kolonialmacht« erinnert (Fanon 1981: 101). Das in Konsequenz fehlende historische Material zu den Kämpfen der Subalternen hat lange dafür gesorgt, dass die autonomen Widerstandskämpfe nicht rekonstruiert worden sind – eine Lücke, welche der *South Asian Subaltern Studies Group* als symptomatisch für die elitäre historische Repräsentation gilt. Deswegen ist es ihr erklärtes politisches wie auch wissenschaftliches Ziel, die subalternen Widerstandsbewegungen in die offizielle Geschichtsschreibung einzuschreiben.

Spivak wertet die von der *South Asian Subaltern Studies Group* aufgedeckte historische Leerstelle als eine Krise in der historischen Erzählung der indischen Unabhängigkeitsbewegung und merkt an, dass eine weitere Ignorierung der Subalternen das imperialistische Projekt weiterführen würde. In kritischer Absetzung davon hinterfragt sie allerdings die Wirksamkeit eines klassisch-marxistischen Modells bei der Beschreibung der komplexen und widersprüchlichen Geschichte(n) subalterner Aufstände und kritisiert die Konstruktion einer unbrüchigen, rein subversiven und widerständigen subalternen Subjektivität.[12] Stattdessen fordert sie die kurzsichtige Diskussion um Haupt- und Nebenwiderspruch heraus, indem sie divergierende Befreiungskämpfe simultan analysiert – etwa die Frauenbewegung, die Bauernaufstände oder die Kämpfe der Indigenen.[13]

Ihre Aufmerksamkeit gilt den gesellschaftlichen Gruppen, die in der sozialen Skala sprichwörtlich »ganz unten« zu finden sind: Subsistenzwirtschaftende, unorganisierte besitzlose Arbeitskräfte, indigene Analphabeten und Analphabetinnen, diejenigen also, die sich im Feld der so genannten »Null-Arbeit« (*zero work*, Spivak 1988: 84) bewegen. Es sind jene, die auf den Straßen der Metropolen, auf dem Land oder den Peripherien leben. Spivak erläutert, dass die lange Geschichte der weiblichen Reproduktionsarbeit ein gutes Beispiel für »Null-Arbeit« darstellt, findet ihre Arbeit doch nicht nur außerhalb eines Lohnarbeitsverhältnisses statt, sondern auch außerhalb eines definierten Produktionsverhältnisses (ebd.). Die Falle, so Spivak, liegt vornehmlich in dem Versuch, eine marxistische Analyse dergestalt vorzunehmen, dass die ehemaligen Klassenkämpfe schlicht durch die Aufstände der Subalternen ersetzt werden (siehe auch Rodríguez 2001: 5f.).

Anders gewendet: Ein Klassenbewusstsein kann nicht einfach durch ein Subalternenbewusstsein ersetzt werden (Spivak 1988: 201), würde dies doch die Subalternen erneut als aufständische Agenten sozio-politischer Transformation instrumentalisieren. Nach Spivak zeigen sich die Historiker/-innen der *South Asian Subaltern Studies Group* beteiligt an der Reproduktion kolonialer Wissensregimes, indem sie die subalterne Handlungsmacht in ein bürgerlich humanistisches Modell einschreiben. Spivak stimmt hier mit Gyan Prakash überein, der argumentiert, dass insofern die Subjektposition der Subalternen über die dominante Hegemonie konstruiert wird, diese niemals eine autonome sein kann (Prakash 1992a: 9). Weswegen sie es für unerlässlich hält, in den Praxen der Subalternen sowohl eine Wiederholung als auch einen Bruch mit diesem kolonialen Dilemma sichtbar zu machen (Spivak 1988: 202). Sie warnt vor einer nostalgischen Repräsentation der Subalternen als einem Widerstandssubjekt mit klaren Intentionen (ebd.: 197) wie auch davor, »individuelle Heroen auf der Seite der Unterdrückten zu romantisieren« (1985c: 272). Zwar widersteht Spivak den verführerischen Tendenzen, sowohl die kolonialen Diskurse als auch den anti- und postkolonialen Widerstand zu homogenisieren, dennoch argwöhnt der postkoloniale Kritiker Neil Lazarus, dass Spivak mehr daran interessiert scheint, die sozialen und symbolischen Praxen der (Non-)Repräsentation unterdrückter Gruppen innerhalb kolonialer Elitediskurse zu theoretisieren, denn die Handlungsmacht des ›Volkes‹ einer Betrachtung zu unterziehen (Lazarus 1999: 112). Dies ist eine Kritik, die auch Epifanio San Juan (etwa 2001/2002: 95ff.) immer wieder gegen die postkoloniale Theorie im Allgemeinen richtet.

Spivak zufolge wird durch den Versuch, die authentische subalterne Stimme einzufangen, das westliche Konzept stabilisiert, nach der das Sprechen Ausdruck von Subjektivität ist. Sie hält nichts von dem Unterfangen, das subalterne Bewusstsein wiederzugewinnen, und schlägt stattdessen eine neue Fokussierung vor, die sich für die Verortung und Einschreibung der heterogenen Subjektpositionen interessiert. Dies würde das Konzept eines undifferenzierten kolonialen subalternen Subjekts, das als Produkt monolithischer kolonialer Machtverhältnisse verstanden wird, in produktiver Weise irritieren.

Allerdings befindet Spivak, dass die »kognitiven Fehler« (*cognitive failures*, 1988: 202) der *South Asian Subaltern Studies Group* verzeihlich, weil unvermeidlich, seien und bringt an dieser Stelle die heftig debattierte These eines notwendigen »strategischen Essentialismus« (*strategic essentialism*, ebd.: 205) ein. Im Sinne einer dekonstruktivistischen Herangehensweise erweist sich für sie die subalterne Identität nicht als eine ›wahre‹ oder gar ›natürliche‹ Essenz, sondern als fiktional *und* wirkungsmächtig. Ein subalternes Bewusstsein sei demnach eine »theoretische Fiktion« mit hohem strategischem Wert, insofern es ermöglicht, die dominante koloniale und national-bürgerliche Geschichtsschreibung einer fundamentalen Kritik zu unterwerfen (ebd.: 204f.).

Der mutwilligen epistemischen Gewalt des imperialistischen Projekts kann Spivak zufolge nicht einfach mit einer Textproduktion aus einer nativistischen Position heraus widerstanden werden (1985b: 131). Auf Derrida rekurrierend[14] bemerkt Spivak, dass Foucault sich bei dem Versuch, die wahre Stimme der Zum-Schweigen-Gebrachten hervorzubringen, in ein unlösbares Dilemma manövriert hat (Spivak 1976: lx). Es sei klar, dass die postkolonialen Intellektuellen keine einfachen Alternativen anbieten können – und sich deswegen auch davor hüten sollten, diese zu versprechen. Spivaks dekonstruktive Arbeit kompliziert nicht nur das Terrain der sozialen Kämpfe, sondern erweitert darüber hinaus auch die klassische Marx'sche Vorstellung des Klassenkampfes. Daneben stellt sie klar, dass antikoloniale Kämpfe, die die ›internen‹ Machtkämpfe vollkommen unbeachtet lassen, immer Teil einer problematischerweise homogenisierenden und damit ausgrenzenden Nationenbildung sind. All jene, die nach klaren, simplen politischen Lösungen suchen, müssen sich von einer solchen Sichtweise freilich enttäuscht zeigen.

Spivaks Essay *Can the Subaltern Speak?* gehört wohl zu den am meisten zitierten Aufsätzen der zeitgenössischen Geisteswissenschaft. Doch auch wenn bereits unzählige Artikel verfasst wurden, die sich mit diesem prominenten Text auseinander setzen, scheint es häufig, als wenn nur der Titel und der erste Satz des letzten Absatzes zur Kenntnis genommen wurden: »Können die Subalternen sprechen?« – »Die Subalternen können nicht sprechen«. Dabei hat Spivak gerade diese letzte Aussage später als eine »nicht ratsame Bemerkung« (*inadvisable remark*, 1999a: 308) bezeichnet.

Bei dem Text handelt es sich um eine kraftvolle Kritik an den Positionen Michel Foucaults und Gilles Deleuzes (siehe Foucault 1977), denen Spivak »unbeabsichtigten Eurozentrismus« vorwirft. Unter anderem klagt sie diese an, die internationale Arbeitsteilung zu vernachlässigen und damit einem hegemonialen Kapitalismus in die Hände zu spielen (Spivak 1994: 67ff.). Die von Foucault und Deleuze favorisierten Mikropolitiken, die sich auf lokale Widerstandsformationen konzentrieren, können Spivak zufolge nur bestimmt werden über die Ignorierung makropolitischer Konfliktlinien, die etwa durch den globalisierten Kapitalismus und nationalstaatliche Allianzen hervorgerufen werden. Die Arbeit der französischen Intellektuellen vernachlässigt mithin das Feld der Ideologie, welches dagegen in Spivaks marxistisch orientierter Analyse eine große Rolle spielt. Die Nichtanerkennung ideologietheoretischer Annahmen führt zu einer Sichtweise, in der die Dominierten als klassisch-humanistische Subjekte konstruiert werden, die sich ihrer sozialen Lage bewusst sind und dementsprechend den Verhältnissen widerstehen. So argumentiert Foucault, dass die Massen durchaus in der Lage seien, für sich selbst zu sprechen; sie bräuchten die Intellektuellen nicht, um Wissen über ihre Lage zu erlangen. Viel eher sei es so, dass die Machtsysteme ihre Diskurse verbieten und entwerten würden. Die Intellektuellen selber, so Foucault, sind Teil bestehender Machtkonfigurationen (Foucault 1977: 207), weswegen ihre Aufgabe darin bestehe, jene Formen der Macht zu bekämpfen, die sie zu einem Objekt und Instrument derselben transformieren. Die Rolle der Intellektuellen, so Foucault weiter, liegt nicht mehr darin, die »erstickte Wahrheit« der Massen zu artikulieren (ebd.: 207f.). Für Spivak verbirgt sich hinter dem von Foucault verwendeten »postrepräsentationalen Vokabular« eine »essentialistische Agenda« (Spivak 1994: 80). Foucault und auch Deleuze machen sich ihrer Meinung nach schuldig daran, ihre Verantwortung gegenüber den Entmächtigten aufzugeben und eine bloß »utopische Politik« (ebd.: 71) zu verfolgen. Die Distanzierung von der Rolle der Verantwortlichen ist für Spivak nichts weiter als eine Maskerade, bei der die ›Erste-Welt-Intellektuellen‹ als »abwesende Nicht-Repräsentanten« (*absent nonrepresenter*) die unterdrückten Subjekte für sich selbst sprechen lassen (ebd.: 87).

Um nun das Konzept der Repräsentation zu beschreiben, bemüht Spivak eine Marx'sches Beispiel: die französische agrarische Gesellschaft im 19. Jahrhundert, in der Kleinbauern daran gehindert wurden, ein eigenes Klassenbewusstsein, welches auf ihrer sozialen und ökonomischen Situation beruhte, zu entwickeln. Nach Marx repräsentieren diese Menschen keine kohärente Klasse, weswegen ein politischer Repräsentant oder Bevollmächtigter der Mittelschicht das fehlende Klassenbewusstsein in ihrem Namen darstellt. Für Marx hat die Repräsentation hier eine doppelte Bedeutung: *darstellen* (Repräsentation als ästhetisches Porträt) und *vertreten* (Repräsentation durch einen politisch Bevollmächtigten, Spivak 1994: 71ff.). Spivak unterscheidet also in Anlehnung an Marx zwischen *Darstellung* als ein ›Sprechen von‹ und *Vertretung* als ein ›Sprechen für‹. In Foucaults und Deleuzes Beschreibung, so Spivak, fallen diese zwei Bedeutungen problematischerweise ineinander. In der Konsequenz wird die Darstellung, das ästhetische Porträt, welches symbolisch die Entmächtigten als kohärentes politisches Subjekt repräsentiert, zum transparenten Ausdruck ihrer politischen Begehren und Interessen. Spivak argumentiert hingegen, dass, wenn dieses Modell politischer Repräsentation auf den Süden Anwendung findet, die Lücke zwischen ästhetischer und politischer Repräsentation zwangsläufig noch größer wird. »Auf der anderen Seite der internationalen Arbeitsteilung kann das Subjekt der Ausbeutung nicht den Text weiblicher Ausbeutung kennen und sprechen, selbst dann nicht, wenn die Absurdität eintreten würde, dass die/der nicht-repräsentierende Intellektuelle Raum schafft, damit sie [die Subalterne] sprechen kann« (ebd.: 84). Spivak hinterfragt also das Argument von Foucault und Deleuze, dass die Unterdrückten ihre Lebensbedingungen kennen und demzufolge für sich selbst sprechen können (ebd.: 75).

Dabei fokussiert sie den vergeschlechtlichten Ort der subalternen Frauen, der gleich in doppelter Hinsicht durch koloniale Produktionen ausradiert worden ist. Sowohl die kolonialen Archivalien als auch die nachkolonialen historischen Beschreibungen subalterner Aufstände stabilisieren das dominante männliche Prinzip (ebd.: 82ff.). Hier tauscht Spivak nicht einfach die vergeschlechtlichte Form der Subalternen gegen ein klassenspezifisches Konzept ein, sondern zeigt auf, dass der bloße Fokus auf eine klassenspezifische Verortung die Widerstandspraxen weiblicher Subjekte und ihre Rolle beim Übergang von einer kolonialen zu einer postkolonialen Gesellschaft übersehen würde. Damit macht sie auf die genderspezifischen Leerstellen postkolonialer Theoriebildung aufmerksam. Um diese zu analysieren, liest Spivak vedische Quellen und Hindutexte wie etwa die *Rigveda* (die als die älteste mündlich überlieferte Textsammlung Indiens gilt und ca. 1000 vor unserer Zeit entworfen wurde), die *Dharmashastras* (Hindugesetzestexte, die zwischen dem 7. und 2. Jahrhundert vor unserer Zeit kodifiziert wurden) *und* die legislativen Diskurse des britischen Empires, um aufzuzeigen, wie der politische Wille und die Stimme von Hindufrauen in den Berichten zur Witwenverbrennung im kolonialen Indien repräsentiert wurden. Spivak stellt klar, dass in den antiken Schriften die Witwenverbrennung als eine außergewöhnliche Praxis beschrieben wird, die nicht zu vergleichen ist mit dem Freitod, der nach Hindugesetzen strengstens verboten war. Sich selbst das Leben zu nehmen war nur dann erlaubt, wenn es sich dabei um eine Form religiöser Pilgerfahrt handelte, die wiederum nur Männern vorbehalten war. Die einzige Möglichkeit für Frauen, dieses religiöse Ritual zu vollziehen, stellt die Praxis des *sati* dar, bei der die Witwe physisch den Tod des Ehemannes an einem heiligen Ort wiederholt. Gleichzeitig symbolisiert diese Praxis – innerhalb der hinduistischen Tradition – einen ungewöhnlichen Moment des freien Willens und des moralischen Verhaltens. Da diese Praxis weder vorgeschrieben noch gewaltsam durchgesetzt wurde, wird der Tod der Witwe als eindrucksvolles Zeichen ihres eigenen Wunsches, eine gute Ehefrau zu sein, gedeutet (ebd.: 99). In der britischen kolonialen Gesetzgebung Indiens wird nun die Tatsache vollkommen ignoriert, dass es sich bei der Witwenverbrennung um ein normabweichendes Zeichen handelt (Mani 1989: 88ff.). Bei der englischen Transkription *suttee* des Sanskritoriginals *sati* liegt im Übrigen ein grammatikalischer Übersetzungsfehler vor. *Sati* bedeutet »die gute Ehefrau« und wird nun fälschlicherweise mit dem Ritual der Witwenverbrennung identifiziert. Die ›gute‹ (indische) Ehefrau wird zu einem zu schützenden

Objekt, welches durch die ›wohlmeinenden‹ Imperialisten ›gerettet‹ wird (Shetty/Bellamy 2000: 43). Für die britischen Administratoren handelt es sich bei der Praxis des *sati* um die Verbildlichung des barbarischen und inhumanen Indien, die einen gewaltsamen Imperialismus im Namen einer zivilisatorischen Mission rechtfertigte. Das Schlüsselmanöver bildet hier die Konstruktion eines ›unterdrückten‹ indischen weiblichen Subjekts, welches die Durchsetzung eines ›modernen‹, ›befreienden‹ und ›progressiven‹ Regime des Empires legitimiert. Der weiße britische Kolonialbeamte glaubte schließlich, dass er durch das Verbot der Witwenverbrennung die indischen Frauen vor einer grausamen Praxis retten würde. Spivak bemerkt hier zynisch, dass die Kolonialherren nicht einmal in der Lage waren, die Namen derer zu buchstabieren, deren Leben sie zu ›retten‹ vorgaben. Der weiße Mann, so Spivak, versuchte »die braune Frau vor dem braunen Mann zu retten« (Spivak 1994: 92). Mit anderen Worten: Anstatt die weibliche Handlungsmacht zu verteidigen, benutzte die koloniale Administration den Körper der Witwen als ideologischen Kampfplatz.

Es ist auf der anderen Seite bekannt, dass die Gründe, Witwen dazu zu ›drängen‹, *sati* zu praktizieren, ökonomischer Art waren (Spivak 1999a: 294).[15] Beide Male spricht das (koloniale und einheimische) Patriarchat *für* die subalterne Frau, während man an keiner Stelle auf die Stimme der Frau selber trifft (ebd.: 93). Spivaks Analyse stellt mithin sowohl eine Kritik am imperialistischen als auch am autochthonen Patriarchat dar. Sie legt dar, dass die Aussagen: »die Frau will tatsächlich sterben« (die Hindugesetze implizierten eine Anerkennung der »freien Wahl« der Witwe) und »weiße Männer retten die braune Frau vor den braunen Männern« (Imperialismus als Zivilisierungsmission) sich hier gleichsam gegenseitig legitimieren. Und es ist die Lücke zwischen diesen beiden Äußerungen, die die Aporie der zum Schweigen gebrachten Subalternen darstellt. Sandhya Shetty und Elizabeth Jane Bellamy fragen deswegen nach den Möglichkeiten eines »postkolonialem Archivs«, welches versucht, das Zum-Schweigen-bringen der subalternen Frau in den kolonialen Dokumenten der *East India Company* als auch in den Schriften des Sanskrit-Altertums zu lesen (Shetty/Bellamy 2000: 36). Die Briten im kolonisierten Indien haben für die Formulierungen ihrer Strafgesetze gegen die Praxis des *sati* die brahmanischen Gelehrten konsultiert und diese damit zu Stellvertretern einer breiten und diversifizierten Hindubevölkerung erhoben. Insofern wird die epistemische Gewalt des britischen Verbots der Praxis im Jahre 1829 von der »archivalischen Gewalt« der altindischen Schriften abgeleitet (ebd.). Innerhalb dieses Kontextes argumentiert Spivak, dass kein Raum existiert, von dem aus das vergeschlechtlichte subalterne Subjekt sprechen könne (Spivak 1994: 104).

Ergänzt wird die Untersuchung juristischer Texte durch die Geschichte von Bhubaneswari Bhaduri, einer jungen Frau, die an den Unabhängigkeitskämpfen beteiligt war und sich schließlich, um ihre Involviertheit in den Kämpfen zu vertuschen, in einem rituellen Akt erhängte. Im Gegensatz zu den Witwen, die warten mussten, bis ihre Menstruation vorüber war, bevor sie *sati* praktizieren durften, wartet Bhubaneswari umgekehrt den Zeitpunkt ihrer monatlichen Regelblutung ab, um in den Freitod zu gehen. Damit verhindert sie, dass angenommen werden kann, sie habe sich erhängt, weil sie unehelich schwanger geworden sei. Spivak liest nun Bhubaneswaris Geschichte als einen Versuch, den sozialen Text der *sati*-Tode neu zu schreiben (ebd.). Doch Bhubaneswaris Teilnahme an den antikolonialen Widerstandskämpfen wurde trotzdem von der Geschichtsschreibung gelöscht. Dabei gilt der Freitod den Hinterbliebenen Bhubaneswaris – auch der weiblichen Familienmitglieder – als Zeichen einer nicht statthaften Liebe. Bhubaneswaris Intervention erweist sich laut Spivak als ein tragisches Scheitern, denn das weibliche subalterne Subjekt kann nicht gehört werden (ebd.) – eine Subjektposition, von dem aus es sprechen könnte, bleibt diesem versagt.

Spivaks Bemerkungen, dass die Subalternen nicht sprechen können, hat zu einer Reihe von Kontroversen geführt. Dabei ging es sowohl um die Begrenztheit aktueller theoretischer Paradigmen als auch um die politische Struktur der Repräsentation. Die südafrikanische Literaturwissenschaftlerin Benita Parry beispielsweise kritisiert Spivak dafür, dass sie ›hohe Theorie‹ benutzt, um die historische und politische Unterdrückung entmächtigter Frauen aufzuzeigen. Ihrer Meinung nach hat dies paradoxerweise eher dazu beigetragen, dieselben zum Verstummen zu bringen. Des Weiteren beklagt sie, dass die Möglichkeiten dekonstruktiver Strategien den Raum, in dem die Kolonisierten in die Geschichte eingeschrieben werden können, deutlich einschränken (Parry 2004: 23). Dagegen argumentiert Spivak, dass der subalterne Widerstand immer schon durch die hegemonialen Systeme der politischen Repräsentation gefiltert ist. Insoweit bedeutet die Aussage, dass die Subalternen nicht sprechen können, dass diese, selbst wenn sie es immer wieder versuchen, nie gehört werden (Spivak 1996a: 292). Dies bedeute keineswegs, dass die subalterne Frau überhaupt keine politische Handlungsmacht habe. Spivak hebt hervor, dass es nicht um die Sprachlosigkeit der Subalternen gehe, sondern vielmehr darum, dass das Hören hegemonial strukturiert ist.[16] Dennoch wird Spivak von der Kritik vorgeworfen, dass sie mit ihrem Text erneut das Stereotyp des schweigenden und passiven nicht-westlichen Subjekts stabilisiert.

Bruce Robbins zeigt dabei sehr spitzfindig ein Paradox in Spivaks Argumentation auf, welches nicht einfach von der Hand zu weisen ist: »Die Kritikerin, die andere dafür anklagt«, so Robbins, »dass diese im Namen der Subalternen sprechen, indem sie beispielsweise verneint,

dass die Subalternen für sich selber sprechen können, behauptet natürlich für diese zu sprechen« (1992: 50). Parry merkt spöttisch an,
dass die Indigenen durchaus sprechen – Spivak wolle sie nur nicht
hören (Parry 2004: 23), was Spivak mit der Bemerkung retourniert, sie
selber sei auch eine Indigene (*native*, Spivak 1989: 92).

Spivak verweigert ›perfekte‹ politische Lösungen oder fertige theoretische Formeln für die Emanzipation der subalternen Frauen. Anstatt die *Anderen* zu assimilieren, indem man sie ›anerkennt‹, plädiert
sie deswegen dafür, die subalterne Erfahrung als »unerreichbare Leere« (*inaccessible blankness*, 1994: 89) zu erhalten, was des Weiteren den
Vorteil hätte, dass dies Grenzen eines westlichen Wissens sichtbar
machen würde.

Die Argumente in *Can the Subaltern speak?* sind nach Meinung
Spivaks so oft konfundiert worden, dass die Autorin es abgelehnt hat,
denselben für den *Spivak Reader* (1996a) freizugeben. Nach eigenen
Worten bedauert sie es, dass das Konzept der »Subalternen« solcherart
vereinnahmt worden sei, dass der Begriff seine eigentliche widerständige Kraft verloren hat (1996a: 290). An anderer Stelle bemerkt sie
bitter, dass die meisten, die den Begriff »Subalterne« benutzen, sich
nicht einmal annähernd vorstellen könnten, von welchen Frauen die
Rede sei, wenn sie über Subalterne spreche (1993a: 137).

(Post-)Kolonialismus und der literarische Text

Während die koloniale Herrschaft durch bürokratische, ökonomische
und politische Institutionen aufrechterhalten wurde, war es die Verbreitung westlicher Literatur und Philosophie, die die rhetorische
Basis für den westlichen Imperialismus bereitgestellt hat. Deswegen
macht es durchaus Sinn, wenn die Literaturwissenschaftlerin Spivak
dekonstruktive Strategien gegen die »Axiome des Imperialismus«
(Spivak 1999a: 4) anwendet und mit Hilfe dieser die Schlüsseltexte
der europäischen Aufklärung entfaltet. So zeigt sie z.B. anhand eines
absichtlich »irrigen Lesens« (*mistaken reading*, ebd.: 9) Kants auf, wie
das imperialistische Europa seiner territorialen Expansion Ausdruck
verlieh und Eroberungen als ein göttliches Recht beschrieb, indem es
sich der moralischen Imperative westlicher Philosophie und Religion
bediente (ebd.: 10ff.).

Die Produktion und Rezeption der englischen Literatur des
19. Jahrhunderts stand beispielsweise, wie bereits Said gezeigt hat, in
einem direkten Zusammenhang mit der imperialistischen Mission,
die als Ziel vorgab, die kolonialen Subjekte erziehen und damit zivili-
sieren zu wollen. Im Gegensatz allerdings zu Said, der sich in erster
Linie mit der dominanten europäischen Literatur beschäftigt, wendet
Spivak ihren Blick auch in Richtung postkoloniale Texte und fragt, ob

diese die politische und rhetorische Macht haben, die ›Großen Erzählungen‹ (*grand narratives*) kolonialer Tradition herauszufordern. Mit
einer solchen Praxis gelingt es Spivak, das totalisierende Modell des
kolonialen Diskurses als wesentlich komplexer, als dies etwa Said tut,
vorzustellen.

In ihren literarischen Textanalysen verfolgt sie Nebenschauplätze
und -darsteller/-innen oder scheinbar unwichtige Motive, um eine
»Route des Verschweigens« freizulegen, die Subjekte aus der Haupt-
handlung ausgrenzt und sie auf Nebenschauplätze verschiebt. Literarische Texte funktionieren ihr zufolge als »rhetorische Gegen-Orte«,
von denen aus die Geschichte(n) Subalterner artikuliert werden. Dies
sollte freilich nicht als ein Versuch missverstanden werden, das Leben
und die Kämpfe der Entmächtigten zu bloßen »Seiten eines Buches«
(Spivak 1988: 198) zu reduzieren. Das dekonstruktive Lesen fiktionaler Texte, wie etwa jener von Mahasweta Devi, deren Erzählungen
häufig Geschehnisse indischer Geschichte im 20. Jahrhundert reflektieren, kann als eine Intervention betrachtet werden, das persistente
Schweigen der britischen Archive und der nationalen Bourgeoisie zu
stören. Devi bietet in ihren Kurzgeschichten eine Artikulationsmög-
lichkeit für die Handlungsmacht und den Widerstand subalterner
Frauen im postkolonialen Indien. Damit widersteht sie Spivak zufolge
symbolisch dem Vergessen der Marginalisierten innerhalb der hegemonialen Erzählungen im postkolonialem indischen Kontext. Frauen
wie auch die Indigenen und die Landbevölkerung erhalten so Eintritt
in eine gegendiskursive Geschichtsschreibung. So sprechen Devis
Breast Stories (1998) kraftvoll von der Überausbeutung und der Gewalt
an den Körpern der subalternen Frau. Spivaks Übersetzungen und
Kommentierungen von Devis Erzählungen untersuchen in erster
Linie das Versagen der Dekolonisierung und die Ausgrenzung der
subalternen Frauen von der Teilnahme an der Demokratie im unabhängigen Indien.

Spivak vertritt dabei die Ansicht, dass Literatur einen rhetorischen
Raum für subalterne Gruppen schaffen kann, der es ermöglicht, die
unterdrückten Geschichten des subalternen Widerstands zu artikulieren. Sie weist darauf hin, dass ein bemerkenswerter Unterschied zwischen der archivalischen historiographischen Herangehensweise an
Subalternität und der literarischen Repräsentation von Devi besteht
(Spivak 1988: 241ff.). Das begründet auch, warum sie viel Energie
darauf verwendet, nicht nur die Erzählungen Devis ins Englische zu
übersetzen, sondern sie auch umfassend zu kommentieren. Sie sieht
hierin eine Möglichkeit, die Erfahrungen subalterner Frauen artiku-
lierbar zu machen, selbst wenn sie zugleich bemerkt, dass dieses Projekt *a priori* ethisch limitiert ist. Die Herausforderung bestehe darin,
kulturelle Produktionen aus nicht-westlichen Kontexten in die domi-

nanten Diskurse des Nordens einzuschreiben, ohne dass die Literatur des Südens subalternisiert wird (ebd.: 241). Vehement kritisiert Spivak ein naives Verständnis politischer Repräsentation, welches fälschlicherweise annimmt, dass schon die literarische Repräsentation zu der politischen Repräsentation der subalternen Gruppen führen könne.

Devis Erzählungen bringen die strukturellen Schranken der Klassenzugehörigkeit, Kultur und Literatur zur Sprache, die die Indigenen daran hindern, an der parlamentarischen Demokratie im postkolonialen Indien teilzunehmen. Für diejenigen, die nach wie vor durch bestehende Gender-, Klassen- und Kastensysteme brutal ausgebeutet werden, können die Rituale der Demokratie nichts anderes darstellen als ein absurdes Theater. Spivak zufolge greift Devis Werk den homogenen nationalistischen Diskurs an und fügt ihm gewissermaßen Risse zu.

Doch auch an dieser Stelle wurden Einwände erhoben – so kritisierte man nicht nur die Güte der Übersetzungen, sondern auch die Interpretationen von Devis Texten durch Spivak (Salgado 2000). Auch wurde Spivak beschuldigt, Devis Texte für die internationalen Konsumenten und Konsumentinnen, die sich an den Stimmen der *Anderen* interessiert zeigen, vermarktet zu haben.

WIDERSPRÜCHE UND SELBSTKRITIK

Linksliberale Projekte sehen sich immer wieder mit der Kritik am Stil des Schreibens und Sprechens konfrontiert. Konkret geht es darum, wie wer erreicht werden soll und warum. Je mehr eine Autorin vorgibt, für die Befreiung unterdrückter Gruppen zu arbeiten, desto eher wird an sie die Forderung herangetragen, so zu schreiben, dass die Massen – die Deklassierten und Deprivilegierten – sie verstehen können. Spivak wurde immer wieder ermahnt, weniger unverständlich zu schreiben und nicht den Kampf gegen soziale Ungerechtigkeiten auf dem Altar einer ›hohen Theorie‹ zu opfern (etwa Eagelton 2003: 158f.). Spivak bezweifelt jedoch, dass es mit einer ›einfachen Sprache‹ gelingen könne, die Lage und Interessen der Unterdrückten adäquat darzustellen und argumentiert deswegen rigoros, dass die komplexen und kontingenten Wirklichkeiten in eine ›einfache Sprache‹ schlichtweg nicht übersetzbar seien. Die Sperrigkeit der gelebten Realitäten und Geschichten finden somit logischen Ausdruck in einer oft fragmentarischen und schwer verständlichen Sprache, die der marxistische Literaturkritiker Terry Eagelton missbilligend als »hermetisches privates Idiom« charakterisiert hat (Eagelton 2003: 159). Im Gegenzug bemerkt Spivak, dass »simple Prosa betrügt« (*plain prose cheats*), weil sie einfache, leicht verständliche Wahrheiten verkündet, die zwar allen schnell einleuchten, doch den komplexen, widersprüchlichen Realitäten kolonialer und postkolonialer Erzählungen niemals gerecht werden können (Spivak 1993b: 33).

Eine Kontinuität kann bei Spivak lediglich thematisch nachgewiesen werden: Immer wieder sind es die Entrechteten und Unterdrückten und deren Situation, die ihre theoretischen Überlegungen motivieren. Dabei scheut sie weder die Kritik anderer an ihren Schriften noch eigene Widersprüchlichkeiten, in denen sie sich immer wieder verfängt. Widersprüche hält sie für unausweichlich und zeigt sich eher skeptisch gegenüber jeder Kohärenz, die um ihrer selbst willen hergestellt wird. Trotzdem bringt Spivaks bewusster Eklektizismus einige Schwierigkeiten mit sich. So macht Moore-Gilbert (1998: 101f.) darauf aufmerksam, dass Spivak auf der einen Seite insistiert, dass es für die postkolonialen Kritiker/-innen wichtig ist, von »Angesicht zu Angesicht« (Spivak 1993a: 177) mit den Subalternen zu arbeiten, während sie auf der anderen Seite davon spricht, dass Subalternität in erster Linie eine »unerreichbare Leere« (Spivak 1994: 89) repräsentiert, von wo aus die dominanten Praxen der Subjektpositionierungen und -konstitutionen befragt werden können. Dieser grundsätzliche Widerspruch in Spivaks Arbeiten zu den Subalternen mache zwar eine einfache Vereinnahmungen der Subalternen unmöglich, kompliziere jedoch entschieden eine politische Praxis (Moore-Gilbert 1998: 102f.). In ihren Arbeiten wirft Spivak immer wieder die Frage auf, wie Subalterne repräsentiert werden können, ohne vereinnahmt oder instrumentalisiert zu werden – ohne sie also westlichen Wissensregimes unterzuordnen. Allerdings beschreibt Spivak nicht, wie die Subalternen, die nicht sprechen können, eine Stimme erhalten können, was also sinnvolle politische Strategien in diesem Feld wären. Und während sie auf der einen Seite argumentiert, dass die Subalterne nicht sprechen kann, sagt sie an anderer Stelle, dass, wenn die Subalterne spricht, diese keine Subalterne mehr ist (Spivak 1990a: 158).

Außer Bhubaneshwari stellt Spivak auch den Fall *Rani* von Sirmur (1985b) als Beispiel dafür vor, dass die Subalternen nicht sprechen können. Spivak's ›willkürliche‹ Anwendung des Konzepts der Subalternen wurde heftigst kritisiert, gehörten doch sowohl die *Rani* von Sirmur als auch Bhubaneshwari der indigenen Elite an. Sie standen also den Subalternen, die die *Asian Subaltern Studies Group* untersucht, geradezu diametral entgegen.

Ein anderer akuter Widerspruch findet sich auch in ihrer Kritik an Foucault. Einerseits behauptet sie – im Kontrast zu diesem –, dass die Subalternen den Text der weiblichen Ausbeutung nicht kennen und insofern von den Eliteintellektuellen repräsentiert werden müssen. Andererseits argumentiert Spivak, dass die Intellektuellen lernen müssen, von den Subalternen zu lernen, anstatt für sie zu sprechen. Darüber hinaus spricht sie immer wieder davon, dass die Subalternität einen Raum beschreibt, der nicht in Kontakt mit dem Kapitalismus oder auch Sozialismus ist – was bedeuten würde, dass die Subalternen nicht Teil einer globalen Ökonomie sind. Dies würde allerdings »Subalterne« zu einer nur konzeptionellen Kategorie reduzieren. Gleichzeitig spricht Spivak davon, dass die aktuelle internationale Arbeitsteilung die Subalternisierung, die durch den kolonialen Prozess begonnen wurde, fortführt (2002a: 325). Wer sich mit Spivak beschäftigt und ihre Konzepte nutzt, kommt kaum umhin, sich mit diesen Widersprüchen auseinander zu setzen.

Ungeachtet aller auch berechtigter Kritik ist Spivak eine der selbstkritischsten Theoretikerinnen überhaupt. Kaum eine andere bekennt sich so kontinuierlich und offen zu den eigenen Widersprüchen. Moore-Gilbert spricht gar von einer »entwaffnenden Selbstkritik« (1998: 109), die sich durchaus ihres eigenem »Wohlwollens« bewusst ist und deswegen ihre privilegierte Position immer mit reflektiert. Dies dokumentiert eine ethische Haltung, die zu ihrer Aussage passt, dass man vorsichtig mit den Grenzen der eigenen Macht umgehen solle, anstatt sich selbst zu dramatisieren und grandiose Lösungen anzubieten, die keine politische Spezifität aufweisen und lediglich von rhetorischem Interesse sind (1988: 148).

IV. Homi K. Bhabha –

Von Mimikry, Maskerade und Hybridität

> »Denn der Theoretiker muss versuchen, die unausgesprochenen, nicht dargestellten Vergangenheiten, welche die historische Gegenwart heimsuchen, vollständig zu realisieren und Verantwortung für sie zu übernehmen« (Bhabha 1994: 12).

Homi K. Bhabha wurde 1949 im indischen Mumbai (Bombay) geboren. Nachdem er 1970 seinen *Bachelor of Arts* am Elphinstone College der University of Mumbai erwarb, migrierte er nach London, um an der Oxford University sein Studium fortzusetzen. Dort legte er seinen *Masters of Art* ab und promovierte 1990 in englischer Literaturwissenschaft. Heute ist er Professor für englische Sprach- und Literaturwissenschaften, Kunstgeschichte und südasiatische Sprachen und Kulturen an der University of Chicago sowie Professor für englische und amerikanische Literatur und Sprache an der Harvard University in Cambridge. Zu seinen wichtigsten Veröffentlichungen zählen *Nation and Narration* (1990a) und *The Location of Culture* (1994).

Bhabha ist Mitglied einer kleinen, relativ unbekannten Minderheit Indiens, den Parsen, die im 7. Jahrhundert von Persien nach Indien migrierten. Die Parsen galten als Vermittler zwischen den verschiedenen indischen Communities und den englischen Kolonialherren. In der Mitte des 19. Jahrhunderts nahmen sie aktiv an der beginnenden Urbanisierung Indiens teil. Sie werden als Avantgarde bei der Entwicklung von Handelsbeziehungen und einer modernen Infrastruktur indischer Metropolen angesehen. In einem Interview mit W.J.T. Mitchell bemerkt Bhabha ironisch, dass die Parsen Nietzsche-Anhänger seien, verehren sie doch den Propheten Zarathustra. Außerdem handle es sich bei diesen um eine hybridisierte Community, die ein beachtliches Geschick bei der Verhandlung kultureller Identitäten zeige (Bhabha 1995: 8off.). In einem anderen Interview bemerkt Bhabha, dass die Parsen zwar reich waren, aber nie wirklichen politischen

Einfluss in Indien hatten, weswegen sie – auch heute noch – eine soziale Grenzposition einnehmen (Bhabha 1997a: 244). Es seien seine frühen Erfahrungen als Parse in Indien, die ihn später über Konzepte wie »Dritte Räume« und »Ambivalenz« haben nachdenken lassen, so Bhabha (vgl. ebd.: 246).

Derweil er sich in der Tradition postkolonialer Vordenker wie Frantz Fanon und William E.B. DuBois verortet, gilt sein theoretisches Hauptinteresse den Repräsentationsformen kultureller Differenz. Er zeigt sich stark beeinflusst von poststrukturalistischen und psychoanalytischen Ansätzen; seine Argumentationen beruhen hauptsächlich auf theoretischen Konzepten von Foucault, Derrida, Freud und Lacan.

Bhabhas Artikel wurden bereits heftig debattiert, bevor er einige von ihnen 1994 in zum Teil stark überarbeiteter Form in seinem Hauptwerk *The Location of Culture* wieder abgedruckt hat. Das Buch gilt seit seinem Erscheinen als wichtiger Beitrag zur zeitgenössischen Kulturanalyse und Impulsgeber für die aktuellen politischen Auseinandersetzungen zu Fragen von Rassismus, Kolonialismus, Ethnizität und Migration.

In der frühen Phase seines Schaffens hat sich Bhabha hauptsächlich mit der kolonialen Diskursanalyse auseinander gesetzt und hier vorzugsweise Beispiele aus der britischen Kolonialherrschaft Indiens herangezogen. Wie Said, hat er sich dabei auf die Bedingungen der kolonialen Wissensaneignung konzentriert. Später sind es eher die kulturellen Konsequenzen des Neokolonialismus und die komplexen, oft konfliktreichen Beziehungen zwischen einem postkolonialen und postmodernen Diskurs, die Bhabha beschäftigen. Postkolonialismus bestimmt er dabei als Kontinuität und nicht als einen Bruch zwischen der kolonialen und nachkolonialen Ära und spricht entsprechend von einer »voranschreitenden kolonialen Gegenwart« (Bhabha 1994: 128).

Charakteristischerweise sind Bhabhas Texte dicht und zudem durchzogen von labyrinthartigen Beschreibungen. Durch die Bevorzugung eines methodischen Eklektizismus sind sie im Stil Spivaks Schriften nicht unähnlich. Dabei kommt es schon mal vor, dass Bhabha seine Quellen radikal verbiegt, um eine Argumentation zu entwickeln. Diese Methode erscheint nicht immer unangemessen, verfolgt er damit doch eine explizit postkoloniale Strategie, der es darum geht, die Erzählungen des Westens mit Hilfe anderer Perspektiven zu verstellen. Bhabha nimmt das dekonstruktive Diktum beim Wort, nach dem jede Textinterpretation notwendigerweise Elemente eines »falschen Lesens« beherbergt, und erweitert damit den subversiven Prozess des »Wieder-Schreibens« metropolitaner literarischer Texte (vgl. Moore-Gilbert 1998: 115).

In seinen frühen Schriften stellt er den kolonialen Diskurs als Machtapparat im Foucault'schen Sinne dar und beschreibt, inwieweit die Texte als spezifische Momente des ambivalenten Apparates des

Kolonialdiskurses zu sehen sind. Gegen Said argumentiert er, dass die Autorität der kolonialen Macht niemals ausschließlich im Besitz der Kolonisatoren war. Kolonialismus erscheint ihm eher als ein Diskurs, der die Dissonanzen im Inneren des westlichen Wissenssystems zu glätten sucht (Young 2004: 186). Die damit einhergehende Idee einer kolonialen Subjektivität, die nie vollendet ist, ermöglicht es Bhabha zudem, Saids Vorstellung einer »totalen Herrschaft« zu korrigieren[1] und stattdessen die Handlungsmacht (agency) der Kolonisierten in den Blick zu nehmen. Ebenso zeichnet Bhabha die multiplen und dezentrierten Strukturen von Macht und Opposition nach, ohne die der antikoloniale Widerstand wirkungslos geblieben wäre. Unter Hinzuziehung psychoanalytischer und poststrukturalistischer Subjektkonzepte legt er des Weiteren dar, dass der koloniale Diskurs nie in der Lage war, wirklich störungsfrei zu operieren, wie dies z.B. Saids *Orientalism* suggeriert. Die Identitäten, mit denen der Kolonialismus »Herren« und »Unterworfene« fixieren wollte, erweisen sich als unerwartet instabil und fragil. Für Bhabha ist keine klare binäre Opposition zwischen Kolonisierten und Kolonisatoren auszumachen, vielmehr sieht er beide in einer komplexen Reziprozität gefangen. In den Rissen der dominanten Diskurse sei es dem kolonisierten Subjekt möglich, Verhandlungen und Befragungen zu initiieren und damit den kolonialen Prozess zu irritieren.

Stereotype und Ambivalenz

In seinen Analysen der kolonialen Beziehungen sucht Bhabha das binäre Oppositionssystem, wie es etwa in Saids *Orientalism* oder auch in Fanons *Die Verdammten dieser Erde* (1981 [1961]) vorkommt, zu überschreiten. Er stellt hierfür fest, dass Said persistent eine Polarität oder Teilung andeutet, aber die dadurch erzeugten Spannungen nur lösen kann, indem er einen einseitigen und intentionalen Willen des kolonialen Wissens zur Macht behauptet. Ironischerweise stabilisiert dieses Manöver nun nach Bhabha die Teilung zwischen Kolonisierten und Kolonisatoren, die Said beim Orientalismusdiskurs selber beklagt.

In seinem Aufsatz *The Other Question: Stereotype, Discrimination and the Discourse of Colonialism*[2] bearbeitet Bhabha nun das Problem der Ambivalenz in Saids *Orientalism*, indem er es sozusagen in eine positivere, ermöglichende Form gießt. Unter Verwendung von Freuds Traumtheorie argumentiert er, dass das Kernstück von *Orientalism* nicht einfach eine homogenisierende Perspektive präsentiert, sondern gleichzeitig eine Disziplin des enzyklopädischen Lernens, ein Wissen über die »Signifikanten der Stabilität« *und* eine Fantasie über die Anderen darstellt (Bhabha 1994: 71). Mit anderen Worten: Es werden hier sowohl die bewusste Seite von Erkenntnis als auch Fantasien, Mythen,

Obsessionen, Bedürfnisse und unbewusste Träume, repräsentiert (ebd.). Bhabha meint feststellen zu können, dass Said die Auseinandersetzung mit den Ambivalenzen dieser zwei Ökonomien verweigert und deswegen am Ende eine Binarität einführen *muss* (ebd.). Anstatt Saids Konstruktion der Diskursformation des Orientalismus schlichtgehend als hegemonial zu kritisieren, veranschaulicht Bhabha, wie Said diese Ambivalenz in der Konstitution des Orientalismus freilegt. Allerdings weist Bhabha Said in der Art wie er die aufgedeckte Ambivalenz auflöst, indem eine ursprüngliche Intention kolonialer Macht behauptet wird, eine historische und theoretische Simplifizierung nach.

Weil Said eine binäre oppositionelle Struktur zwischen den machtvollen Kolonisatoren und den machtlosen Kolonisierten annimmt, lasse er zudem, so Bhabha, keinen wirklichen Raum für Verhandlung oder Widerstand zu (ebd.: 72). Dagegen zeige die Repräsentation des Orients in den Diskursen des Westens eine produktive Ambivalenz gegenüber den *Anderen*, »die gleichzeitig das Objekt der Sehnsucht und des Spotts« seien (ebd.: 67). An dieser Stelle erweist sich Bhabha theoretisch näher bei Foucault als Said, da er darauf insistiert, dass die koloniale Macht niemals vollkommen hat sein können. Die dominante Macht erweise sich vielmehr als kontinuierlich den Effekten einer konfliktreichen Ökonomie ausgesetzt, bei der Ängste eine bedeutende Rolle spielen. Die Struktur der Ambivalenz manifestiere sich auf Seiten der Kolonisatoren teilweise durch konsistente Konfliktmuster im kolonialen Diskurs. So kann etwa das kolonisierte Subjekt beides sein: ein »Wilder (Kannibale) und doch gleichzeitig der gehorsamste und würdevollste aller Diener (derjenige, der das Essen bringt), [...] er ist mystisch, primitiv und einfältig und ein meisterhafter Lügner« (ebd.: 82). Der koloniale Diskurs zeigt somit eine widersprüchliche Struktur auf, wird doch die intendierte Abgeschlossenheit durch sein stetiges Entgleiten beständig sabotiert.

In seinen Analysen veranschaulicht Bhabha die Bedeutsamkeit diesen permanenten »Entgleitens« (*slippage*) und problematisiert damit sowohl die Behauptung einer klaren Intentionalität der Kolonisatoren als auch die von Said angenommene instrumentalistische Beziehung von Macht und Wissen. Selbst auf Seiten der Kolonisatoren seien die Repräsentationskonstruktionen der *Anderen* niemals uniform gewesen. Belegt wird diese Aussage durch die Tiefenanalyse kolonialer Stereotypisierungsprozesse. So zeigt Bhabha, dass das Wort »Stereotyp« nicht eine krude Divergenz zwischen dem Stereotyp und der tatsächlichen Komplexität eines Menschen, der durch dieses charakterisiert wird, darstellt. Vielmehr zeige sich das koloniale Stereotyp selbst in seiner Repräsentation notwendigerweise »komplex, ambivalent und widersprüchlich« und damit gleichzeitig »ängstlich und behauptend« (ebd.: 70).

Während Said primär die Kolonisatoren und ihre Diskurse untersucht und Fanon fast ausschließlich die Kolonisierten fokussiert, konzentriert sich Bhabha auf die *Verhandlungen* über die koloniale Grenze hinweg. Im Grunde setzt er damit an der Stelle an, an der sich Saids Theorie als angreifbar erwiesen hat. Folglich strebt Bhabha in seiner eigenen Theoriebildung die Vermeidung von Homogenisierungen und Totalisierungen an, indem er sich um eine Klärung des »Dazwischen« bemüht. Bei den Beziehungen zwischen Kolonisierten und Kolonisatoren handle es sich, resümiert Bhabha, um ein komplexes und aufgeladenes Phänomen – es sei die Zirkulation der Widersprüche des Psychischen, die die kolonialen Beziehungen präge. Beispielsweise sei der Kolonialherr voller Bewunderung dem *Anderen* gegenüber und ängstige sich gleichzeitig vor ihm, weil er ihn für unberechenbar hält. Eine solche Feststellung zeigt, dass Identifizierungen und Positionierungen von Kolonisierten und Kolonisatoren nie stabil und einheitlich sind und zudem immer in Konflikt zueinander stehen. Womit Bhabha im Übrigen die Möglichkeit einer »allgemeinen Theorie«, welche die unterschiedlichen Stränge des kolonialen Diskurses organisieren könnte, klar verwirft (ebd.: 75).

Der Hauptfokus ist bei Bhabha auf die Frage nach Identitätsformationen innerhalb des kolonialen Diskurs gerichtet, wobei die Ambivalenz ein Konstituens kolonialer Verhältnisse darstellt. Bereits bei Fanon werden koloniale Beziehungen als dynamisch beschrieben, wobei Bhabha zufolge im Titel von Fanons Buch *Schwarze Haut, weiße Masken* (1980 [1952]) die Verdopplung von Fantasien und das Abstreiten der Differenz, die sein Konzept des Stereotypen konstituieren, vorweggenommen werden. Weil Fanon koloniale Beziehungen auf einer intersubjektiven Ebene behandelt habe, anstatt sich mit juristischen Texten und militärischen Operationen auseinander zu setzen, sei es ihm möglich gewesen, die übliche Einteilung kolonialer Subjekte in ›Schwarz/Weiß‹, ›Selbst/Andere‹ zu irritieren und darüber hinaus an den traditionellen Vorstellungen »rassischer« Identität, welche die narzisstischen Mythen der *Négritude* und einer weißen kulturellen Überlegenheit hervorgebracht haben, zu rütteln (Bhabha 1986: ix). Über eine Wirkanalyse kolonialer Stereotypen erläutert Bhabha in ähnlicher Weise die instabile psychische Ebene kolonialer Beziehungen. Im Gegensatz zu Positionen, die davon ausgehen, dass Stereotypen zu jeder Zeit einen sicheren Referenzpunkt bilden, sei die Stabilität von Stereotypenregimes nicht als ausgemacht zu betrachten. Vielmehr beschreibt Bhabha, bis zu welchem Grad die Identität der Kolonisatoren – und damit auch ihre Autorität – durch die widersprüchlichen psychischen Antworten an die kolonisierten *Anderen* gebrochen und destabilisiert wurde. In seiner Untersuchung zur Abhängigkeit des kolonialen Diskurses von festgefügten Repräsentationskonzepten unbeweglicher Subjektidentitäten – etwa im Stereotyp des ›edlen

Wilden‹ – entfaltet er die inhärenten kuriosen Effekte der Stereotypenökonomie.

Das Stereotyp bestätigt in Bhabha'scher Perspektive kontinuierlich genau das, was eigentlich immer schon gewiss ist (Bhabha 1994: 66). Es liefert mithin weder neue noch falsche Informationen, sondern stellt vielmehr eine ambivalente Form der Erkenntnis sowie der Identifizierung dar, die als eine wichtige Strategie des kolonialen Diskurses gelten kann. In Bhabhas Lesart ermöglichen Stereotype auf beiden Seite des kolonialen Diskurses Subjektivierungsprozesse (ebd.: 98). Die Repetitionsabhängigkeit des Stereotyps deutet dabei auf eine Spaltung hin, die in der Selbstbeschreibung *ex negativo* der Kolonisatoren transparent wird. Das Subjekt wird Bhabha zufolge, der sich hier auf Lacan bezieht, durch Spaltung oder Lücken konstituiert, es ist nichts Fertiges oder gar Vollständiges. Beispielsweise stellen sich die Kolonisatoren immer als das dar, was sie *nicht* sind (nicht ›schwarz‹, nicht ›wild‹, nicht ›primitiv‹ etc.). Gerade diese Abhängigkeit von den *Anderen* ist es, welche die Identität der Kolonisatoren immer gleichzeitig stabilisiert und untergräbt.

Das koloniale Stereotyp ist für Bhabha schließlich das, was der Fetisch in der Vorstellung Freuds für den Fetischisten ist. Es teilt mit dem Fetisch nicht allein die metonymische Struktur, indem es Ersatzobjekt für das ›reale‹ Objekt ist, sondern tritt – wie der Fetisch auch – als ein Instrument auf, das stark konfliktträchtige Gefühle und Haltungen auszudrücken und damit auch zu kontrollieren in der Lage ist. Für Bhabha ist ein Stereotyp keine Vereinfachung, weil es eine *falsche* Repräsentation einer *gegebenen* Realität darstellt, sondern weil es sowohl auf Herrschaft und Lust wie auch auf Abwehr basiert. Da es »das Spiel der Differenzen« ablehne, stelle es ein Problem für die »*Repräsentation* des Subjekts in den Bedeutungen psychischer und sozialer Beziehungen« dar (ebd.: 75; Hervorhebung im Original). Daneben erläutert Bhabha, dass stereotype Rassendiskurse eine Strategie darstellt, die auf vier begrifflichen Säulen aufbaut (*four-term strategy*, ebd.: 77). Auf der einen Seite finde eine Kopplung zwischen »der metaphorischen oder maskierenden Funktion des Fetischs und der narzisstischen Objektwahl« (ebd.) statt, während auf der anderen Seite die »entgegengesetzte Allianz zwischen dem metonymischen Figurieren des Fehlenden und der aggressiven Phase des Imaginären« (ebd.) steht.

Das Subjekt innerhalb des kolonialen Diskurses wird nun, in Bhabhas Konzeption, durch ein ganzes Repertoire konfliktreicher Positionen konstituiert. Welche Position jedoch auch immer in einer spezifischen diskursiven Form, in einem konkreten historischen Moment eingenommen wird – immer sei diese notwendigerweise problematisch und »ein Ort des Arretierten und der Fantasie« (ebd.) zugleich. Die koloniale Identität wird angesichts der Bedrohung und Störung, die von der Heterogenität der anderen Positionen ausgehen, performiert (ebd.). Damit nun das Stereotyp eine erfolgreiche Bedeutungsposition einnehmen kann, bedarf es der ständigen Wiederholung anderer Stereotypen, so dass es sich festsetzen, aber auch seine fantasmatische Qualität erhalten kann. Dieselben alten Stereotypen über die Kolonisierten müssen also immer wieder aufgefrischt werden und sind dabei »befriedigend und beängstigend« zugleich (ebd.).

Neben den ambivalenten Stereotypisierungsprozessen, thematisiert Bhabha auch die Risse in den Identitäten und Diskursen auf der Seite der Kolonisatoren. In seinem Essay *Sly Civility* untersucht er etwa exemplarisch die paradoxe Figur von John Stuart Mill, der für die *East India Company* tätig war und gleichzeitig für die Prinzipien individueller Freiheit und Ausweitung demokratischer Rechte in Europa agitierte. 1869 verfasste Mill seine berühmte Schrift *On Liberty*, die eine Antwort auf den Vorschlag Macaulays darstellt, das indische Erziehungssystem zu reformieren. Über eine Vision britischer Identität, die an eine Mission als Nation gekoppelt ist, versucht Mill hier die Kompatibilität zwischen dem britischen Despotismus in Übersee und der heimischen Demokratie herzustellen. Nach Bhabhas Ansicht kann dies nur eine »agonistische Unentschiedenheit« zwischen »Imperium und Nation« produzieren (Bhabha 1994: 96). Der Diskurs um Zivilisiertheit, der eine repräsentative Regierungsmacht und Freiheit für die Nation fordert, während er für das Empire lediglich nach Ethik verlangt, stelle sich hier selbst zur Disposition (ebd.). Die radikalen Widersprüche des britischen Diskurses im 19. Jahrhundert zeigen sich für Bhabha exemplarisch auch in den gewalttätigen Versuchen, Frieden und Fortschritt nach Indien zu importieren, oder in dem Ansinnen, die Emanzipation des indischen Subjekts durch absolute Herrschaft zu erreichen.

DIE MACHT DER MACHTLOSEN? – HYBRIDITÄT UND MIMIKRY

Indem er poststrukturalistische Argumente zur Anwendung bringt, demonstriert Bhabha, dass der koloniale Diskurs niemals so autoritativ und uniform war, wie er vorgab zu sein. Die intendierte Bedeutungsfixierung könne niemals gelingen, denn die »Übersetzung« (*translation*) partikularer Ideen und Theorien der Metropolen in die Kolonien, würden zwangsläufig von Hybridisierung im Prozess ihrer Reartikulation innerhalb der imperialen Herrschaftsverwaltung begleitet. Die Wiederholung könne, so Bhabha, niemals mit dem so genannten ›Original‹ identisch sein. Der Prozess der Übersetzung – der Wiederholung innerhalb eines anderen Kontextes – schlage gezwungenermaßen eine Lücke in das angenomme >Original<, womit der Kolonialismus selbst die Identität und Autorität der Kolonisatoren fragmentiere (ebd.: 224ff.).

Für Fanon formiert sich das psychische Trauma beim kolonisierten Subjekt, wenn dieses feststellt, dass es niemals die >Weiße< besitzen kann, die es zu begehren gelernt hat, noch die >Schwärze< verbergen kann, die es zu hassen gelernt hat.[3] Bhabha erweitert diese Vorstellung und schlägt vor, koloniale Identitäten als agonistisch und als »immer im Fluss« zu betrachten. In seinem Aufsatz *Remembering Fanon* (1986), in dem er Fanons Bedeutung für die heutige Zeit auslotet, bemerkt er anlehnend an Lacan, dass sich das koloniale Begehren immer in Relation zum Ort der *Anderen* artikuliert. Im Kontext des kolonialen Gewaltverhältnis wendet Bhabha seine Aufmerksamkeit hier jener bekannten Lacan'schen Aussage, dass das Begehren immer das Begehren des Anderen ist, zu.

Bei Fanons Bild von *Schwarze[r] Haut* und *weiße[n] Masken* (1980 [1952]) handle es sich nicht um eine klare Gegenüberstellung. Das Bild rufe im Gegenteil eine Ambivalenz hervor, die nicht nur das Trauma der Kolonisierten markiert, sondern auch die hegemoniale Autorität und die Widerstandsdynamiken charakterisiert. So werde die Autorität des kolonialen Herrschaftssystems untergraben, weil sie sich nicht in der Lage sieht, ihr eigenes Selbst in Perfektion zu replizieren.

Das Konzept der Mimikry, welches hiermit im Zusammenhang steht und als eine Form kolonialer Kontrolle von den metropolitanen Kolonisatoren hervorgebracht wird, diskutiert Bhabha pointiert in *Of Mimicry and Man*. Hier definiert er die koloniale Mimikry als ein Begehren des reformierten, erkennbaren *Anderen*. Sie stellt damit ein koloniales Subjekt her, welches *wie* der Kolonisator selbst ist und doch anders – »nicht ganz/nicht weiß« (*not quite/not white*, Bhabha 1994: 92) –, wenn auch immer männlich. Der Kolonisator verlangt, dass der Kolonisierte die äußerlichen Formen annimmt und die Werte und Normen der beherrschenden Macht internalisiert. In diesem Sinne ist Mimikry auch Ausdruck der europäischen Zivilisationsmission, die es sich zur Aufgabe gemacht hatte, die kolonisierte Kultur in ihrem Sinne zu transformieren. Bhabha führt hier das Beispiel der kolonialen Erziehungsbestimmungen in Indien an, die das Ziel verfolgten, >europäisierte Eingeborene< zu schaffen, die sozusagen als Klassenübersetzer zwischen der Kolonialmacht und den Millionen von Indern und Inderinnen fungieren sollten. In den berühmten Worten Macaulays wäre das eine »Klasse von Personen, indisch in Blut und Farbe, aber englisch in Geschmack, Sinn, Moral und Intellekt« (Macaulay, zit. ebd.: 87). Das koloniale Ansinnen war freilich, die Inder zu einer Nachahmung der Kolonialherren anzuhalten – mit der Annahme, dass diese niemals wirklich in der Lage sein würden, die englischen Werte zu reproduzieren. Anders gewendet: Die koloniale Mimikry bleibt immer makelbehaftet. Der Unterschied zwischen ›Englischsein‹ und ›Anglisiertsein‹ beschreibe deswegen, so Bhabha, eine bedeutsame Distinktion, auf der letztlich ein Teil der kolonialen Kontrolle beruhe. Die Anerkennung dieser Differenz stelle sich als herrschaftsstabilisierendes Moment heraus, sollte doch das Wissen um den Unterschied zwischen den ›wahren‹ Engländern und denen, die diese lediglich nachahmen, die Unterdrückung der Letzteren sichern.

Da Mimikry in einem affektiven und ideologischen Bereich arbeitet, im Gegensatz etwa zu dem brutalen Rechtssystem kolonialer Herrschaft, konstituierte sie Bhabha zufolge eine schwer fassbare und doch gerade deswegen effektive Strategie kolonialer Macht (ebd.: 85). Allerdings erfahre der disziplinierende Blick der Kolonisatoren durch die Mimikry zwangsläufig eine Destabilisierung. Diese ereignet sich aufgrund der Leerstelle, die als Konsequenz der Differenzierung zwischen ›Englischsein‹ und ›Anglisiertsein‹ – eingeführt durch die Mimikry – entsteht (ebd.: 87). Der koloniale Diskurs lasse vermittels seiner ›wohltätigen‹ imperialen Führung eine graduelle Annäherung hin zu einem ›höheren Sein‹ zu. Jedoch ist die Grenze ebenso strikt wie das vermeintliche ›Wohlwollen‹, legt doch die fixierte ontologische Differenz das kolonisierte Subjekt unveränderlich auf die Position der ›Minderwertigen‹ fest. Mimikry sei ein »ironischer Kompromiss«, die ihr eigenes »strategisches Scheitern« (*strategic failure*) sichert (ebd.: 87). Um effektiv zu sein, muss diese kontinuierlich das eigene Entgleiten produzieren, was sich im Kern durch Ambivalenz und Unabgeschlossenheit charakterisieren lässt.

Die Beispiele kolonialer Imitation, die Bhabha wählt, treten nach eigenen Worten in einem Feld zwischen »Mimikry und Farce« auf (ebd.: 86). So beleuchtet er das Beispiel der Inder, die eine englische Erziehung erhielten, um dann für den *Indian Civil Service* als Vermittler zwischen der imperialen Macht und den Kolonisierten tätig zu sein. Auf der einen Seite war es für Kolonialherren eine befriedigende Tatsache, dass ›Inder‹ in ihren Augen ›englisch‹ werden konnten. Und doch erwies sich dieses Projekt zugleich als bedrohlich (ebd.: 86). Der »Mimikry-Mann« (*mimic man*, ebd.: 87) stellt unabwendbar eine nur partielle Repräsentation des Kolonialherren dar. Zudem können sich Letztere seiner nie wirklich sicher sein und werden mit einer verzerrten Darstellung ihres narzisstischen Selbst konfrontiert. Das überwachende Auge wird hier mit dem erwidernden Blick der *Anderen* konfrontiert und erkennt, dass seine Kontrolle untergraben wird (ebd.: 89).

Bhabha beschreibt die Mimikry deswegen auch als die »geheime Kunst der Rache« (1997b: 112). Wenn Fanons Arbeiten zeigen konnten, wie koloniale Autorität ausgeübt wird, indem das ›schwarze Subjekt‹ eingeladen wird, die ›weiße Kultur‹ nachzuahmen, kehrt Bhabha diese Sichtweise um und zeigt, wie die Nachahmung die Autorität durchlöchert. Mimikry erweist sich als eine Praxis, die die hegemoniale Herrschaft angreift. Bereits hier muss allerdings einschränkend gesagt werden, dass sich Mimikry nicht als antikoloniale Waffe in den Händen eines selbstbewussten Subjekts befindet, sondern lediglich ein Effekt der Risse im kolonialen Diskurs darstellt. Dadurch gerät Widerstand für Bhabha zu einer Bedingung, die durch die hegemonialen Diskurse hergestellt wird. Ihn interessieren hier weniger die orthodoxen Widerstandsformen, ist Mimikry für ihn doch eine Art Handlungsmacht ohne Subjekt oder auch eine Repräsentationsform, die ungewollte Effekte produziert. Diese Behauptung hat ihm zu Recht viel Kritik eingebracht (vgl. etwa McClintock 1995: 63).

Bhabha hat Said vorgeworfen, dass er den kolonialen Diskurs als allmächtig beschreibt, anstatt wahrzunehmen, dass es sich dabei um ein dynamisches Beziehungsmuster handelt, weswegen auch die dadurch hervorgerufenen instabilen kolonialen Identitäten sowohl die kolonialistischen als auch die nationalistischen Begehrlichkeiten stören, die beide ein einheitliches Subjekt anrufen (Bhabha 1994: 71f.; vgl. auch Loomba 1998: 178). Das für Bhabha wichtige Konzept der Handlungsmacht wird in einem zirkulären Prozess eingelassen, bei dem die Kolonialherren machtstabilisierende, aber eben auch von Ambivalenz durchzogene Strategien zum Einsatz bringen. Die Position der Kolonialherren wird hierbei gleichzeitig stabilisiert und destabilisiert – es kommt schließlich zu einer kuriosen Identitätsvermengung von Kolonisierten und Kolonisatoren. Ein Effekt von Mimikry auf Seiten der Kolonialmacht ist deswegen auch, in Bhabhas Worten, eine »schwelende Paranoia«, die kontinuierlich versucht, die finsteren Intentionen der ›Eingeborenen‹ zu erraten und gerade dann ins Spiel komme, wenn die narzisstische Autorität erschüttert würde (Bhabha 1994: 100): Der ›Herr‹ interpretiert die Verweigerung der ›Eingeborenen‹, seine Macht zu stabilisieren, als einen gegen ihn gerichteten und mithin bedrohenden Hass. Zudem ist er der andauernden Herausforderung ausgesetzt, zwischen einem unterwürfigen Diener und der Maskerade zu unterscheiden. Das ist es, was Bhabha auf Seiten der Kolonisierten als »schlaue Zivilisiertheit/Höflichkeit« (*sly civility*, ebd.: 93ff.) bezeichnet hat. Die Konsequenzen stehen dabei im Widerspruch zu den Intentionen der Kolonialherren. Der Wille zur Macht wird im Grunde dadurch gestört, dass das ›Englischsein‹, das die eigentliche Macht begründet, immer Effekt des Zusammentreffens mit den *Anderen* ist. Bhabha bezeichnet dies auch als eine »Zeitverschobenheit« (*time-lag*), welche die Lücke im Zentrum der Identität der Kolonisatoren aufzeigt und eine Spaltung im dominanten Diskurs entlang seiner Machtachse transparent werden lässt (ebd.: 113).

In *Sign Taken for Wonders* führt Bhabha sein vielfach kontrovers diskutiertes Konzept der Hybridität als eine Form des Widerstands

ein.[4] Hierfür analysiert er verschiedene Momente postkolonialer
Literatur, welche die »plötzliche, zufällige Entdeckung des englischen
Buches« (ebd.: 102) – der Bibel nämlich – beschreiben. In seiner Lesart handelt es sich dabei um einen Prozess der Verschiebung, der
paradoxerweise das Buch zu etwas »Wundersamem« macht, indem es
wiederholt »falsch gelesen« und »übersetzt« wird (ebd.: 102). Geschickt stellt Bhabha exemplarisch Joseph Conrads *The Heart of Dark-
ness* (1902) einer Szene von V.S. Naipauls *The Return of Eva Peron*
(1980) gegenüber, um daran zu zeigen, wie die Bibel als ein »Sinnbild
kolonialer Herrschaft und ein Signifikant kolonialen Begehrens und
kolonialer Disziplin« porträtiert wird (ebd.: 102). Bhabhas zentrales
Argument ist, dass die Bibel ein fetischisiertes Zeichen darstellt, das
die epistemologische Zentralität und Permanenz der europäischen
Dominanz verherrlicht. Paradoxerweise repräsentiert sie jedoch
gleichzeitig ein Merkmal kolonialer Ambivalenz, dass die Kraftlosig-
keit des kolonialen Diskurses und seine Empfänglichkeit für die mi-
metische Subversion offen legt. Im Prozess der Überlieferung der
Bibel im kolonialen Indien wird diese unweigerlich hybridisiert. Die
Wiederholung des biblischen Texts durch die Kolonisierten führt zu
differenten Nuancierungen, die beunruhigende Hinterfragungen
bedeuten, welche die Potentialität des politischen Aufstands in sich
bergen. Bhabha folgert, dass die koloniale Präsenz sich als gespalten
in ein autoritatives ›Original‹ und die Artikulation als Wiederholung
und Differenz erweist. Dies sei ein Graben, der letztendlich das Scheitern kolonialer Diskurse markiert. Auch hier stellt sich Widerstand
nicht als notwendigerweise oppositioneller Akt mit politischer Intention, sondern als eine geschaffene Ambivalenz dar (ebd.: 110). Konkret: Die Kolonisierten weisen auf Widersprüche in der nicht hinter-
fragbaren »Heiligen Schrift« hin und stellen Fragen bezüglich der
Autorität derselben, welche die missionarischen Autoritäten häufig
nicht zu beantworten in der Lage sind (ebd.: 115). Der Prozess der
Hybridisierung findet damit über eine katechetische Beschreibung
eines ironischen und subversiven (Miss-)Verständnisses des kanonischen christlich-imperialistischen Textes (der Bibel) durch die kolonisierten Inder/-innen statt.

Hybridität stellt für Bhabha ein gewichtiges Problem kolonialer
Repräsentation dar. Gewissermaßen verkehre diese die Effekte der
kolonialen Verachtung, so dass das abgelehnte *andere* Wissen Einlass
in die dominanten Diskurse erhalte und in Konsequenz das Funda-
ment der Autorität verfremde (ebd.: 114). Insoweit handelt es sich um
eine strategische Umkehrung des Prozesses von Dominierung und
Unterwerfung (ebd.: 112). Wie bei der Mimikry werden die diskursiven
Bedingungen der Herrschaft selbst zur Basis, von der aus ein Widerstand der Kolonisierten möglich wird. Der Prozess der Hybridisierung

impliziert dabei, dass die kulturellen Differenzen nicht mehr identifiziert und damit auch nicht mehr vereinnahmt werden können (ebd.: 114).

Interessanterweise wurden Bhabhas Theorien, wie Moore-Gilbert (1998: 180ff.) darlegt, bereits in den Arbeiten karibischer Intellektueller wie etwa Edward K. Brathwaite (1971) und Wilson Harris (1967) vorweggenommen. Im Kontrast zu der manches Mal synthetisierenden, dialektischen Teleologie in der ›karibischen Version‹ von Hybridität insistiert Bhabha allerdings auf die inkommensurablen Aspekte kultureller Differenz, welche die unterworfene Kultur vor einer Assimilierung bewahrt. Trotz wichtiger Unterschiede sind die Überschneidungen von Bhabhas Ideen und den frühen karibischen Theorieproduktionen erheblich, obschon Benita Parry dringend davor warnt, die Definitionen von Hybridität von Bhabha und Brathwaite gleichzusetzen (Parry 2004: 70). Ein entscheidender Unterschied bestehe darin, dass Brathwaite und auch Harris in ihrem Versuch, die Bestimmung der Kreolisierung zu beschreiben, im klaren Gegensatz zu Bhabha immer einen Verlust als Teil des Prozesses beschrieben haben. So wird die Mimikry bei Bhabhas Vorläufern immer von negativen Konsequenzen für die nachahmenden Subjekte begleitet, da sie häufig nur Imitation und Assimilation darstellt, die nicht zwingend einen Prozess der Hybridisierung der dominanten Ordnung bedeuten müssen. Mimikry ist für Harris immer auch ein Prozess der »Selbstverstümmelung« (Harris 1967: 67). Da Bhabha dies unberücksichtigt lässt und sie lediglich als eine erfolgreiche Widerstandsstrategie bewertet, ignoriert er, dass Mimikry auch eine durchaus erfolgreiche Strategie kolonialer Herrschaft darstellt (vgl. auch Moore-Gilbert 1998: 181).

Postkoloniale Gegenmoderne – Verhandlungen an der Grenze

In *The Commitment to Theory* setzt sich Bhabha mit der unglücklichen Opposition von Theorie und Politik auseinander, um daran die Frage nach der Unvermeintlichkeit von Elitismus und auch Eurozentrismus postkolonialer Theorie zu erörtern. Er hält es für unsinnig und auch gefährlich zu behaupten, dass alle Theorie immer zugleich elitär sei und die Sprache der sozial und kulturell Privilegierten repräsentiere. Auch bewege sich nicht alle akademische Kritik zwangsläufig innerhalb der »eurozentrischen Archive eines imperialistischen neokolonialen Westens« (ebd.: 19). In seinem Versuch, die Kategorien des ›Dazwischen‹ umkämpfter kultureller Differenzen zu verhandeln, wirft Bhabha Licht auf die Verhandlungen an der Grenze (*liminal negotiation*) kultureller Identität, welche die Differenzachsen von ›Rasse‹, Klasse, Geschlecht und kultureller Tradition durchkreuzen (ebd.: 2).

Die permanenten Hybridisierungsprozesse, in denen Kulturen von ihren Grenzen aus definiert werden, machen dabei die Unterscheidung zwischen einem Innen und Außen einer Kultur zunehmend schwieriger.

Seiner Meinung nach ist es problematisch, kulturelle Differenzen allzu schnell als Reflexionen »vor-gegebener ethischer oder kultureller Eigenschaften« (ebd.) zu lesen. Eine soziale Artikulation von Differenzen aus der Minderheitenperspektive versteht Bhabha vielmehr als eine Form komplexer, fließender Verhandlungen. Intention sei die Autorisierung der kulturellen Hybridität, die in Momenten historischer Transformation zum Vorschein kommt (ebd.). In diesem Sinne wird die Grenze zu einem Ort, »von woher etwas *sein Wesen beginnt*« (ebd.: 5; Hervorhebung im Original), wie Bhabha – Martin Heidegger bemühend – schreibt. Dieses »Grenzmodell« (*liminality model*) nähert sich der Kultur auf produktive Weise, indem es einen Weg eröffnen möchte, der bisher nur mittels des unklaren Präfix »post« – wie in Postmodernismus und Postkolonialismus – gedacht werden konnte (ebd.: 4). Das von Derrida inspirierte »Denken an der Grenze« ist dabei nicht nur von Bedeutung für das Analysieren der Räume zwischen kulturellen Gemeinschaften, sondern dient ihm auch dazu, die seiner Meinung nach falschen Gegensätze zwischen Theorie und politischer Praxis aufzudecken. Entsprechend plädiert Bhabha für ein Modell der »Arbeit an der Grenze«, welches die Zwischenräume nicht auseinander zerrt, sondern stattdessen auf den gegenseitigen Austausch fokussiert und die relative Bedeutung der beiden Felder gründlich ausfeilt. Die theoretischen Gerüste Europas stellen für ihn nicht notwendig intellektuelle Konstruktionen dar, die die politische und soziale Situation der Entmächtigten ignorieren. Kritiker/-innen können kaum zwischen Theorie und Politik wählen, so Bhabha, befinden sich doch beide Interventionsfelder in einem reziproken Verhältnis zueinander. Insofern interessiert er sich für die Überlappungen und Spannungen zwischen und innerhalb der beiden Gefilde, die schließlich ihre Hybridität hervorbringen.

Bei dem Versuch, mithilfe Bhabhas Modell die komplexen Prozesse sozialer Transformation zu verstehen, erweist dieses sich allerdings schnell als inadäquat. So ist sein Konzept eines Raumes an der Grenze und des Exils (*exilic, liminal space*) auch deswegen so problematisch, weil es in keiner Weise den tatsächlichen materiellen Bedingungen des kolonisierten Südens oder gar den bewaffneten, hochkontrollierten Grenzen Europas und der USA gerecht wird. Entgegen seiner Intention riskiert Bhabha hier, einen privilegierten diskursiven Raum zu beschreiben, der sich lediglich für akademische Intellektuelle als durchlässig erweist.

Bhabhas Projekt einer »postkolonialen Gegenmoderne« (ebd.: 175) versucht sozusagen, die Neuformulierung der Postmoderne aus einer postkolonialen Position heraus. Dafür untersucht er insbesondere die Lage postkolonialer Migranten und Migrantinnen in den westlichen Metropolen und setzt sich mit kolonialer Geschichte, Nationalismus, Rassismus- und Ethnizitätsdiskursen der Gegenwart auseinander. Sein Fokus wechselt hier zum kulturellen Austausch, der durch Migration eine Nähe der Kulturen ermöglicht, die sich denselben Raum in den Metropolen teilen. Bhabha glaubt, dass die transnationale Dimension kultureller Transformation durch »Migration, Diaspora, Verschiebung, Neuverortung – [...] den Prozess kultureller Übersetzung zu einer komplexen Form der Signifikation werden« lässt (ebd.: 172). Um das Verhältnis metropolitaner Kulturen zu seinen migrantischen Gegenstücken und die Herausforderung für Identität und Handlungsmacht der Migranten und Migrantinnen zu seinen Forschungsgegenständen erklären zu können, setzt sich Bhabha mit den vielschichtigen und verzwickten Verhandlungen zwischen den postkolonialen und postmodernen Diskursen auseinander.

Moore-Gilbert (1998: 121f.) argumentiert, dass Bhabhas Versuch, den Postmodernismus aus einer postkolonialen Erfahrung heraus neu zu artikulieren, eine zweifache Herausforderung für die postmoderne Erzählung darstellt: Auf der einen Seite wird gesagt, dass das Projekt der Moderne, welches schließlich mit der Aufklärung begann, seine Versprechungen angesichts aktueller historischer Ereignisse nicht mehr einlösen kann, während auf der anderen Seite behauptet wird, dass dasselbe Projekt mit dem globalen Triumph des westlichen sozialdemokratischen Modells und des Kapitalismus gegenüber dem Sozialismus vollendet wurde. Gegen beide Positionen wendet Bhabha ein, dass die gegenwärtige Welt noch nicht bei einer kulturellen Neuverteilung angekommen ist. Die Moderne könne darüber hinaus nie komplettiert werden, da die Postmoderne an einigen entscheidenden Stellen negative Aspekte der Moderne reproduziert und damit stabilisiert. Die Vervollkommnung der Moderne werde mithin permanent von innen heraus torpediert (ebd.: 122). Bhabha hebt etwa hervor, dass die Sprache der Pflichten und Rechte, die zentral für die Moderne ist, auf der Basis des diskriminierenden legalen und kulturellen Status, der Migranten und Migrantinnen, Menschen in der Diaspora sowie Flüchtlingen zugewiesen wird, hinterfragt werden muss (Bhabha 1994: 175). Die Moderne kann auch deswegen nie vollkommen sein, weil die Rolle, welche die nicht-westliche Welt bei der Konstituierung derselben gespielt hat, bisher nicht gebührend berücksichtigt wurde – beispielshalber ist nach Bhabha der Beitrag der Sklaverei und der kolonialen Ausbeutung bisher kaum adäquat zur Kenntnis genommen worden (ebd.: 241). Analog sei darüber hinaus auch auf der kulturellen und ideologischen Ebene eine Missachtung zu verzeichnen. So wurde bisher die Art, wie Grundideen der Moderne – etwa Vernunft, Fortschritt und Nation – über eine Differenzbildung zu den kolonisierten Ländern, die nach wie vor als »prämodern« gelten, aufgebaut wurden, gänzlich ignoriert.

Die Moderne erweist sich für Bhabha als offen für neue Artikulationen und kulturelle Differenzen. Damit vermeidet er eine Sichtweise, die sich besessen zeigt von der Idee einer Vollendung der Moderne. Er fordert vielmehr teleologische Visionen, seien sie marxistischer oder auch liberaler Art, heraus und distanziert sich von der Dialektik als theoretischem Instrument, da für diese Fortschritt immer mit einem Auflösen kultureller Differenzen der ehemals Kolonisierten einhergeht, indem diese in einer »höheren Form« aufgehen. Das von ihm offerierte Modell indes respektiert die Einzigartigkeit multipler Geschichten und die Identitäten Marginalisierter (Bhabha 1996b: 211).

Skeptisch zeigt sich Bhabha auch gegenüber einer postmodernen Zelebrierung pluralistischer Identitäten (1994: 245). Die politischen Implikationen einer postmodernen Vision kultureller Synthese der *Bricolage* sind ihm zu nah an den dominanten Diskursen eines Multikulturalismus und kulturellen Relativismus, die er ablehnt (vgl. Moore-Gilbert 1998: 125). Dabei assimiliere sich der Multikulturalismus an die dominante Kultur, indem er Kulturen als in Essenz gleichwertig konstruiere, während der kulturelle Relativismus Differenzen immer in Relation zum normativen Zentrum setze und damit die Autorität der hegemonialen Kultur verstärke. Beide Male zeigen sich die Diskurse abhängig von einer konsensuellen Übereinkunft, die unweigerlich westlichen Zuschnitts ist. Das ›Problem der Integration‹ von Migranten und Migrantinnen konfiguriert Bhabha dabei als postkoloniales »Übersetzungsproblem«, womit angezeigt wird, dass die Erzählungen und Symbole, mit denen sich eine gegebene Kultur repräsentiert, nicht immer einfach in die Begrifflichkeiten einer anderen Kultur übersetzbar sind (Bhabha 1994: 242). Die Betonung einer separatistischen Tradition wird mithin in eine die westlichen Diskurse der Moderne störende Praxis transformiert.

Die Beziehung zwischen den Kulturen wird von Bhabha in Form seines bekannten Konzeptes des »Dritten Raumes« (*Third Space*) beschrieben (vgl. Bhabha 1990b), die das Ambivalente der Bezugnahme zwischen migrantischer oder postkolonialer Kultur und ihrem Gegenstück in den Metropolen reflektiert. Bhabhas Ziel ist es hier, neue Räume und Zeiten für die politische und kulturelle Praxis der Gegenwart verfügbar zu machen, indem er eine potentielle Rekonzeptualisierung der »*inter*nationalen Kultur, die nicht auf der Exotik des Multikulturalismus oder der *Diversität* der Kulturen, sondern auf der Einschreibung und Artikulation der *Hybridität* von Kultur beruht« (Bhabha 1994: 38; Hervorhebung im Original), anregt. Im »Dritten Raum« können kulturelle Symbole neu verhandelt, d.h. mit neuen Bedeutungen belegt und damit reinterpretiert werden. »Der Dritte Raum der Äußerung«, so Bhabha, »zerstört [den] Spiegel der Repräsentation«, der Wissen als allgemeingültig und uniform darstellt (ebd.: 37).

HANDLUNGSMACHT UND WIDERSTANDSFORMEN

Bhabhas theoretische Darlegungen gelten als außerordentlich ambitioniert, handelt es sich dabei doch um den Versuch, über etablierte, hartnäckige Dualismen hinwegzudenken. Dies ist ein Ansinnen, dass gewiss Herausforderungen für politische Widerstandspraxen mit sich bringt und wichtige Fragen bezüglich der Handlungsmacht Marginalisierter aufwirft. Dabei ist nicht nur eine Revision traditionell marxistischer und liberaler Begrifflichkeiten intendiert, sondern auch ein Überdenken der postkolonialen Kritik selbst.

Das Politische wird von Bhabha nicht im so genannten »öffentlichen Raum« materieller Beziehungen lokalisiert, sondern in den wechselnden, nicht selten unbewussten, affektiven Bereichen des »Dazwischen« (*in-between*) der dominanten und unterworfenen Kulturen. Ihm zufolge ist hier der Ort, wo psychische Identifikationen und politische Neuverhandlungen beobachtet werden können. Klassisch poststrukturalistisch erklärt er sowohl Intentionalität als auch Handlungsmacht zu diskursiven Effekten und betrachtet sie nicht als Ursache oder gar Quelle von Widerstand. Ähnlich der Lacan'schen Psychoanalyse, bei der Subjekte erst individualisiert werden, wenn sie ihren Platz in der symbolischen Ordnung eingenommen haben und aufgerufen werden zu sprechen, entsteht der Autor oder die Handelnde in der Bhabha'schen Theorie in Form von Retroaktivität, »*Nachträglichkeit*« (Bhabha 1994: 185; Deutsch im Original).

Postkoloniale Handlungsmacht ist Bhabha zufolge intersubjektiv und impliziert damit notwendigerweise Formen der Solidarität. Wie der Sinn eines Textes über einen Prozess der Verhandlung zwischen Autor/-in und Leser/-in erzeugt wird – wobei der/die Leser/-in den Sinn des Textes erst konstruiert –, so sind auch bei der Herstellung von Handlungsmacht Effekte der Handlungsmacht anderer involviert. Bhabha bezeichnet dies als »Zeitverzogenheit« oder »retroaktiven Effekt« (ebd.), denn wie der Sinn eines Textes über Zwischentexte an andere Texte gebunden ist und somit – à la Derrida – Spuren dieser in sich birgt, so sind auch in der Handlungsmacht Spuren anderer, früherer Handlungsmächte eingelassen (ebd.: 188). Es sind diese Spuren, welche die Handlungsmacht zu einem dialogischen Prozess werden lassen, der Möglichkeiten einer Bündnispolitik eröffnet. Handlungsmacht ist damit individualisiert, bewusst, aktiv *sowie gleichzeitig* unbewusst und passiv. Widerstand ist weder unbedingt oppositionell noch zwangsläufig eine intentionale Praxis. Eine durch vorgegebene Modelle und Paradigmen überdeterminierte Politik lehnt Bhabha rundweg ab, denn für ihn sind es gerade die immer wieder produzierten Kontingenzen – und nicht die fixierten Oppositionen –, die eine effektive politische Positionsbeziehung ermöglichen. Es geht einer Strategie im Bhabha'schen Sinne in erster Linie um die Infiltration des *Anderen* in die dominante symbolische Ordnung. Eine solche Sichtweise umgeht die schlichte Umkehrung der Verhältnisse, wie sie traditionellerweise im politischen Aktivismus repräsentiert wird.

Bei dem Versuch, das Politische zu reformulieren, schafft Bhabha damit notwendigerweise neue Deskriptionsmöglichkeiten postkolonialer Verhältnisse. Denn die klassischen Figuren wie die des gewalttätigen »aufständischen Eingeborenen« aus Fanons *Die Verdammten dieser Erde* schreiben sich ungewollt in ein westliches Modell ein, das das Individuum als souveränes Subjekt repräsentiert. Der Diskurs einer westlichen Moderne und die Geschichte des Kolonialismus bleiben bei einer solchen Vorstellung unberührt und sind allein deswegen schon problematisch. In Saids *Orientalism* wird dagegen das koloniale Subjekt als ein Effekt dominanter Diskurse gesehen, welches folglich keine Handlungsmacht besitzt, um gegen hegemoniale Strukturen Widerstand zu leisten. Bhabha versucht nun, diese sich gegenüberstehenden Modelle zu überschreiten, indem er verschiedene intransitive Widerstandsmodelle entwickelt, die weder in *Orientalism* noch bei Fanon berücksichtigt worden sind. Er legt dar, dass die hegemoniale Macht im Grunde genommen in ihrem eigenen Zentrum destabilisierende Prozesse freisetzt.

In einem Versuch der Systematisierung hat Moore-Gilbert (1998: 131) insgesamt drei Bhabha'sche Widerstandsmomente ausgemacht: Erstens stellt Bhabha – Foucault folgend – fest, dass die koloniale Autorität (wie andere Machtformationen auch) bei dem Versuch, eine absolute Kontrolle zu behaupten, unbewusst und quasi ungewollt Widerstand hervorbringt. Zweitens verbindet Bhabha das Foucault'sche Konzept der »wiederholbaren Materialität« (*repeatable materiality*, Bhabha 1994: 22) mit Derridas Konzepten der »Iterabilität« (*iterabilité*) und »Differänz« (*différance*, ebd.: 109), um daran zu zeigen, dass ein intransitiver Widerstand zum Teil aus der Tatsache erwächst, dass Sprache immer instabil und variabel ist. Der Prozess der »Wiederholung« und »Übersetzung« veranschaulicht dabei die intrinsische Flucht der Sprache vor Fixierungen. Drittens argumentiert Bhabha unter Hinzuziehung von Lacan, dass die koloniale Identität teilweise von der Konstitution eines *Anderen* abhängig bleibt, der immer einen potentiellen Feind bildet. Im Kontrast zu einem solchen intransitiven Widerstand versucht sich Bhabha gleichwohl auch an der Theoretisierung konventioneller Widerstandsformen. Für ihn sind sowohl aktiver als auch passiver Widerstand stets miteinander verbunden, wobei ersterer Raum für Letzteren eröffnet. Mimikry ist für Bhabha auch eine Form des Selbstschutzes, die ähnlich der militärischen Tak-

tik der Camouflage funktioniere (ebd.: 85). Die aktive Widerstandsform der Mimikry – bei der das kolonisierte Subjekt ermächtigt wird,
den Blick des Kolonisators zu erwidern – überlappt sich mit der passiven Camouflage als einer Form der bewussten Assimilierung. Darüber
hinausgehend kann sich das Subjekt, welches Mimikry anwendet,
weigern, den Blick des Kolonisators zu erwidern, was Bhabha zufolge
die koloniale Autorität destabilisiert.

In *Sly Civility* ist der aktive Widerstandstypus prototypisch in der
Verweigerung einer Anerkennung der dominanten Autorität durch die
Indigenen charakterisiert. Widerstand ist hier der bewusste Versuch,
die Subjektposition aufzulösen, die durch die koloniale Macht zuge-
wiesen wird. Konfrontiert mit diesem schwer fassbaren kolonisierten
Subjekt, welches multiple Subjektpositionen gleichzeitig bewohnt
(›nicht-richtig-englisch‹ *und* ›originalindisch‹), ist es der kolonialen
Autorität weder möglich, seine Botschaft zu vereinheitlichen, noch die
Subjekte konkret zu verorten. Mimikry und Hybridisierung sind damit
Strategien, bei denen der Blick der Diskriminierten auf die unterdrü-
ckende Macht geworfen und damit eine Gegenkraft zur hegemonialen
Macht herausgebildet wird (ebd.: 112). In *Signs Taken for Wonders* demonstriert Bhabha diese Vorstellung wiederum anhand der Kapazität des indigenen Subjekts, die grundlegenden Erzählungen und Texte
westlicher Kultur zu hinterfragen und folglich zu re-interpretieren –
und zwar in einer Weise, die die koloniale Macht nicht vorhersehen
konnte.

BHABHA IM KREUZFEUER DER KRITIK

Bhabhas Konzepte erfreuen sich nicht nur in den anglophonen Geisteswissenschaften großer Beliebtheit, auch im deutschsprachigen
Kontext sind sie auf reichlich – wenn auch sehr unterschiedliche –
Resonanz gestoßen. Doch so groß die Begeisterung für Bhabha'sche
Konzepte ist, so vielfältig und breit ist auch die Kritik, die an diesen
formuliert wurde. Seine These, dass die Quelle postkolonialer Kritik
historisch gesehen bei den Marginalisierten und Unterjochten liege,
entwickelt er etwa ausschließlich mit der Hilfe zeitgenössischer westlicher Denker. Dies beschreiben viele Kritiker/-innen als ein schwer-
wiegendes Paradox, denn dem proklamierten Versuch zum Trotz,
diese Theorien herauszufordern, sei Bhabha beständig in Gefahr,
eurozentrische Theoriebildung zu replizieren. Dies gelte auch, wenn
er vorgibt, kulturelle Differenzformen zu entwerfen, welche die übli-
chen binären Repräsentationsmodelle zu überwinden suchen.

Gerade weil Bhabha Wert darauf legt, Polaritäten zu vermeiden
und Kontingenzen hervorzuheben, während er auf die produktiven
Dynamiken kultureller »Übersetzung« hinweist, ist er zu der Annah-

me gezwungen, dass alle kulturellen Systeme in ambivalenten Räumen konstruiert sind, womit die Behauptung einer inhärenten ›Reinheit‹ der Kulturen freilich unhaltbar wird. Bhabha verortet damit jedoch auch alle Kulturen in einem kontinuierlichen Prozess der Hybridität (Bhabha 1994: 37). Wenn aber alle Kulturen hybrid sind, dann
fragt es sich, von welchem Nutzen Vorstellungen von »Dritten Räumen«, »Dazwischen« und »Hybridität« sind. Können diese dann noch
als spezifisch postkoloniale Formen oder Räume kultureller Intervention bestimmt werden? Wenn jede Kultur hybrid und keine selbstiden-
tisch wäre, dann würde das Postkoloniale logischerweise seine spezifische Handlungsmacht, die Bhabha behauptet, verlieren (vgl. Hardt/
Negri 2001: 145). Darüber hinaus erinnert Young daran, dass ein Hybrid technisch gesprochen eine Kreuzung zwischen zwei Spezies
bedeutet und insoweit der Begriff »Hybridisierung« nicht zufällig
sowohl das botanische Konzept von »Interspezies« als auch das Vokabular der viktorianischen Rechtsextremen – für die unterschiedliche
›Rassen‹ verschiedene ›Spezies‹ darstellten – evoziert (Young
1995: 10). Aufgrund seiner historischen Wurzeln in rassistischer Ideologie wird das Konzept der Hybridität sehr kontrovers diskutiert. So
warnt Young davor, essentialistische ›Rassenkonzepte‹ zu dekonstru-
ieren, könnte es doch leicht passieren, dass die notwendige Distanzierung von derlei Konzepten verfehlt und stattdessen die kritische Debatte von der ›Vergangenheit‹ eingeholt würde (ebd.: 27). Während
Hybridität gleichsam essentialistische Kulturkonzepte und Identitäten
zu stören vorgibt, evoziere das Konzept selbst rassistische Unterschei-
dungen, welche die kolonial-rassistischen Diskurse speisen (vgl. hierzu Brah/Coombes 2000; Werbner/Modood 1997). Darüber hinaus
werde oft ignoriert, dass das Konzept der Hybridität immer auch eine
dem Konzept inhärente heterosexuelle Politik transportiert (Young
1995: 25). Young zufolge bleibt Hybridität eine ganz und gar »heterosexuelle Kategorie« (ebd.: 26) und damit aus vielerlei Gründen problematisch.

Die postkoloniale Kritikerin Ania Loomba stellt fest, dass Bhabha,
obschon er Hybridität akzentuiert, im Grunde doch wieder das koloniale Zusammentreffen homogenisiert und universalisiert, da das von
ihm projizierte hybride koloniale Subjekt in der gesamten kolonialen
Welt lokalisiert sein könnte (Loomba 1998: 178). Hybridität scheint
somit frei von einer Politik der Verortung zu sein. Auch sei das von
Bhabha beschriebene kolonisierte Subjekt zwar innerlich gespalten
und agonistisch, aber immer männlich, nie behindert und immer
ohne klare Klassenzugehörigkeit oder sozialen Kontext. Ella Shohat
schlägt deswegen vor, diverse Hybriditätsmodalitäten zu unterscheiden, und gibt als Beispiele »erzwungene Assimilation«, »internalisier-
te Selbstablehnung«, »politische Kooptierung«, »sozialen Konformis-
mus«, »kulturelle Mimikry« und »kreative Transzendenz« (Shohat

1992: 110) an. Die koloniale Präsenz wurde innerhalb der Kolonien sehr unterschiedlich erfahren. So ist bekannt, dass viele Menschen in den Kolonien nie einen Europäer oder eine Europäerin gesehen haben. Für sie ist die Vorstellung von Herrschaft immer an eine einheimische Elite gebunden. Für andere wiederum war die Präsenz einer kolonialen Macht, obschon separierte Räume bewohnt wurden, eine Alltagserfahrung, die sich tief in ihr Leben eingelagert hatte. Die universalisierende Tendenz, die in Bhabhas Arbeiten durchscheint, rührt auch daher, dass diese die kolonialen Machtbeziehungen vollständig in semiotischen und psychoanalytischen Begrifflichkeiten theoretisieren. Die psychische Spaltung, die die koloniale Herrschaft hervorgerufen hat, muss jedoch u.E. immer innerhalb spezifischer Geschichten und damit einhergehender Erfahrungen gelesen werden, zumindest wenn die Thematisierung theoretisch gewinnbringend sein soll. In einer detaillierten Kritik hat Parry (2004: 59) pointiert aufgezeigt, dass Bhabha *die* Welt durch *das* Wort darlegt, wobei dieses Wort größtenteils das Wort der Kolonisatoren zu sein scheint. Nur wenn die feinen und zahlreichen Nuancen kultureller Beziehungen und Kämpfe innerhalb der kolonialen Zeit komplett ignoriert werden, sei es möglich, die verschiedenartigen Gestalten von Hybridität zu einer einzigen zu komprimieren.

Loomba nimmt des Weiteren an, dass das grundlegende Problem in Bhabhas Schriften damit zusammenhängt, dass in den westlichen Akademien die Erfahrung der Migration und des Exils, die durch koloniale Dislokationen hervorgerufen wurden, zu einem Zeichen für zerrissene Identitäten und Hybriditäten geworden ist. Die traumatischen Erfahrungen bei der postkolonialen Teilung des indischen Subkontinents in Indien und Pakistan im Jahre 1947, die zur größten erzwungenen Migration aller Zeiten geführt hat und durch erschütternde Pogrome begleitet wurde, seien allerdings, so Loomba, wohl kaum mit den großen Migrationsbewegungen aus ehemals kolonialisierten Ländern nach Europa oder in die USA zu vergleichen. Sie erinnert fernerhin daran, dass die *meisten* Menschen in der ›Dritten Welt‹ *nicht* emigriert sind und insoweit auch weiterhin vom Süden aus sprechen. Ein Raum, der sich als ideologisch und politisch ebenso gebrochen und kontingent erweise wie die so genannten Einwanderungsländer im Norden. Es müsste hier hinzugefügt werden, dass es deutlich schwieriger ist, von dort aus gehört und ernst genommen zu werden. Weiterhin würden Migrationsprozesse wohl kaum die gleichen Subjektivitätsspaltungen verursachen, wie sie Bhabha für die koloniale Zeit beschreibe. Eine klare Kontextualisierung bei der Beschreibung von Phänomen wie etwa dem der »Hybridität« scheint ihr auch deswegen unvermeidlich (Loomba 1998: 180f.).

Einen anderen Punkt in der Diskussion hebt dagegen Parry hervor: Die aktuellen Debatten um Hybridität verharmlosen die erbitterten Spannungen und Kämpfe zwischen kolonisierter Bevölkerung und Kolonialmacht und verfälschen damit die Repräsentation der Dynamiken des antikolonialen Kampfes (Parry 2004: 62). Nationalistische und pan-nationalistische Bewegungen wie die *Négritude* waren ausdrücklich motiviert von der Wut kolonisierter Menschen und können entsprechend wohl kaum nur über ein Hybriditätskonzept in Bhabha'scher Diktion verstanden werden. Parry zufolge haben viele nationalistische Antikolonialisten und Antikolonialistinnen leidenschaftlich die binäre Opposition zwischen Europa und seinen *Anderen* auch deswegen akzeptiert, weil der von ihnen initiierte Befreiungskampf unter anderem die Rehabilitierung ihrer kulturellen Identität, die die Europäer über Jahrhunderte verspottet haben, verfolgte (ebd.: 63).

In ihrem bekannten Aufsatz *Different Diasporas and the Hype of Hybridity* stellt Katharyne Mitchell (1997: 533ff.) fest, dass die lexikalische Standarddefinition des Begriffes »Hybridität« als ein Gegenstand, der von heterogenen Quellen stammt bzw. aus inkongruenten Elementen zusammengesetzt ist, eine starke Anziehung auf diejenigen hat, die sich mit Fragen der Identität beschäftigen. Für viele ist es gerade die quasi mobile Ambivalenz und das Fehlen einer festen, klaren Identität, die Hybridität zu einem perfektem Ort des Widerstands gegen essentialistische Erzählungen von »Rasse«, »Kultur« und »Nation« geraten lässt. Mitchell bestreitet dabei nicht das widerständige Potential, stellt allerdings in Frage, ob dem diasporischen und hybriden Subjekt immer eine politisch progressive Agenda unterstellt werden kann. Des Weiteren argumentiert sie, dass die implizite Annahme der Nation als eines abstrakt kulturellen Raums die Wichtigkeit aktueller ökonomischer Prozesse und die verschiedenen Formen diasporischer und hybrider Subjektpositionen – die strategisch zur Erzielung von Profit genutzt werden – ignoriert. In anderen Worten: »Grenzorte« bieten sicherlich Raum für die strategische Intervention innerhalb hegemonialer Strukturen, aber ebenso gut dienen sie dem Spätkapitalismus für die Entwicklung immer neuer Formen der Kapitalakkumulation. Die übertriebene Verwendung abstrakter Metaphern – besonders jener, die aus psychoanalytischen Theorien entlehnt sind – führen, so Mitchell, nicht selten zu deren Fetischisierung. Konzepte wie das der »Hybridität« werden dann dekontextualisiert betrachtet und offenbaren nicht die historischen, ökonomischen und politischen Bedingungen, in denen sie entstanden sind. Mithin weisen sie keine Beziehung mehr zum sozialen Alltag auf. Ohne Kontext drohen diese »Zwischenorte« zu mobilen, aber auch reaktionären Räumen zu mutieren (ebd.).

Auch der ebenso problematische Begriff der Diaspora, der Menschen beschreibt, die sich zwischen geopolitischen Orten bewegen und dabei keinen singulären kulturellen Raum besetzen, erwies sich als schnell popularisierbar. Mitchell bemerkt zudem, dass die Nation bei Bhabha ein abstrakter Raum ist, was den eigentlichen Raum für widerständige Interventionen, die »ambivalenten Ränder« nämlich, regelrecht frei flottierend erscheinen lässt. Und zwar auch dann, wenn Bhabha gegen eine solche Kritik einwendet, dass dieser Raum »mit der Rückkehr des Subjekts konstituiert wird« und »eine dialogische Position von Berechnung, Verhandlung und Befragung« darstellt (Bhabha 1996a: 354). Sein Raumbegriff zeigt sich nicht an einen konkreten sozialen oder politischen Kontext gebunden, womit es unmöglich wird, Widerstand zu lokalisieren – er ist vielmehr überall und nirgends. Wichtige Fragen, wie etwa die sozialen Bedingungen aktueller Grenzziehungen und -kontrollen sowie die häufig gewaltvolle Produktion dieser Räume, werden dabei in problematischer Weise übersehen. Bhabhas Vertrauen in die politischen und kulturellen Erzählungen der Nationenbildung erlauben ihm eine Neukodierung von ›entstehenden‹ Erzählungen als grenzüberschreitend. Mitchell allerdings zeigt, dass die vielen Weisen, in denen Kultur immer schon vom Kapitalismus gezeichnet ist, bei Bhabha vernachlässigt bleiben, so dass auch die Diskussion um Widerstandsformen gegen ausbeuterische Verhältnisse vermisst werden muss (Mitchell 1997: 537).

Selbst wenn Bhabha »Gegen-Erzählungen« explizit an eine anti-essentialistische Agenda koppelt (Bhabha 1990a: 300), bleibt unbestritten, dass die wachsenden transnationalen Kapitalbewegungen und grenzüberschreitenden Migrationen zwar kulturelle Erzählungen initiiert haben, die die totalisierenden Grenzen des Nationalstaates irritieren konnten, aber gleichzeitig auch konstant neue Formen essentialistischer Identitäten hervorbringen. So sind Kapitalüberweisungen von Migranten und Migrantinnen so lukrativ, dass einige Staaten die Kontrolle derselben über Grenzen hinweg ausgeweitet haben. Neben der erweiterten Fürsorge für migrierende Staatsbürger/-innen, die z.B. in einer Ausweitung der Option für eine doppelte Staatsbürgerschaft Ausdruck findet, tauchen gleichzeitig auch modernisierte Diskurse der nationalen Zugehörigkeit auf. Anders gesagt: Die transnationale Bewegung von Menschen und Kapital, die in der Vergangenheit immer als eine Gefahr für den Nationalstaat betrachtet wurde, produziert aktuell einen neuen hyper-essentialistischen Diskurs über nationale Identität und Zugehörigkeit.

Da Bhabha insbesondere kulturelle Momente fokussiert und die rassistischen Töne, die in Konzepten wie Hybridität immer mitschwingen, scheinbar überhört, produzieren seine Überlegungen allzu schnell leere Worthülsen, die koloniale Herrschaft nicht adäquat zu adressieren in der Lage sind. Mitchell hält deswegen das Bejubeln theoretischer Konzepte wie »Hybridität« und »Dritter Raum« bestenfalls für verfrüht (Mitchell 1997: 547). Das Widerstandspotential gegen hegemoniale Erzählungen der Nation werde immer von der potentiellen Kollaboration mit den bestehenden kapitalistischen Strukturen der internationalen Arbeitsteilung begleitet.

Auch Bhabhas Konzept von »Handlungsmacht« (*agency*) ist scharf kritisiert worden. Moore-Gilbert etwa schreibt, dass Bhabha nicht klarstellt, ob die von ihm benannten Widerstandsformen nun tatsächlich »aktiv« oder »passiv« seien (Moore-Gilbert 1998: 133). Wenn Bhabha ausführt, dass die Ambivalenz eine Strategie gegen diskriminierende Macht sei, welche die koloniale Macht intentional als Instrument ihrer Autorität eingesetzt hat, widerspricht er damit der Foucault'schen Rahmung, ist doch für Foucault Ambivalenz eher willkürliche Schleuse für das Fließen der Macht und gänzlich unabhängig von den Intentionen des Subjekts. In seiner Auseinandersetzung mit den antikolonialen Aufständen in Indien 1857 beschreibt er etwa die Zirkulation von Gerüchten und Panik auf der indischen Seite als eine intendierte Strategie und als wohlberechneten Effekt einer politischen Revolte. Man kann hier einwenden, dass Gerüchte immer spontan sind und keinen intendierenden Autor haben, d.h. vielmehr in Übereinstimmung mit Foucaults Vorstellung von Widerstand stehen. Young fragt hierzu leicht zynisch, ob Bhabha vergessene Momente historischen Widerstands beschreibt oder ob dieser Widerstand lediglich unartikuliert bleiben muss, bis ein Übersetzer Jahrzehnte später »zwischen den Zeilen liest«, um die Geschichte neu zu schreiben. Dabei sei dann zu fragen, welche Realität ein solches Lesen wohl verändern könnte (Young 2004: 190). Young argumentiert, dass es genügend Evidenzen vom Widerstand der Kolonisierten gibt, so dass eigentlich die Vorstellung, dass jemand zwischen den Zeilen lesen muss, um diesen zu finden, die Widerstandspraxen eher verhöhnt (ebd.). Auch sei fraglich, ob sich die beschriebenen subversiven Praxen tatsächlich bei allen Beteiligten im Unbewussten abspielen und nur Bhabha – in der Rolle des ›theoretischen Psychoanalytikers‹ – in der Lage sei, diese zu interpretieren und dementsprechend zu artikulieren (ebd.: 193).

Das Konzept der Mimikry bringt dagegen ganz andere Probleme mit sich, wird es doch von Bhabha manchmal als eine unbewusste Strategie beschrieben (Bhabha 1994: 89), um dann wieder als eine bewusste Subversionsform dargestellt zu werden (ebd.: 99). Wenn Mimikry nun als ein unbewusstes Strategiemodell der Kolonisierten beschrieben wird, wobei das Verlangen als auch die Verweigerung der Anerkennung auf einer unbewussten Ebene verhandelt werden, kann diese jedoch unmöglich als Basis für organisierte Widerstandsformen fungieren. Das Potential von Mimikry als einer mobilisierenden Strategie für politische Aktionen unterdrückter Gruppen erweist sich denn auch als extrem begrenzt. Bhabha selbst gibt zu, dass ein Subjekt kolonialer Diskurse, welches über solchermaßen ambivalente Kategorien konstruiert wird, aufgrund seiner eigenen Unbestimmtheit keine wirkliche Bedrohung für die koloniale Herrschaftsmacht darstellen kann (Bhabha 1983: 203). Ein gutes Beispiel für die enorme Ambiguität in Bhabhas Aufzählung von Widerstandsmomenten ist seine Beschreibung in *Signs Taken for Wonders*, wo er die ›Eingeborenen‹ beschreibt, die aus der Bibel lesen, und diesen Moment als aktive und zielgerichtete Hybridisierung der Bibel bezeichnet. Es ist durchaus zu bezweifeln, ob die Fragen der indischen Landbevölkerung *de facto* eine Herausforderung für die kolonialen Autoritäten bedeutete. Auch sollte nicht vergessen werden, dass das Christentum und damit auch die Bibel für viele Hindus eine Möglichkeit bedeutete, den unterdrückerischen vedischen Texten und dem damit einhergehenden ausbeuterischen präkolonialen Kastensystem zu entfliehen. Diejenigen, die den unteren Kasten angehören, sahen sich immer schon simultan gefangen zwischen indigenen und imperialistischen Diskursen. Weder die Hybridisierung des imperialen Textes noch die Konversion zum Christentum, die nicht selten als Widerstand gegen dominante einheimische Strukturen gesehen wurde, haben eine wirkliche Veränderung der hegemonialen indigenen Strukturen mit sich gebracht. Im Gegensatz zu Spivak zeigt Bhabha nur wenig Interesse an präkolonialen Machtverhältnisse und ihre Komplizenschaft mit kolonialen Diskursen – er ignoriert sie bedauerlicherweise in seiner Theoriebildung. Die von ihm beschriebenen Paradoxe innerhalb imperialer Diskurse haben dagegen die Wirksamkeit der kolonialen Mission nicht untergraben können. Es gibt nur wenig plausibles Material, das bezeugen könnte, dass die von Bhabha geschilderten psychologischen Guerillataktiken die britische Kolonialmacht wirklich destabilisiert hätten (Moore-Gilbert 1998: 133f.).

Bhabhas Analysen gehen immer von der Möglichkeit einer universellen Theorie kolonialer Diskurse aus, was sogleich die Frage nach sich zieht, ob koloniale Diskurse wirklich *immer* die subversive Ambivalenz zeigen, die er behauptet (McClintock 1995: 64). Das Konzept von Mimikry etwa unterschätzt die damit einhergehende strategische Kontrolle der Kolonisatoren, die doch sehr beglückt über die anglisierten Inder/-innen waren, die der kolonialen Verwaltung zu Diensten standen.[5] Die Landbevölkerung dagegen hat sich weitaus weniger an die hegemoniale Ordnung assimiliert und stellte in der Folge eine wesentlich stärkere Bedrohung dar als die anglisierten Inder/-innen, die eher verachtet denn gefürchtet wurden (Moore-Gilbert 1998: 134).[6] Für die heutige Zeit gilt dies interessanterweise ebenso: Die ländliche Bevölkerung Indiens verfügt über ein enormes Widerstandspotential, während die gebildete Elite des Landes schnell kooptiert wird und in der Folge nicht selten neokoloniale Interessen verteidigt.[7]

Bhabha versucht, Alternativen postkolonialer Handlungsmacht zu formulieren, die den Dualismus zwischen einer humanistischen Konzeption von Handlungsmacht und einer, die nur als ein Effekt der dominanten Ideologie gilt, überwinden. In seinem Essay *By Bread Alone* etwa bringt er Toni Morrisons Roman *Beloved* (1987) und die darin beschriebene Bewegung zur Abschaffung der Sklaverei etwas gewagt in Beziehung mit dem Vorabend des Aufstands der indischen Landbevölkerung gegen die britische Kolonialherrschaft 1857. Er legt dar, dass der Grund für die Verbindung dieser beiden Geschichten nicht in einer Affinität der Ereignisse liegt, sondern in der »Zeitlichkeit der Wiederholung, die jene Zeichen konstituiert, durch die Marginalisierte oder aufständische Subjekte kollektive Handlungsmacht schaffen« (ebd.: 199). Moore-Gilbert hält Bhabha allerdings entgegen, dass er auch hier nicht zwischen den verschiedenen Modellen historischer Handlungsmacht Subalterner und dem zeitgenössischen postkolonialen Subjekt unterscheidet (Moore-Gilbert 1998: 136).

Auch der Marxist Ahmad schont Bhabha nicht mit seiner scharfen Kritik: Bhabha, der in *Nation and Narration* (1990a) Poststrukturalismus als eine Alternative zum Nationalismus anbiete, lebe selber unter den materiellen Bedingungen der Postmoderne, welche die Vorteile der Moderne als etwas Gegebenes ansehe. Es brauche scheinbar eines »sehr modernen, sehr wohlhabenden, äußerst entwurzelten Intellektuellen« (Ahmad 1992: 68), so Ahmad zynisch, um die Idee von »Fortschritt« und »Moderne« als bloße »Rationalisierungen autoritärer Tendenzen innerhalb der Kulturen« (ebd.) zu diskreditieren. Ahmad empfindet die Idee einer relativierenden »Theorie-als-Gespräch« (*theory-as-conversation*, ebd.: 70), wie sie etwa von Denkern wie Bhabha repräsentiert wird, als unzumutbar. Theorie verkomme hier zu einem bloßen ›Marktplatz der Ideen‹, ohne eine strikte und politisch notwendige Parteilichkeit einzufordern (ebd.). Es sei dann möglich, gleichzeitig »marxistische und anti-marxistische, feministische und anti-feministische, dekonstruktivistische, phänomenologische« oder beliebig andere Theorien zu nutzen, um die eigene Argumentation zu untermauern (ebd.). Ahmad beklagt hier nicht nur die eklektische Herangehensweise von Bhabha, sondern auch dessen politische Beliebigkeit und Standpunktlosigkeit. Er selbst lehnt es ab, wie er schreibt, »mit guten akademischen Manieren modisch eklektisch zu sein« (ebd.).

Akut wird dies in Bhabhas Essay *Remembering Fanon* (1986), in dem der Revolutionär Fanon in gewisser Weise zu einem Literaturkritiker mutiert, was Fanons Ruf nach einem bewaffneten Widerstand gegen die Kolonisatoren schlichtweg ignoriert (Moore-Gilbert 1998: 38). Dies ist für viele ein Grund, Bhabha die Ausbeutung politischen Widerstands für seine literaturkritischen Untersuchungen vorzuwerfen, die neben dem antikolonialen Widerstand auch die materiellen Kämpfe gegen neokolonialistische und neoimperialistische Formen der Gewalt geradezu banalisiere (etwa San Juan 2001/2002: 110f.).

Young allerdings meint, dass die Kritiker/-innen von Bhabhas Textualität und Idealismus – darunter auch Mohanty, Parry und Ahmad – einen Kategoriefehler begehen. Seiner Meinung nach kann Bhabhas Diskursanalyse sehr wohl ein »signifikantes Gerüst« für historisch-materialistische Analysen bereitstellen, indem sie die Weisen betont, in der Sprache nicht »transparent, naiv, ahistorisch oder einfach instrumentell« (Young 1995: 163) ist, sondern stattdessen einen wichtigen Bestandteil eines Kontrollsystems – in diesem Falle des Kolonialismus – darstelle, welches das Wissen durchdringt. Zugegebenermaßen thematisiert Bhabha immer wieder die kaum beachtete Beziehung der Diskurse zu den »materiellen« Formen politischer Aktion.

Während Bhabha die verwendeten poststrukturalistischen Ansätze immerhin problematisiert, steht er der Psychoanalyse bei weitem unkritischer gegenüber. Diese scheint bei ihm immun gegen Kritik zu sein. Er hinterfragt dabei nicht einmal ihren kontextunspezifischen, universalistischen Einsatz. Im Gegensatz dazu beschreibt Spivak die Psychoanalyse als eine begrenzte und spezifische »regionale Praxis« (Spivak 1988: 143), indes sie die Arbeiten Freuds als zugehörig zu einer maskulinen imperialistischen ideologischen Formation bestimmt (Spivak 1994: 92).[8]

Für die Art und Weise, wie Bhabha psychoanalytische Theorien zur Anwendung bringt, ist er von feministischer Seite heftig kritisiert worden. So bemerkt Anne McClintock, dass Bhabha das symbolische Wissen und den Fetischismus kolonialer Diskurse analysiert, als seien diese genderneutral. Dieses Ignorieren ist ihrer Ansicht nach für die Reproduktion jenes Diskurses, der immer schon die Existenz einer weiblichen Handlungsmacht negiert habe, verantwortlich. Das Konzept der Mimikry wurde dabei durch die Idee der französischen Philosophin Luce Irigaray eines Gendermimikry inspiriert (Irigaray 1979: 70ff.). Ihr Mimikry-Konzept soll als Form der Wiederholung den theoretischen Apparat des Phallogozentrismus selbst Einhalt gebieten. Wie McClintock aufzeigt, hat Irigaray mit der Vorstellung, dass Frauen Weiblichkeit als notwendige Maskerade nachahmen, Lacans Maskulinismus herausgefordert (McClintock 1995: 62). Die von der Frau performierte Heterosexualität ist für Irigaray eine bloße Überlebensstrategie. McClintock bemerkt allerdings, dass die Zelebrierung der Mimikry als weibliche Strategie eine Reifizierung der Geschlechterbinarität riskiert, auch weil Irigaray die Rassismusfrage in Gänze übersieht. Bhabha dagegen, so McClintock, ignoriert Irigarays Verständnis der Mimikry als eine vergeschlechtlichte Subversion. In seiner Analyse der kolonialen Mimikry sind die Protoganisten allesamt Männer (ebd.). Seine »nicht-vergeschlechtlichte Mimikry« (*ungendered mimicry*, ebd.: 64) fokussiere – unter Ignorierung anderer Formen sozialer Diskriminierung – ›nur‹ den Rassismus. Bhabhas Mimikry als eine männliche Strategie schreibe damit wieder einmal Maskulinität als die unsichtbare Norm in postkoloniale Diskurse ein (ebd.: 64f.). Auch die Soziologin Meyda Yeğenoğlu wirft Bhabha in ihrem Buch *Colonial Fantasies* vor, die Frage der Sexualität unbeachtet zu lassen (1998: 29).

Bhabhas Modell der affektiven Ökonomie des Kolonialismus behauptet, dass in Momenten sozialer und diskursiver Entfremdung nicht mehr zwischen »Herr« und »Sklave« unterschieden werden kann, sondern dass wir es lediglich mit »versklavten Herrn« und »unbeherrschten Sklaven« (*enslaved master/unmastered slave*, Bhabha 1994: 131) zu tun haben. Eine solche Sichtweise freilich riskiert, die materiell existenten Konflikte zwischen Kolonisatoren und Kolonisierten zu umgehen. Das, was Bhabha an Said vehement kritisierte – dass er nämlich den kolonialen Diskurs mit seiner Annahme eines intentionalen Willens zur Macht homogenisiert habe –, fällt nun auf ihn selbst zurück. In der Art und Weise, wie er auf psychoanalytische Theorie rekurriert, vereinheitlicht auch Bhabha den Imperativ der konsistenten unbewussten Bedürfnisse und Forderungen der Kolonisatoren nach psychischer Anerkennung. Deswegen kann Bhabhas Modell weder die differenten Oppositionsbewegungen gegen das Empire in den Kolonialländern noch den Widerstand innerhalb der Metropolen des Empires wirklich erklären. Wenn er etwa beschreibt, wie die Moderne sich über eine Distinktion vom Nicht-Westen konstituierte (ebd.: 171ff.), findet der Prozess des »zum *Anderen* gemacht Werdens« von Frauen und unterdrückten Klassen nur *en passant* als Darlegung von parallelen Prozessen innerhalb des Diskurses der Aufklärung Beachtung. Bhabha scheint der Ansicht zu sein, dass keine Unterschiede in den Strukturen psychischer Identifizierungen und Affekten zwischen gebildeten kolonisierten männlichen Subjekten und weiblichen subalternen Analphabetinnen auszumachen sind. So sind eine Reihe fataler Homogenisierungen in Bhabhas ahistorischer Theoriebildung zu konstatieren, die sie zumindest als inadäquat für die theoretische Erfassung unterschiedlicher Muster und Operationen (neo-) kolonialer Realitäten erscheinen lassen.

Der heftigen Kritik zum Trotz bieten Bhabhas Arbeiten spannende Einsichten in Fragen der kulturellen Identität und Migrationspolitiken. Vielleicht adressieren seine bereits seit längerem angekündigten neuen Publikationen (*A Measure of Dwelling: Reflections on Vernacular Cosmopolitanism* und *The Right to Narrate*) die wichtigsten aufgezeigten Lücken und Probleme seiner Theoriebildung.

V. Postkoloniale Theorie kritisch betrachtet

>»Diese Kritikpunkte, so vehement sie gelegentlich vorgebracht wer-
>den mögen, besagen nicht unbedingt, dass die Kritiker des Postko-
>lonialismus diesem jeglichen Wert absprechen« (Dirlik 1994: 347).

Nachdem wir die theoretischen Grundzüge der drei Hauptpositionen postkolonialer Theorie vorgestellt haben, sollen in diesem Kapitel die wichtigsten Einsprüche gegen diese präsentiert werden. In erster Linie wird es dabei um die Einwände der Kritiker/-innen gehen, die sich teilweise oder ganz von der postkolonialen Theorie, wie sie durch Spivak, Bhabha und Said repräsentiert wird, distanzieren. Kritiken hingegen, die insbesondere aus Richtung der Neuen Rechte kommen, die postkoloniale Theorie zu einer Frage von »Tischmanieren« redu-ziert haben (Spivak 1990a: 148), bleiben unberücksichtigt.

Die nunmehr seit fast 30 Jahren existierenden postkoloniale Stu-dien haben ohne Zweifel mannigfache Erfolge vorzuweisen. Hierzu zählen die teilweise gelungenen Rekonfigurationen traditioneller Wissenschaftsdisziplinen wie auch die anhaltende konstruktive An-fechtung klassisch-kultureller Betrachtungsweisen. Darüber hinaus hat es die postkoloniale Theorie geschafft, über differenzierte theoreti-sche Herangehensweisen und die Vermeidung üblicher Simplifizie-rungen die politischen Debatten um Dekolonisierungsprozesse, Wi-derstandskämpfe, internationale Arbeitsteilung, Globalisierung, Mi-gration und Exil, Bündnispolitik usw. anzuregen. Allerdings kann festgestellt werden, dass sie sich mit einer zunehmenden Zahl von Problemen konfrontiert sieht, die sich nicht nur durch zunehmende Kritik von außerhalb, sondern auch über wachsende Unstimmigkeiten innerhalb des Feldes bemerkbar machen.

DIE POSTKOLONIALE THEORIEINDUSTRIE

Der Begriff »postkolonial« hat im Laufe der Zeit Anwendung in den verschiedensten Feldern gefunden, was eine regelrechte Polemik darüber entsponnen hat, welche Regionen, Perioden, sozio-politischen Formationen und kulturellen Praxen legitimerweise als genuin postkolonial gelten dürfen. Wie viele angemerkt haben, erweist sich die Idee der »Postkolonialität« als scheinbar unendlich beliebig einsetzbar. Damit gerät sie in Gefahr, ihre Wirkmächtigkeit als analytisches Konstrukt zu verlieren. Es finden sich allerdings auch Stimmen, welche die weitere Ausdehnung postkolonialer Studien fordern. So wird dafür plädiert, Kolonisierungspraxen innerhalb verschiedener Kontexte während und nach der europäisch-überseeischen Kolonialzeit einzubeziehen und Raum für die differenten neokolonialistischen Dynamiken einzuräumen. Das Risiko besteht hier in einer Überstrapazierung des Konzepts sowie in dem problematischen Versuch einer nahtlosen Übertragung der aus einer partikularen historischen und politischen Situation hervorgegangenen Perspektive auf andere Kontexte. Postkoloniale Theorie droht dann, um ihre Spezifität und auch Erklärungsmächtigkeit gebracht zu werden.

Einer der Vorwürfe gegen die postkoloniale Theorie ist, dass sie lediglich auf die konzeptuellen und kulturellen Bedürfnisse des globalen Kapitalismus und die Begehren westlicher Akademien reagiere (Dirlik 1994: 331). Auch wenn die Theorie immer mit dem Versuch einhergeht, die ausgrenzenden Politiken westlicher Epistemologien durch die Sichtbarmachung der einst kolonisierten, nicht-westlichen Perspektiven zu reformieren, so wird ihr doch immer wieder ein spezifischer Eurozentrismus vorgeworfen – selbst wenn sie sich als Disziplin ›modisch marginal‹ gibt. Allerdings wird das, was im Westen als am Rande stehend gilt, nicht selten außerhalb der Metropolen dem westlichen Kanon zugerechnet. Einige der wichtigsten postkolonialen Texte sind zudem notorisch schwer verständlich, weswegen die postkoloniale Theorie im Allgemeinen angeklagt wird, die ausgrenzenden Praxen des Nordens zu wiederholen, während ihre Produktionen für die postkolonialen Subjekte im Süden, für die sie vorgibt zu sprechen, nur eine geringe Bedeutung haben. Dafür spricht auch die Tatsache, dass die prominenten Figuren wichtiger zu sein scheinen als deren inhaltlichen Positionen. Anders gesagt: Said, Bhabha und Spivak sind zu ›Popstars‹ erhoben worden, die unglücklicherweise zuweilen die Sache, um die es geht, überstrahlen (vgl. Loomba 1998: xv).

McClintock argumentiert, dass die Popularität des Begriffes »Postkolonialismus« sehr wahrscheinlich von seiner akademischen Vermarktbarkeit herrührt, ist er doch bei weitem nicht so provokativ wie etwa die Bezeichnung »Studien zum Neokolonialismus« (1995: 391ff.). Allerdings zeige sich die Bezeichnung »postkolonial« geplagt von der Figur einer linearen Entwicklung, die doch eigentlich demontiert werden soll (ebd.: 10). In metaphorischer Weise markiere der Begriff die Geschichte als eine Abfolge von epochalen Stufen von »präkolonial« zu »kolonial« und schließlich »postkolonial«, wobei *andere* Kulturen erneut über eine untergeordnete, retrospektive Beziehung zur linearen, europäischen Zeit charakterisiert werden. Anders gewendet: Das Präfix »post« homogenisiert und reduziert die diversen menschlichen Erzählungen zu *einer* Erfahrung kolonialer Begegnung und deren Konsequenzen. Es verwundert demnach nicht, dass die Begrifflichkeit eine solche akademische Schlagkraft errungen hat und sich professionell so exzellent vermarkten ließ, verwischt es doch McClintock zufolge geopolitische Distinktionen (ebd.: 11). Dasselbe gilt auch für die Schlüsselkonzepte, die es scheinbar jedem offen stellen, sich als »hybrid« oder »subaltern« zu beschreiben.

Der historische Bruch, der durch das Präfix »post« suggeriert wird, widerspricht dabei sowohl den Machtkontinuitäten als auch -diskontinuitäten, die »das Erbe der ehemaligen europäischen und britischen kolonialen Imperien (nicht zu erwähnen die islamischen, japanischen, chinesischen und anderen imperialen Mächte) geformt haben« (ebd.: 12). Dagegen wurden die politischen Differenzen zwischen den Kulturen den zeitlichen Entfernungen zum europäischen Kolonialismus untergeordnet. Wenn man sich nicht der Banalisierung schuldig machen will, erscheint es notwendig, die ungleichen Entwicklungen des Postkolonialismus in den diversen geopolitischen Kontexten wachsam zu verfolgen. So ist etwa Argentinien nicht in derselben Art und Weise postkolonial wie Hongkong; der französische Kolonialismus in Algerien ist nicht zu vergleichen mit dem japanischen in Korea. Insofern stellt McClintock die berechtigte Frage, ob es in Anbetracht der Diversität des Kolonialismus überhaupt möglich ist, von einer einzigen geteilten Erfahrung zu sprechen, die dann als postkoloniale Bedingung bezeichnet werden kann. Sie warnt im Übrigen auch vor der vorschnellen Zelebrierung des Begriffes »Postkolonialismus«, da die Erfahrung eines *Post*kolonialismus für die Mehrheit der Weltbevölkerung gar nicht gegeben sei (ebd.: 12). Ihre Einwände richten sich dabei nicht gegen die theoretische Substanz postkolonialer Theorie *per se*, sondern gegen einen ahistorischen Einsatz des Begriffes »postkolonial«, für dessen bedachtsame Verwendung sie plädiert. Es erscheine schwieriger, die historischen Kontinuitäten internationaler Ungleichheiten imperialer Herrschaftsverhältnisse zu theoretisieren, wenn eine Theorie in eine Zeitachse »kolonial – postkolonial« gezwungen werde, so McClintock.[1]

Als weiterer Vorbehalt gegen den Begriff »postkolonial« formuliert sie, dass sich die aktuelle weltweite Situation von Frauen als »eine Geschichte verschobener Hoffnungen«, die vom Wort »Postkolonialismus« transportiert werden, figurieren lässt (ebd.: 13).[2] Die nationale Bourgeoise, die die imperialen Herren ersetzt habe, sei geradezu überwältigend männlich. Von einer geteilten postkolonialen Bedingung zu sprechen, sei zudem auch deswegen absurd, weil Frauen und Männer Postkolonialität immer verschieden erleben, wofür unter

anderem die globale Militarisierung von Männlichkeit bei gleichzeiti-
ger Feminisierung von Armut verantwortlich zu machen sei. Ebenso
sei es kaum haltbar, dem Kolonialismus unidirektional die Schuld für
die kontinuierliche Ausbeutung von Frauen zuzuweisen. Deshalb sei
es ein *Muss*, Geschlecht als eine konstitutive Kategorie aktueller imperialer Projekte zu analysieren (ebd.: 14). Die Vorstellung eines universalen *Anderen* vernebelt nicht nur die unterschiedlichen Beziehungen
von Männern und Frauen, sondern auch die zwischen differenten
Frauen. So erweisen sich die immer wieder zur Anwendung kom-
menden Binaritäten »Kolonisierter/Kolonisator«, »dominant/margi-
nal«, »kolonial/postkolonial« als inadäquat, da diese unmöglich die
Differenziertheit, Ambiguität und Widersprüchlichkeit imperialer
Erbschaften und die ebenso kontradiktorischen antikolonialen Widerstände zum Ausdruck bringen können. Historisch seien diese ohnehin, so McClintock, einem metaphysischen Manichäismus imperialer
Aufklärung geschuldet, weswegen solche Binaritäten immer riskieren
würden, die Verhältnisse lediglich umzupolen, anstatt dominante
Konzepte der Macht zu deplazieren (ebd.: 15).

Ella Shohat stimmt in vielen Punkten der Kritik McClintocks zu
und betont zudem, dass die Popularität des Postkolonialen innerhalb
des akademischen Kontextes »depolitisierende Implikationen« mit
sich gebracht hat (Shohat 1992: 99). Auch Shohat klagt den Postkolonialismus einer theoretischen und politischen Doppeldeutigkeit an
und merkt an, dass es unklar bleibe, ob das Präfix »post« einen Bruch
markiere oder einfach nur die Chronologie von Geschichte beschreibe
(ebd.: 101). Als temporärer Präfix sei es extrem problematisch, da un-
entscheidbar bleibe, ob es ein »Nach« oder »Darüber hinaus« markiere.[3] Laura Chrisman führt ferner zu Recht an, dass das Wort »Postkolonialismus« keine politische Provokation mehr bedeutet, wie dies
beim einst verwendeten Begriff »Antikolonialismus« noch der Fall war
(Chrisman 1995: 205ff.).

Im Unterschied zu den genannten Kritikerinnen steht Stuart Hall
dem Projekt der postkolonialen Studien und auch der Begrifflichkeit
»postkolonial« weitaus versöhnlicher gegenüber. In seinem Essay
Wann gab es ›das Postkoloniale‹? Denken an der Grenze (2002) warnt er
vor vorschneller Ablehnung des Begriffs. Hall deutet hier auf die Krise
linker Politiken und rät davon ab, einer neu erwachten Sehnsucht zu
frönen, die nach einer Rückkehr zu einer Politik binärer Oppositionen
ruft (ebd.: 222). »Post«-Diskurse sind ihm zufolge auch als eine mög-
liche Antwort auf den Zusammenbruch eines allzu reduktionistischen
Marxismus zu lesen (ebd.: 243). Doch auch er muss feststellen, dass
der Begriff »postkolonial« zu sorglos zur Anwendung komme, weswegen für eine rücksichtsvolle Unterscheidung zwischen verschiedenen
sozialen und kulturellen Formationen zu plädieren sei, die nicht den
Blick für die globalen Konsequenzen der Kolonisierung verliert (ebd.:

233). »Post« bedeutet nach Hall nicht ein »Nach« dem Kolonialismus, sondern etwas über das Koloniale Hinausgehendes (ebd.: 236). Es handle sich kaum um eine »konfliktfreie Zone«, sondern um neue Figurationen eines Macht-Wissens-Komplex, die im Entstehen befindlich sind (ebd.: 238). In Anlehnung an Derrida fasst Hall deswegen den Zustand des Postkolonialen als »im Entstehen begriffene Episteme« (ebd.: 239).

Trotz vielfacher Kritik findet die Bezeichnung »postkolonial« weiterhin ungebrochen Verwendung. Dies liegt entweder darin begründet, dass bisher keine bessere gefunden werden konnte, oder daran, dass der Begriff bei aller Problematik die gewünschte Konnotation eben doch am besten zu transportieren in der Lage ist.

Politik der Verortung

Bereits 1992 formulierte der indische Marxist Ahmad die viel beachtete Streitschrift *In Theory*, in welcher eine der weitreichendsten und provokantesten Kritiken in Richtung postkoloniale Theorie formuliert wurde. Für Ahmad ist postkoloniale Theorie eine zutiefst konservative Praxis, die zudem mit den aktuellen Operationen einer neokolonialen Weltordnung in einem engen Verhältnis der Komplizenschaft steht. Insofern zeigt er sich von den verschiedenen Versuchen beunruhigt, die ›Dritte Welt‹ von der ›Ersten Welt‹ aus zu denken, und bezeichnet dies als eine »opportunistische Art eines ›Dritt-Weltismus‹« (Ahmad 1992: 86). Für ihn stellt postkoloniale Theorie lediglich ein Medium dar, durch welche die Autorität des Westens über die (vormals) imperialistisch Beherrschten des Globus wieder eingeschrieben wird; Postkolonialität repräsentiere mithin nichts anderes als eine neue Ausdrucksform des westlichen historischen Willens zur Macht. Die massive Kritik, die besagt, dass die vorgeblich radikale postkoloniale Theorie im Grunde durch die aktuelle westliche Hegemonie untermauert wird, begründet Ahmad mit dem Vorwurf der institutionellen Verortung postkolonialer Theorie im Westen – vor allem in den USA (vgl. hierzu auch San Juan 1996).

Für Ahmad, dessen Buch der philippinische Marxist San Juan als »heilsame polemische Intervention« (ebd.: 363) bezeichnet hat, stellt postkoloniale Theorie die Aktivität einer privilegierten Klassenfraktion dar, die vollkommen von den materiellen Realitäten der Kämpfe des Südens abgeschnitten ist. Die dynamischen Energien der Widerstandskämpfe würden hier freimütig vereinnahmt und domestiziert und erscheinen dann als schicke und letztlich zahme intellektuelle ›Waren‹, die problemlos innerhalb der westlichen Wissenschaftscommunity zirkulieren können (Ahmad 1992: 91). Nach Ahmad reproduzieren postkoloniale Theoretiker/-innen, autorisiert und finan-

ziert durch den globalen Kapitalismus, innerhalb der akademischen
Sphäre die internationale Arbeitsteilung (ebd.: 79f.). In dieser Perspektive senden die Kulturproduzenten und -produzentinnen des
Südens ihr Rohmaterial über die mit Autorität ausgestatteten, ›indigenen‹ Informanten, die als Vermittler/-innen zwischen dem Westen
und seinem ›Rest‹ fungieren, in die Metropolen. Dort angekommen,
wird das Material in ein verfeinertes Konsumprodukt für die metropolitane Elite, die schließlich auch die primäre Zielgruppe darstellt, wei-
terverarbeitet. Ein geringer Teil davon wird sodann als ›Theorie‹ für
die bürgerlichen Eliten in den Süden re-exportiert. Nicht von ungefähr
erinnert das von Ahmad projizierte Bild an den durch Kolonialismus
ermöglichten ausbeuterischen internationalen Weltmarkt (vgl. auch
Moore-Gilbert 1998: 153). Die postkolonialen Theoretiker/-innen – die
im Norden verortet sind – werden von Ahmad damit direkt angeklagt,
die revolutionäre Energie postkolonialer Kulturen des Südens zu
vereinnahmen, für die sie angeblich vermitteln. In der Folge wird der
Fokus subversiver Handlungsmacht von den kolonialen/ postkolonialen Subjekten hin zu den Texten intellektueller Migranten und Migrantinnen im Westen verschoben (Slemon/Tiffin 1989: xviii).

Ahmad zufolge begünstigt postkoloniale Theorie insbesondere die
Arbeit – und die Karrieren – der migrantischen Intelligenzija im Norden, was zwangsläufig zu perspektivischen Schieflagen innerhalb der
postkolonialen Theorie selbst geführt habe. Er macht zudem darauf
aufmerksam, dass die Zelebrierung der Arbeiten von Migranten und
Migrantinnen in den Metropolen zuweilen unglückliche Vorurteilsbil-
dungen fördert. So gilt etwa Salman Rushdie den meisten postkolonial
Interessierten als begnadeter Schriftsteller, der in seinen Romanen
den Übermut des Westens zur Schau stellt und diesem damit auch
widersteht. Was bei einer solchen Einschätzung allerdings übersehen
wird – und nicht nur Ahmad hat darauf aufmerksam gemacht –, sind
seine das Werk durchziehenden feindseligen Repräsentationen von
Frauen und Minderheiten (Ahmad 1992: 142).[4] In dem mit *Salman
Rushdie's Shame: Postmodern Migrancy and the Representation of Women*
übertitelten Kapitel geht Ahmad deswegen mit Rushdie hart zu Gericht und zeigt überdies keine Sympathien für dessen »postmodernis-
tischen Kosmopolitismus« (*postmodernist cosmopolitanism*, ebd.: 158).
In diesem Zusammenhang sind auch Leela Gandhis (2001) Analysen
interessant, die dezidiert Rushdies ›postkoloniale Homophobie‹ aufzeigen.

Die Tendenz, die Produkte der auf Englisch schreibenden Intelligenzija in den kosmopolitischen Städten zu den zentralen Dokumenten des Südens zu erheben, hält Ahmad jedenfalls für eine durch und
durch schädigende Praxis (Ahmad 1992: 76). Im Verlaufe dieses Prozesses würden wichtige Aspekte der ›Dritte-Welt-Kulturen‹ schlichtweg ignoriert. Rushdie ist etwa der Mitherausgeber einer viel beachte-

ten Anthologie postkolonialer indischer Schriftsteller/-innen, in die nur ein einziger Autor einbezogen wurde, der im Original in einer indischen Sprache schreibt. In der Einleitung behauptet Rushdie, dass die Prosa – sowohl fiktionale als auch nicht-fiktionale –, die in der postkolonialen Periode von indischen Schriftstellern und Schriftstellerinnen in Englisch verfasst wurde, bedeutsamer sei als fast alles, was in den 16 offiziellen Sprachen Indiens – den so genannten *vernacular languages* – in der gleichen Zeit produziert wurde (Rushdie 1997: x). Indo-englische Literatur repräsentiert Rushdie zufolge den bisher wichtigsten Beitrag Indiens zur Weltliteratur, während er die gesamte *vernacular*-Literatur als provinziell abqualifiziert (ebd.: xv). Diese grotesken und anmaßenden Behauptungen übersehen in Gänze die Bandbreite indischer fiktionaler Werke und haben verständlicherweise zu wütenden Protesten von Seiten prominenter indischer Schriftsteller/-innen und Intellektuellen geführt. Ironischerweise klingt Rushdie hier ähnlich wie der koloniale Generalgouverneur Lord Macaulay, der deklariert hat, dass »ein einziges Regal guter europäischer Literatur mehr Wert ist als die gesamte Literatur Indien und Arabiens« (zit. in Gandhi 1998: 144). Schriftsteller wie Rushdie und andere postkoloniale Intellektuelle verortet Ahmad deswegen innerhalb der dominanten politischen Klasse ihrer jeweiligen Einwanderungsländer (Ahmad 1992: 12ff.).

Generell zeigt Ahmad sich misstrauisch gegenüber den migrantischen postkolonialen Intellektuellen und ihrer »Überbewertung der Nicht-Zugehörigkeit« (ebd.: 137) und bemerkt, dass die in den Texten dieser Intellektuellen auftauchenden Perspektiven nur der eigenen Selbstverwirklichung und professionellen Behauptung der »Mittelschichtsimmigranten und -immigrantinnen und ›ethnischen‹ Intellektuellen« dient (ebd.: 197). Überdies problematisiert er auch den Gebrauch der Begriffe »Exil« und »Diaspora«, in denen die Erfahrungen von Verlust und Leid durch die aus professionellen Gründen in den Metropolen des Westen lebenden Subjekte vereinnahmt werden, was zu einer problematischen Verquickung von Bedürfnis und Ehrgeiz führe (ebd.: 85ff.).

Ähnlich argumentiert Kwame Anthony Appiah, wenn er in seinem oft zitierten Essay *Is the ›Post‹ in Postmodernism the ›Post‹ in Postcolonialism?* (1996) feststellt, dass Postkolonialität die Bedingung einer »comprador Intelligenzija« (ebd.: 62) darstellt. Appiah kontrastiert hier postkoloniale Intellektuelle im Westen mit denen in Afrika lebenden. Erstere beschreibt er als eine relativ kleine Gruppe von im westlichen Stil trainierten Schriftstellern und Denkerinnen, die beim Handel mit kulturellen Waren (Theorie, Romane, Essays, Musik etc.) des Weltkapitalismus vermitteln (ebd.: 69). In eine ähnliche Richtung argumentiert Arif Dirlik, wenn er sagt, dass der Postkolonialismus nichts anderes als ein »Kind des Postmodernismus« (1994: 330) sei.

Seiner Ansicht nach kam es zum Postkolonialismus in dem Moment, in dem Intellektuelle des Südens in der ›Ersten Welt‹ ankamen (ebd.: 329). San Juan geht hier einen Schritt weiter und spricht davon, dass der »Aufstieg des postkolonialen Textualismus [...] ein Symptom des schwindenden Widerstands der ›Dritten Welt‹ in den Achtzigern« (San Juan 1996: 368) darstellt. Für ihn liegt das Problem der Postkolonialität eher darin begründet, dass nicht unterschieden wird zwischen »indigenem Informanten und ethnographischen Konstrukt, subalterner Mimikry und echtem historischem Träger aufständischer Praxis« (ebd.: 369).

Im Gegensatz dazu sieht Moore-Gilbert zwar die institutionelle Verortung postkolonialer Theorie in Komplizenschaft mit den dominanten Strukturen, glaubt jedoch, dass sich die postkolonialen Theoretiker/-innen mit dieser Tatsache zur Genüge selbstkritisch auseinander gesetzt haben (Moore-Gilbert 1998: 153). So fragt Said selber, ob es tatsächlich angemessen ist, oppositionelle Hinterfragungen von den westlichen Hochschulen aus zu artikulieren. Während sich Bhabha zu der Frage seiner institutionellen Eingebundenheit bisher nicht geäußert hat, thematisiert dagegen Spivak sehr wohl immerfort die Widersprüche, in denen ihr eigenes Arbeiten innerhalb einer Institution, die sie als mitverantwortlich für die Produktion neokolonialen Wissens beschreibt, gefangen sieht.

Die Unterschiede zwischen Spivak und Bhabha, die beide poststrukturalistische Theorien bevorzugen und beide Beispiele aus dem *British India* des 19. Jahrhunderts für ihre Analysen heranziehen, sind für Moore-Gilbert ein Beweis dafür, dass es durchaus unangemessen und gefährlich ist, postkoloniale Analysen zu homogenisieren. Es zeige sich vielmehr, dass selbst die, die ›abstrakte Theorien‹ präferieren, offenbar dennoch radikal unterschiedliche Agenden haben können. Diejenigen, die den Einfluss postkolonialer Theorie verwerfen, tendieren zu schnell zu einer Vereinheitlichung der bestehenden Heterogenität des Feldes. Aus diesen Gründen ist Ahmads marxistische Herangehensweise wiederum von unterschiedlicher Seite kritisiert worden. So wird angeführt, dass sein theoretischer Referenzpunkt schließlich der westliche Marxismus sei, den er großzügig von seiner Polemik verschone (Moore-Gilbert 1998: 156).[5] Ahmad kritisiert etwa Said dafür, einem Essentialismus und Determinismus gefrönt zu haben, der den gesamten westlichen kulturellen Kanon zu einem Archiv orientalistischer Deformation reduziere. Dem ungeachtet übersieht er allerdings, dass durch seine Favorisierung einer Althusser'schen Sichtweise, die westliche Hochschulen und Kulturen als ideologische Staatsapparate beschreibt, eine ganze Fülle postkolonialer Theoretiker/-innen zu mehr oder weniger willigen Agenten und Agentinnen westlicher Hegemonie reduziert werden. Womit er den Essentialismus und Determinismus, den er Said vorwirft, im Grunde selbst reproduziert (ebd.: 154ff.).

Die Favorisierung poststrukturalistischer Theorie innerhalb postkolonialer Studien und der damit einhergehende Ausschluss anderer theoretischer Herangehensweisen postkolonialer Kritik stellen ein weiteres Motiv anhaltender Kontroversen dar. Es ist, als existiere eine informelle Hierarchie postkolonialer Studien, bei der nur die wirklich zur Kenntnis genommen werden, die auf poststrukturalistischen Konzepten und Theorieelementen – seien sie in der Anwendung auch noch so eklektisch – aufbauen. Häufig vergessen wird bei diesem Einwand indes, dass es gerade die postkoloniale Theorie ist, die immer wieder den Anspruch einer ›hohen Theorie‹ problematisiert hat. So war es vor allem Said, der sich im Laufe seines Schaffens immer mehr von dieser distanziert hat, weil es ihr seiner Meinung nach nicht gelingt, (neo-)koloniale Geschichte und kulturelle Beziehungen zu adressieren. Auch Bhabha und Spivak greifen immer wieder europäische kritische Theorieansätze aus einer postkolonialen Perspektive an. Spivak warnt hingegen vor einer bloßen Verdammung europäischer Theorie, könnte dies doch sehr schnell in die Falle des Nativismus oder umgekehrten Ethnozentrismus führen. Auch die poststrukturalistische Dezentrierung europäisch kultureller Imperative und die Autorität des weißen, männlichen, bürgerlichen Subjektes, die letztlich der imperiale Diskurs mobilisiert hat, sollten nicht vergessen werden. Die Aversion gegen theoretische Herangehensweisen vermittele den Eindruck, als sei theoretisches Tun eine zweitrangige Aktivität, die in einer parasitären Beziehung zu den direkteren Formen des politischen Aktivismus stehe. Dies würde jedoch eine zu radikale und klare Distinktion zwischen intellektueller Arbeit und politischem Engagement etablieren, die so weder festzustellen noch anzustreben ist.

In ihrem Buch *The Empire Writes Back* (1989) stellen Bill Ashcroft, Gareth Griffiths und Helen Tiffins fest, dass postkoloniale Theorie primär aus der Unfähigkeit europäischer kritischer Diskurse heraus entstanden ist, adäquat mit den Komplexitäten und verschiedenen kulturellen Ursprüngen postkolonialer Werke umzugehen (ebd.: 11). Deswegen könne eine kulturelle Dekolonisierung nicht darauf verzichten, sich extensiv mit den Bedingungen auseinander zu setzen, die imperialistische Erkenntnismodi und Repräsentationen herausfordern. Der metropolitane Kanon müsse gegen den Strich gelesen werden, um daran die bisher ungesehenen Verbindungen mit der kolonialen Geschichte herauszuarbeiten.

Mit der Kritik an den hochtheoretischen Betrachtungen geht eine andere einher, die bereits genannt worden ist: die Kritik am kryptischen Schreibstil einiger Autoren und Autorinnen. Die manches Mal geheimnisvoll anmutende Sprache postkolonialer Theoretiker/-innen bestätigt dabei in bedenklicher Weise, dass sich die Zielgruppe in erster Linie aus der metropolitanen Elite zusammensetzt. Einschränkend muss gesagt werden, dass sich dieser Einwand ausschließlich an Bhabha und Spivak richtet; Said hat im Gegenteil dazu immer auf einen verständlichen Stil beharrt und diesen zu einer Sache der politischen Verantwortung erhoben (etwa Said 2002: 5). Neben den voraussetzungsvollen, abstrakt theoretischen Herangehensweisen wird auch kritisiert, dass die Kernkonzepte wie etwa »Dritter Raum« und – geradezu notorisch – »Subalternität« sehr widersprüchlich dargelegt werden, so dass sie eigentlich nicht wirklich griffig seien. Selbst wenn Spivak im Gegenzug die »Klarheitsfetischisten« kritisiert, ist der Widerspruch zwischen Anspruch und Realität gerade in ihrem Falle erstaunlich, beharrt sie doch darauf, dass die Intellektuellen in der Lage sein müssen, *zu* den Subalternen und nicht nur *von ihnen* zu sprechen.

›Dritte-Welt-Marxismus‹ kontra ›Erste-Welt-Postmodernismus‹?

Neben Ahmad haben auch andere Autoren und Autorinnen marxistischer Richtung Einsprüche gegen die postkoloniale Theorie erhoben. Die materialistische Kritik von Parry, San Juan, Dirlik und Eagleton hebt dabei immer wieder hervor, dass die postkoloniale Theorie die materiellen Formen kolonialer Unterdrückung und Widerstandsformen relativ unberücksichtigt lässt. In ihrer Essaysammlung *Postcolonial Studies. A Materialist Critique* (2004) problematisiert Parry dementsprechend einige Versionen postkolonialer Theorie, die ihrer Meinung nach die materiellen Kämpfe gegen den (Neo-)Kolonialismus domestiziert haben. Dies zeige sich etwa in Form einer bizarren Heroisierung der dekonstruktiven postkolonialen Kritikerin als »Freiheitskämpferin«, die mit ihren innovativen Lesestrategien Widerstand leistet gegen einen brutalen ökonomischen und militärischen Neokolonialismus. Das Risiko liegt auf der Hand: Wenn das semiotische Feld zum privilegierten Widerstandsmodus gerät, verlieren die physischen Existenzkämpfe, die tagtäglich im Süden gegen imperialistische Ausbeutung geführt werden, an Relevanz.

Dirlik führt aus, dass der von David Harvey (1989) und Frederic Jameson (1991) herausgearbeitete Zusammenhang zwischen Postmodernismus und Spätkapitalismus auf das Feld des Postkolonialismus erweitert werden muss. Anders gewendet: Wenn der Postmodernismus in Jamesons Worten die »kulturelle Logik« des Spätkapitalismus repräsentiert, so gilt auch für den Postkolonialismus, dass er in einem Verhältnis der Komplizenschaft mit spätkapitalistischen Strukturen steht. Der Versuch, die universalistischen Ambitionen westlicher

Erkenntnissysteme – und damit auch marxistische Argumentationen – anzugreifen, kann Dirlik zufolge nur in einer Stabilisierung einer »Erste-Welt-Fachsprache« mit gleichsam universalistisch epistemologischen Prätentionen münden (1994: 342). Dirlik variiert hier die Argumentation von Appiah, wonach Postkolonialität die Bedingung der Intelligenzija im globalen Kapitalismus darstellt (ebd.: 356). Seiner Meinung nach hat sich die postkoloniale Kritik nie wirklich ernsthaft mit der Frage auseinander gesetzt, wie Postkolonialität heute durch die Eingriffe des Kapitalismus geformt wird. Wenn die ökonomische Dimension der neuen Weltordnung allerdings ignoriert werde, so führe dies zu der Konstruktion einer Welt, die Dirlik als »formlos« (*shapeless*, ebd.) bezeichnet.

Die Rolle des Marxismus innerhalb postkolonialer Theorie bleibt allerdings eine widersprüchliche: Während Spivak die Wichtigkeit marxistischer Analysemethoden betont, zeigt sich Bhabha uninteressiert an materialistischen Analysen und erscheint Saids Herangehensweise wiederum ambivalent (vgl. Said 1993: 278). Der Marxismus ist zweifelsohne Teil eines westlichen humanistischen Erkenntnisprojekts, das in Folge mit universalistischen Erzählungen einherging. Obschon viele Mitglieder der antikolonialen Bewegungen dies durchaus erkannten, beharrt eine Mehrheit auch postkolonialer Theoretiker/-innen auf die Wichtigkeit marxistischer Erkenntnismodi.

Hall rät angesichts der Heftigkeit gegenseitiger Beschuldigungen, beide Standpunkte in Betracht zu ziehen, und macht sich stark für eine Fokussierung der theoretischen und politischen Überlappungen (Hall 2002: 241ff.). Weder habe der Marxismus an Erkenntnisstärke verloren, noch scheine es sinnvoll, poststrukturalistische Herangehensweisen vollständig zu verwerfen. Auch sollte keine der beiden Positionen homogenisiert werden. Die beispielsweise von Ahmad etablierte Unterteilung in ›Dritte-Welt-Marxismus‹ und ›Erste-Welt-Postmodernismus‹ findet Hall problematisch, weil diese suggeriere, dass Unterdrückung nur über konkrete materielle Formen vermittelt werden kann. Doch wie bereits Fanon herausgestellt hat, wird die Dekolonisierung nur dann erfolgreich sein, wenn die Sphäre der Kultur in den Prozess mit einbezogen wird, ist die Dekolonisation für ihn doch nicht nur ein »historischer Prozess«, sondern »ein Programm absoluter Umwälzung« (Fanon 1981 [1961]: 29). Es scheint nicht adäquat, das semiotische Feld kolonialer Beziehungen zu bagatellisieren, würde man damit doch ein weiteres Mal einer Simplifizierung komplexer kolonialer Beziehungen in die Hände spielen. Sowohl Said als auch Spivak haben immer wieder auf die Dringlichkeit des Zusammendenkens von theoretischer Auseinandersetzung und praktischen Kämpfen hingewiesen. Während für Said die entscheidende Rolle der Theorie innerhalb postkolonialer Analysen darin besteht, die

materiellen Realitäten der Kämpfe gegen die imperialistischen Ver-
mächtnisse sichtbar zu machen, ist es Spivak wichtig, das Theorie und
Praxis sich gegenseitig in die Krise bringen (Spivak 1990a: 44ff.).

Gyan Prakash wiederum schlägt eine andere, nicht weniger inte-
ressante Sichtweise vor: Ihm zufolge bezieht das Projekt der *South
Asian Subaltern Studies* seine Schlagkraft als postkoloniale Kritik aus
einer katachrestischen Kombination von Marxismus, Poststrukturalismus, Gramsci und Foucault, dem modernen Indien und dem Westen, archivalischen Untersuchungen und Textkritik (Prakash 1994:
1490). Wie auch Spivak geht Prakash dabei davon aus, dass die Ver-
knüpfung all dieser Analysemodi und Erkenntnisverortungen immer
wieder dazu führen muss, dass sich die unterschiedlichen Perspektiven gegenseitig hinterfragen, womit einer konstruktiven Transformation Vorschub geleistet werden kann. In Anlehnung an Rosalind
O'Hanlons und David Washbrooks (1992) Bild für die theoretische
Kombination von Marxismus und Poststrukturalismus als der Versuch, »zwei Pferde zur gleichen Zeit zu reiten«, fordert Prakash:
»Lasst uns unbeständig an zwei Pferden festhalten« (Prakash 1992b:
184). Florencia Mallon bemerkt ironisch – kritisch an die *Latin American Subaltern Studies Group* gerichtet –, dass es für die postkolonialen
Theoretiker/-innen anscheinend notwendig sei, »Kunstreiter/-innen«
zu werden, müssten diese doch in der Lage sein, »vier apokalyptische
Pferde« gleichzeitig zu reiten: Derrida, Foucault, Gramsci und Guha
(Mallon 1994: 1498). Auch Mallon glaubt nicht, dass es mithilfe semi-
otischer und poststrukturalistischer Methoden möglich ist, emanzipa-
torische Ziele zu verfolgen. Andere haben pointiert darauf aufmerksam gemacht, dass ein methodisches Reinheitsgebot letztlich nur auf
Kosten marginalisierter Erzählungen und Perspektiven eingehalten
werden kann.

DIE LEERSTELLEN: GESCHLECHT UND SEXUALITÄT

Eine wiederholte Kritik an postkolonialen Studien betrifft das häufige
Ausblenden der Geschlechterfrage und das Ignorieren der kolonialen,
präkolonialen und postkolonialen Heteronormativität sowohl in den
Kolonien als auch in den Metropolen. In ihrem Buch *Imperial Leather.
Race, Gender and Sexuality in the Colonial Contest* (1995) erläutert
McClintock, die als eine der profiliertesten Stimmen feministischer
postkolonialer Kritik zählt, dass die Erfahrungen mit Rassismus, Sexismus und Klassismus nicht einfach zu verschiedenen Bereichen
gezählt werden können, die quasi isoliert voneinander existieren. Es
sei unmöglich, diese diversen Perspektiven retrospektiv zusammenzubringen, die eigentlich in einer gegenseitigen – manchmal widersprüchlichen, manchmal konfliktiven – Beziehung zueinander existie-

ren (ebd.: 5). Gemäß dieser Vorstellung sind ›Rasse‹ und Geschlecht nicht einfach eine Frage von Hautfarbe und Sexualität, sondern eine von unterworfener Arbeit und imperialer Ausplünderung. Sie warnt davor, diese komplexen Felder auf identische Kategorien zu reduzieren und dabei ihren engen und reziproken Charakter aus den Augen zu verlieren. Beispielsweise führe es zu einer Vernachlässigung der Kategorien von Klasse, Geschlecht und Sexualität, wenn der Fokus ausschließlich auf Rassismus gelegt wird. Und selbst wenn anerkannt werde, dass es sich bei den direktesten Agenten des Empires um weiße europäische *Männer* handelt, seien die Geschlechts- und Sexualitätsdynamiken bisher nicht ausreichend behandelt worden.

Für McClintock kann Imperialismus ohne eine Theorie der Geschlechterregimes schwerlich verstanden werden (ebd.: 6), repräsentiere er doch seit seinem Entstehen ein gewalttätiges Zusammentreffen westlicher mit präkolonial existierenden Machthierarchien, die eine opportunistische Überlagerung der patriarchalen Machtregimes mit sich brachte. Beispielsweise waren kolonisierte Frauen zumeist bereits vor dem Einzug imperialer Herrschaft innerhalb ihrer indigenen Gesellschaften benachteiligt, was ihrer kolonialen sexuellen und ökonomischen Ausbeutung einen anderen Charakter gab, als dies für die Unterdrückung der Männer gelten kann (ebd.: 6).[6] Kolonisierte Frauen mussten sich nicht nur mit den Ungleichheiten in Bezug zu ihren ›eigenen‹ Männern auseinander setzen, sondern auch innerhalb der gewalttätigen Strukturen imperialer Herrschaftsverhältnisse positionieren – und zwar gegenüber den weißen europäischen Frauen *und* Männern (ebd.).

Ebenso hält McClintock die Homogenisierung der weißen kolonialen Frau für theoretisch unangemessen, da deren Rolle im imperialen Prozess immer ambivalent und darüber hinaus ausgesprochen different von der des weißen europäischen Mannes war (ebd.). Im Gegensatz zu dem essentialisierenden Mythos der allmächtigen kolonialen Frauen unterstreicht McClintock die Heterogenität der von diesen eingenommenen Rollen, die von der Offiziersgattin bis zur Hausangestellten und sexuellen Domestikin reichten. So ist etwa bekannt, dass weiße britische Frauen nach Indien ›exportiert‹ wurden, um dort dem Projekt der ›rassischen und sexuellen Reinheit‹ zu dienen und die britischen Soldaten vor unerwünschten sexuellen Kontakten mit indigenen Frauen zu ›bewahren‹ (Bhaskaran 2002: 16f.). Das bedeutet freilich nicht, dass weiße Frauen innerhalb des imperialen Prozesses nur unschuldige Zuschauerinnen waren, aber doch, dass sie sich in einer zweischneidigen Position von Komplizenschaft befanden (vgl. hierzu auch Mamozai 1989; Walgenbach 2004). Genderdynamiken erwiesen sich als fundamental wichtig, um die imperialen Herrschaftsverhältnisse zu sichern, weswegen postkoloniale Studien, die sich *nur* auf die Mechanismen des Rassismus konzentrieren, zwangsläufig verzerrte Vorstellungen des kolonialen Prozesses produzieren müssen. Die postkoloniale Kritikerin Sara Suleri stellt deswegen die provokante und trickreiche Frage, ob Gender vor ›Rasse‹ kommt oder *vice versa* (Suleri 1995: 273), und richtet damit das Augenmerk auf die diffizile Relation von ›Rasse‹ und Geschlecht (vgl. auch Trinh 1989).

Daneben zeigten sich antikoloniale männliche Nationalisten durchweg feindlich eingestellt gegenüber einer feministischen Bewegung, da diese ihrer Meinung nach die notwendigen nationalen Allianzen im Dekolonisierungsprozess zu irritieren drohte. Diese Missbilligung lässt sich auch innerhalb postkolonialer Studien nachweisen, wo die Thematisierung von Gender häufig als ein ›gefährliches‹ Ablenkungsmanöver von den eigentlich relevanten Kategorien ›Rasse‹ und Ethnizität verstanden wird. Westlicher Feminismus wurde von antikolonialen Nationalisten geradezu systematisch verteufelt, um die Grenzziehungen zwischen ›weißen‹ und ›indigenen‹ Frauen zu stabilisieren (vgl. Gandhi 1998: 96ff.), weswegen der koloniale Zusammenstoß ohne weiteres als ein Kampf zwischen konkurrierenden Männlichkeiten gelesen werden kann (ebd.: 98). Wie Jenny Sharpe herausstellt, wurde etwa im antikolonialen indisch-nationalistischen Diskurs die Vergewaltigung der englischen Frau als eine effektive Rache an britischen Männern angesehen (Sharpe 1993: 6). Sowohl der Imperialismus als auch der antikoloniale Nationalismus erweisen sich im Wesentlichen als heteronormative und gewalttätige sexistische Projekte, die ihre spezifischen Männlichkeitsvorstellungen durchsetzten, indem sie den jeweils *anderen* Mann als ›verweiblicht‹ und/oder homosexuell repräsentierten (vgl. Castro Varela/Dhawan 2005).[7]

Neben der groben Vernachlässigung der Geschlechterfrage, die feministische Kritiker/-innen sowohl bei Said als auch bei Bhabha aufzeigen konnten, ist es insbesondere Bhabha, der die Klassenfrage für scheinbar irrelevant hält. So beschreibt er die affektiven Ökonomien des Mimikry und der Ambivalenz so, als würden sie ungeachtet der diversen sozialen Positionierung für alle in gleicher Weise wirksam sein. Im Gegensatz dazu haben viele Untersuchungen des Kolonialismus demonstrieren können, dass die Klassenidentität des nichteuropäischen Subjekts von äußerster Bedeutsamkeit für die kolonialen Mächte war. Beispielsweise legt Spivak dar, dass die Fokussierung des Elite-Nationalismus als privilegierte Form des Widerstands gegen (neo-)kolonialistische Machenschaften Geschlechter- und Klassenkämpfe übersieht. Diese werden stattdessen in einer konfliktträchtigen Beziehung zu den dominanten Diskursen des Antikolonialismus gesehen.

Postkoloniale Kritik sieht sich in dem Dilemma, den bedeutsamen sozialen Differenzen gerecht zu werden, ohne die notwendige Solidarität im Prozess der Dekolonisierung zu untergraben. Dabei zeigt sich, dass solche Koalitionsformen immer gebrochen sind, denn die Ränder

können unmöglich nur als gegen ein unterdrückerisches Zentrum
gerichtet definiert werden (Gates 1992: 303). Im Widerstandsprozess
kommt es geradezu zwangsläufig zu Essentialisierungen und Reifizie-
rungen – wie auch die ehemaligen Ränder *nolens volens* als oppositionelle Zentren auftreten können. Henry Gates illustriert dies am Beispiel afroamerikanischer Frauen, die sich in ihrem Widerstand sowohl
gegen das afroamerikanische Patriarchat, den weißen Feminismus als
auch gegen das weiße Patriarchat richten und doch ungewollt in die
Kritik lesbischer afroamerikanischer Frauen gerieten, die sie des Hete-
rosexismus anklagten (ebd.). Es muss also konstatiert werden, dass die
postkoloniale Theorie ohne eine adäquate Beachtung der komplexen
und konfligierenden Überschneidungen von Klasse, Gender, Ethnizität und Sexualität essentialistische Identitätspolitiken zu reproduzieren droht. Allerdings hat gerade die feministische postkoloniale Theorie viel dazu beigetragen, solche komplexen Überschneidungen zu
denken.

Dennoch finden sich interessanterweise kaum Analysen, in denen
postkoloniale Studien und *Disability Studies* zum Einsatz kommen
(eine der wenigen Ausnahme ist Quayson 2002), wobei eine solche
Fokussierung verspricht, in Anbetracht der rassistischen Bio- und
Körperpolitiken, die kaum durch die antikolonialen Kämpfe berührt
wurden, eine wichtige Perspektiverweiterung zu bieten.

Grenzen von Allianzpolitiken

Die Frage nach der Rolle der Identitätspolitiken hat innerhalb postkolonialer Theorie immer wieder zu Disputen geführt. So behauptet
etwa Ahmad, dass Saids Texte ihren Status der »sentimentalsten und
extremsten Form eines Dritte-Welt-Nationalismus« (1992: 198) und
essentialistischen Identitätskonzeptionen zu verdanken haben.
Gleichzeitig haben Said und andere postkoloniale Theoretiker/-innen
nicht gerade wenig Kritik dafür geerntet, dass sie die Bedeutung des
Nationalismus für die legitimen antikolonialen Widerstandsbewegungen unterschätzt haben. Sowohl Parry als auch Lazarus halten etwa die
nationalistischen Bewegungen gegen die imperialen Herrschaften und
das daraus folgende nationale Bewusstsein für Prozesse der Dekolonisierung als unabwendbar und zeigen deshalb auch kein Verständnis
für eine Missachtung derselben (vgl. Parry 2004; Lazarus 1994).

Auch wenn Said zugibt, dass es für unterdrückte Gruppen erforderlich ist, sich identitätspolitisch zu organisieren, hält er dieser Form
von Widerstand entgegen, dass sie immer essentialistisch sei und
damit ungewollt zu einer nicht wünschenswerten Reifizierung von
Differenzen führt. Eine identitätspolitische Denkweise bezeichnet er
als nur reaktiv und führt dementsprechend aus, dass diese im Grunde

neokoloniale Diskurse stabilisieren würden (Said 2002: 3). Bhabha beharrt auf einen unübersetzbaren Anteil kultureller Identität und besteht auf der Respektierung kultureller Differenzen, um dann trotzdem die Epistemologien und Politiken eines kulturellen Nationalismus zu hinterfragen. Und Spivak fordert ununterbrochen die Beachtung des Klassen- und Genderaspektes und warnt dennoch vor einer vorschnellen Übernahme von Kategorien wie etwa der Subalternen in die dominanten Klassenformationen und Konzeptionen von sozialer Identität.

Die Betonung pluraler Identitätsformationen als Widerstandsstrategie gegen die Universalität des weißen, westlichen Mittelschichtsmanns bringt ebenso eine Reihe von Problemen mit sich. So hat Young, Saids Modell multipler Identitäten vehement in Frage gestellt, da Said an dieser Stelle in einen sentimentalen Humanismus abrutsche (Young 2004: 170f.). Ebenso kann das Konzept der Hybridität nur durch die Annahme, dass es etwas ›Nicht-hybrides‹ gibt, konzeptuelle Kraft entwickeln. Dies jedoch führt unweigerlich zu einer Homogenisierung der Metropolen mit nicht zu unterschätzenden theoretischen, aber auch politischen Folgen. Das Zentrum ist aber – insofern etwa die Kategorien Klasse, Gender oder auch Ethnizität mitgedacht werden – ebenso heterogen und instabil wie die Peripherien. Damit einher geht eine durchaus positiv zu beurteilende Pluralisierung von Netzwerken und Allianzen, die es mit sich bringt, dass einige Gruppen gleichzeitig dem Zentrum und der Peripherie angehören.[8] Die nationale Bourgeoisie, die als das hybrideste Segment der Kolonisierten beschrieben wird, war es, der zu Beginn der neokolonialen Ära die Kontrolle über die neuen Ausplünderungsformen übertragen wurde. Sie steht mithin als warnendes Beispiel dafür, wie schnell hybride Kulturen ebenso unterdrückerisch werden können wie angeblich monokulturelle. Moore-Gilbert weist auch darauf hin, dass Dirlik zu Recht angemahnt hat, dass eine der enthusiastischsten Anwälte von Hybridität letztlich multinationale Konzerne sind (vgl. Moore-Gilbert 1998: 194).

Durch die einseitige und enge Hybriditätsperspektive kommt es zu fatalen Verkennung von separatistischen Tendenzen des Nicht-Westens, die paradoxerweise den Prozess der Globalisierung begleiten – etwa Gruppen, die einen ›umgekehrten Ethnozentrismus‹ propagieren und Politiken des kulturellen Nationalismus verfolgen. Für marxistische Denker wie Ahmad sollten solche Formen nationalistischer Bewegungen nie die bevorzugte Widerstandsform darstellen (1992: 8). Viel eher sehen diese in der Erneuerung der Klassenkategorie ein Ziel, das den kulturellen Problematiken der jetzigen neokolonialen Periode besser zu begegnen in der Lage ist. Freilich muss hier eingewendet werden, dass die simple Wiederbelebung der alten Klassenkategorie ebenso schnell unter Verdacht gerät, andere Formen von Diskriminirung zu exkludieren.[9] Die Sprache der Allianzpolitiken ist in Spivaks Augen nur attraktiv für Mitglieder dominanter sozialer Gruppen – sowohl im Norden als auch im Süden –, die sich an globalen Widerstandsbündnissen interessiert zeigen (Spivak 1999a: 276f.). Für Spivak bleiben diese jedoch unweigerlich in eine kapitalistische Logik verstrickt. Die drängende Frage nach Bündnispolitiken, so muss mithin resümiert werden, bleibt weiterhin ein trick- und debattenreiches Thema.

Was ist wirklich neu an postkolonialer Theorie?

Ahmad und andere bedauern, dass die postkoloniale Theorie nicht wirklich anerkenne, wie viel sie den kritischen nicht-westlichen Traditionen schuldet, wird mit einer solchen Ignoranz doch erneut die Auffassung stabilisiert, dass nur Europa wertvolle Methodologien und Theorien herstellen könne. Das Trugbild, welches sich dabei formiert, präsentiert postkoloniale Theorie als eine Richtung, die mit Said beginnt, der selbständig ein neues akademisches Untersuchungsfeld eröffnet (Williams/Chrisman 1993a: 5). Dabei reicht schon eine recht oberflächliche Kenntnis der Geschichte antikolonialer Diskurse, um festzustellen, dass bereits lange vor Said koloniale Repräsentationssysteme und kulturelle Beschreibungen analysiert und kritisch herausgefordert wurden. Vielen Kritikern und Kritikerinnen aus dem Süden zufolge hat Said unter Hinzuziehung zeitgenössischer europäischer Kulturtheorien eine methodologische Variation längst schon vorhandener Analysen vorgelegt.

So gilt etwa Césaires *Discourse on Colonialism*, welches bereits 1955 erschienen ist, als eines der frühesten Beispiele postkolonialer Kritik und stellt einen mindestens genauso signifikanten Angriff gegen den Versuch dar, das westlich Partikulare universell zu konstruieren. Er antizipiert damit nicht nur Saids *Orientalism*, sondern auch einige Bhabha'sche Argumente – in allerdings wesentlich radikalerer Form. Hinzukommt das Césaire seine Texte zu einer Zeit verfasst hat, in welcher der formale koloniale Imperialismus noch ein faktischer war. Es ist spannend zu sehen, wie viele der taktischen Prozeduren und auch Konzeptmetaphern der postkolonialen Theorie in den Schriften früherer Kritiker/-innen wiedergefunden werden können. Selbst Spivaks Konzept des strategischen Essentialismus, das zu solch erbitterten Debatten geführt hat, ist bereits in Fanons Verteidigung der *Négritude* vorgedacht, argumentiert er hier doch, dass die Konstruktion der essentialistischen Form einer »nativen Identität« insoweit legitim ist, als dass diese für das Herauskämpfen aus der durch die kolonialen Regimes aufoktroyierten Assimilation hin zu einer dekolonisierten nationalen Kultur notwendig sei (Fanon 1981: 177ff.).

Young argumentiert allerdings, dass die Neuheit postkolonialer Arbeiten in erster Linie in ihrer Beschäftigung mit Diskursformationen sowie in der Bearbeitung aktueller Formen von Rassismus zu suchen sei (1995: 163). Sowohl die Behauptung, dass die postkoloniale Theorie radikal neu sei als auch die Feststellung, dass diese vollkommen substanzlos ist – wie dies etwa Dirlik (1994: 352) behauptet –, erscheint uns weitestgehend irreführend. Allerdings hat diese Debatte im Kontext postkolonialer Theorie durchaus eine besondere Bedeutsamkeit, geht es hier doch nicht nur um wissenschaftliche Redlichkeit, sondern um einen verantwortungsvollen Umgang mit Erzählungen, die innerhalb des imperialen Westens oft genug unsichtbar gemacht wurden. Geschieht dies durch diejenigen, die oft als theoretische und auch politische Vertreter/-innen der zum Schweigen gebrachten ›Massen‹ beschrieben werden, so ist dies deswegen fatal, weil es den imperialen Prozess auf unheilsame Weise nicht nur stabilisiert, sondern vor allem auch legitimiert.

INTERESSENKONFLIKTE: MIGRANTISCHER AKTIVISMUS VERSUS INTERNATIONALE ARBEITSTEILUNG

Zum Schluss wollen wir noch eine Frage adressieren, die die Rezeption postkolonialer Theorie – sowohl im deutschsprachigen als auch anglophonen Kontext – betrifft. Es geht erneut darum, die Risiken einer unhinterfragten Zelebrierung postkolonialer Theorie und ihrer differenten Konzepte vor allem für diejenigen, die nicht ›direkt‹ davon profitieren können, aufzuzeigen. Im Folgendem beleuchten wir deswegen die heikle Beziehung der postkolonialen Theorie zur Frage der internationalen Arbeitsteilung und Migration. Hierfür gehen wir auf die ›interne‹ Kritik am metropolitanen Postkolonialismus (Spivak 1999a: xii), die von denjenigen hervorgebracht wird, die als dessen Hauptrepräsentanten gelten, ein. Insbesondere Spivaks Einwände gegen Bhabhas Theorien ist hier bedeutsam. Wenn Spivak auch bisher keine erschöpfende Kritik an Bhabha formuliert hat, so problematisiert sie doch kontinuierlich Konzepte wie ›Mimikry‹, ›Hybridität‹ und ›Dritter Raum‹. Eine Reduktion postkolonialer Politiken auf die Zelebrierung eines »Migranten Hybridismus« (*migrant hybridism*) in der ›Ersten Welt‹ à la Bhabha lehnt Spivak strikt ab (ebd.: xii, 65, 164, 168f., 358). Das macht ein weiteres Mal deutlich, dass es nicht möglich ist, von einer uniformen postkolonialen Theorie oder Politik zu sprechen, unterscheiden sich doch Spivaks Ziele und Interessen deutlich von denen Bhabhas – trotz der Überlappungen und Affinitäten. Spivak bemerkt zwar in aller Bestimmtheit, dass sie migrantischen Aktivismus im Norden für wichtig und unterstützungswürdig hält (ebd.: 382), doch warnt sie gleichzeitig vor der Gefahr, dass dieser die

brisante politische Frage der internationalen Arbeitsteilung in den
Schatten stellt. Wir haben es hier gewissermaßen mit einem Interes-
senkonflikt zu tun, denn nur allzu leicht nimmt der postkoloniale
Migrant/die postkoloniale Migrantin für die metropolitane Zuhörerschaft die Position der ländlichen und indigenen Subalternen ein (vgl.
ebd.: 6, 18, 169, 256, 360). Im Nachfolgenden werden wir kurz die
Spivak'schen Einsprüche entfalten und die Bedeutung dieser Kritik für
den deutschsprachigen Raum ausloten.

Unzählig sind die Analysen über die Rolle deutschsprachiger Länder innerhalb des europäischen Imperialismus. Sie handeln von
Deutschlands Kolonien im afrikanischen Kontinent, dem inner-euro-
päischen österreichischen Kolonialismus oder auch von der angenommenen und so oft proklamierten Schweizer Neutralität und damit
einhergehend der Freiheit von der Bürde der Geschichte des Kolonialismus. Die oft gestellte Frage, ob postkoloniale Studien von Relevanz
für den deutschsprachigen Kontext sind, erscheint uns redundant,
ignoriert sie doch den Hauptfokus postkolonialer Theorie, der auf
neokolonialistische Strukturen und den ungehemmten internationalen Kapitalismus gerichtet ist. Um dieses Argument zu erhärten,
greifen wir auf Spivaks Darlegung zu den »neuen Subalternen« zurück. Spivak beschreibt die indigenen Subalternen hier als diejenigen,
deren Körper und Wissen immer mehr zur Zielscheibe kapitalistischer Strategien – etwa TRIP (*trade-related intellectual property*) – mul-
tinationaler Unternehmen geraten (Spivak 2002a: 319). Die Idee des
»handelbaren intellektuellen Eigentums« wurde dabei zur Basis einer
erweiterten Ausbeutung und Biopiraterie, die für indigene Subalterne
zur existentiellen Bedrohung geworden ist. Das bedeutet, dass die
verschlungene Beziehung zwischen Kapitalismus und Kolonialismus
in Gestalt transnationaler Unternehmen und deren Versuch, die arme
Landbevölkerung der Welt unter die Herrschaft des Finanzkapitals zu
bringen, weiter besteht (ebd.: 322). Der Neokolonialismus präsentiere
sich, so Spivak pointiert, erneut als segensreiches »Entwicklungspro-
jekt«, führe die anhaltende »Zivilisationsmission« weiter fort.

Shalini Randeria schreibt hierzu: »Aus der Perspektive der Mehr-
zahl postkolonialer Gesellschaft erscheint die Globalisierung [...] als
Versuch, sowohl die Gegenwart zu rekolonialisieren als auch die Zu-
kunft zu kolonialisieren« (2000: 18). Dabei geraten die ärmsten Frau-
en des Südens über Subkontrakte und der damit verbundenen Schul-
denfalle in eine Position maximaler Ausbeutung. Selbst die oft gelob-
ten Mikrokredite für Frauen erweisen sich als grausame Köder, um
die indigenen Subalternen in kapitalistische Strukturen einzubinden.
So sind etwa die schlimmsten Opfer im Spiel der multinationalen
pharmazeutischen Konzerne im Namen der Bevölkerungskontrolle
wieder einmal die Körper der Frauen im Süden (Spivak 1995c: 194).
Die Rolle transnationaler Konzerne und der Europäischen Union bei

dieser neuen Form von Ökokolonialismus und Überausbeutung ist dabei längst kein Geheimnis mehr (vgl. Randeria 2000; Shiva 2001). Insofern ist es u.E. auch nicht notwendig, lange nach umständlichen Erklärungen zur Sicherung der Legitimität postkolonialer Studien im deutschsprachigen Raum zu suchen, wenngleich der konkrete Fokus und die Zielrichtung derselben weiterhin debattiert werden sollten.

Wie wir im ersten Kapitel dargelegt haben, sind vieler der Probleme, welche den *Commonwealth Literary Studies* anhafteten, auf die postkolonialen Studien übergegangen. In ähnlicher Weise sind nun bei der Übersetzung der anglophonen postkolonialen Studien in den deutschsprachigen Raum ein Großteil der Probleme mit übertragen worden. Bedauerlicherweise ist dabei gleichsam die spannendste Seite – die kritische Debatte nämlich – bisher kaum rezipiert worden. Einer der Probleme, die vom anglophonen in den deutschsprachigen Kontext übergesprungen ist, betrifft das Verhältnis zwischen migrantischen Aktivismus und postkolonialer Kritik. Die koloniale Kontinuität der Migrationspolitiken im europäischen Kontext oder auch die migrantische Erfahrung mit strukturellem Rassismus und Alltagsrassismus, der ökonomischen Ausbeutung und Diskriminierungen in den Bildungsinstitutionen und auf dem Arbeitsmarkt ist nicht in Frage zu stellen. Es sind insbesondere Bhabhas spätere Arbeiten, die den Fokus von der kolonialen Diskursanalyse hin zu der konkreten Situation postkolonialer Migranten und Migrantinnen in den Metropolen und ihre gewaltvollen Diskriminierungserfahrungen verschoben haben. Analog argumentiert Said, dass der ideologische und kulturelle Krieg gegen Imperialismus, in Form von Opposition und Dissens, von den ehemaligen Kolonien in die Metropolen übergesprungen ist (Said 1993: 276). Die Verbindung von postkolonialer Theorie und Migrationsstudien ist also pointiert signifikant. Doch es ist vor allem Spivak die vor einer Reduktion postkolonialer Kritik auf migrantischen Aktivismus warnt. Dabei bemerkt sie energisch, dass der metropolitane Postkolonialismus manches Mal mit der globalen Gerechtigkeit in Konflikt gerät (Spivak 1999a: 279). Aus der Position einer postkolonialen Migrantin fokussiert sie damit auf instruktive Weise die Grenzen und Leerstellen ihrer eigenen Politik (ebd.: xii).

Im deutschsprachigen Diskurs – nicht viel anders wie im anglophonen – ist die Popularität der ›Migrantin-als-Subalterne‹ oder ›Hybride‹ geradezu symptomatisch für die Gefahren, vor denen Spivak warnt. Das erste Konzept ist dabei besonders paradox, weil Spivaks Verständnis folgend der Raum der Subalternen gerade als abgeschnitten von jeglichen Möglichkeiten zur Mobilität – vertikal und horizontal (1996a: 288f.) – charakterisiert ist. Erst durch diese Mobilitätsrestriktion werden klassen- und geschlechtsspezifische koloniale Subjekte produziert (2002a: 319). Wiederholt spricht Spivak davon, dass es die Nichtberücksichtigung der epistemischen Gewalt des Imperialismus ist, die dazu führt, dass die aktuelle internationale Arbeitsteilung mit der Situation der ›Gastarbeiter/-innen‹ oder der Menschen aus der ›Dritten Welt‹ innerhalb der ›Erste-Welt-Arenen‹ versinnbildlicht wird, was ihrer Meinung nach nur wenig mit dem umfassenderen Problem zu tun hat (1990a: 14). Aus diesen Gründen betont sie immer wieder die Überausbeutung der subalternen Frau im Süden und unterstreicht, dass die Subalternität nicht konfundiert werden sollte mit unorganisierter Arbeitskraft, Frauen im Allgemeinen, Proletarier/-innen, Kolonisierten, Migranten und Migrantinnen oder Flüchtlingen. Die Vermengung dieser Subjektpositionen mit dem Begriff der Subalternität sei nicht gewinnbringend (1995a: 115). Nun ist Spivak zu Recht mehrfach für ihre mehrdeutige Verwendung des Konzepts »Subalterne« kritisiert worden. Der Ambiguität steht allerdings die Klarheit dessen gegenüber, wer für sie *nicht* Subalterne ist: Unmissverständlich betont Spivak, dass *nicht* jedes postkoloniale Subjekt und auch *nicht* jedes Mitglied einer ethnischen Minderheit sogleich eine Subalterne bzw. ein Subalterner ist (1999a: 310).

Spivaks Konzept der »Subalternen« wird von vielen postkolonialen Theoretiker/-innen opportunerweise in der Proklamation der ›Migrantin-als-Subalterne‹ verwendet (vgl. Dhawan 2005). Allerdings wird ihre beständige Warnung vor einer Ineinssetzung der Position der Subalternen mit der anderer postkolonialer Subjekte der deutschsprachigen Rezeption postkolonialer Theorie fast durchweg in politisch unverantwortlicher Weise ignoriert (vgl. ebd.). In einer riskanten Bewegung werden damit nicht nur Migranten und Migrantinnen und andere Minderheiten in der ›Ersten Welt‹ subalternisiert, sondern auch die repräsentierenden intellektuellen Minorisierten zu »Ex-Subalternen« deklariert. Ein solches Manöver, bei dem die organische Intellektuelle à la Gramsci mit der Subalternen verschweißt wird, erweist sich als bestenfalls problematisch (Spivak 1996a: 292). Die dabei entstehende – quasi changierende – Position beherbergt zuweilen die »zum Schweigen gebrachten« Subalternen, um beizeiten Platz zu machen für die diese repräsentierende Intellektuelle. Wie aber ist es möglich, beides in Gleichzeitigkeit zu sein: Subalterne *und* sich selbst und andere repräsentierende Intellektuelle? Überdies wird verkannt, dass der Begriff der »Subalternen« in keiner Weise eine Form der Selbstrepräsentation darstellt. Die nicht alphabetisierten, unorganisierten, weiblichen Arbeitskräfte im Süden sprechen von sich selbst kaum als »Wir – die Subalternen!« Vielmehr ist der Spivak'sche Begriff der Subalternen einer, der auf eine Heterogenisierung (post-)kolonisierter Räume zielt. Diejenigen, die subalterne Räume mit einer marginalisierten Perspektive im Allgemeinen gleichsetzen, riskieren, der Spezifität des Konzeptes die Kraft zu entziehen (Spivak 1996a: 290).

Slavoj Žižek (2004) hat in einem anderen Zusammenhang treffend formuliert: »Einen armen Bauern [...] mit demselben Begriff zu belegen wie den Angehörigen der ›symbolischen Klasse‹ (Akademiker, Journalist, Künstler, Kunstmanager), der ständig zwischen Kulturhauptstädten hin- und herreist, läuft auf dieselbe Obszönität hinaus wie die Gleichsetzung von Hungersnot und Schlankheitsdiät«. Die schlichte Zusammenlegung einer Diaspora-Elite mit den immer noch *Anderen*, die nicht von den Bühnen der ›Ersten Welt‹ aus sprechen können, ist Spivak zufolge ein Resultat der Vereinnahmung der Perspektiven der ›Dritten Welt‹ zum Wohle der ›Ersten‹.

Die postkoloniale Theoretikerin Rey Chow versteht den Fokuswechsel von den materiellen Kontexten und Kämpfen der ärmsten Frauen im Süden hin zu den intellektuellen Migranten und Migrantinnen in der ›Ersten Welt‹ als eine Veruntreuung, werden doch die Begriffe für Unterdrückung um ihren kritischen und oppositionellen Beitrag gebracht (Chow 1993: 13). Eine der schwerwiegendsten Folgen einer solchen »Selbstsubalternisierung« (*self-subalternization*) der Intellektuellen bedeutet nach Chow das erneute – diesmal doppelt legitimierte – Zum-Schweigen-Bringen der Entrechteten und Entmächtigten (ebd.). Weder Chow noch Spivak geht es dabei um eine Opfer-Hierarchisierung postkolonialer Subjekte, sondern viel eher darum, vor einem politischen Opportunismus der Selbstsubalternisierung zu warnen. In ihrem Essay *Achtung: Postkolonialismus!* (1997) spricht Spivak beispielsweise über ihre Erfahrungen auf einer Postkolonialismuskonferenz in Deutschland, wo die indisch-deutschen Frauen im Publikum sie, nach eigenen Worten, angriffen, weil »die Botschaft [ihres] Vortrags nicht ›liebe mich, liebe mich, ich bin eine indische Hybride‹ war« (ebd.: 120). Spivak warnt, dass sollte ein solcherart akademischer Narzissmus als Postkolonialismus validiert werden, die Gefahr darin bestünde, dass das Politische nur auf das Persönliche reduziert werde. Dies würde, so Spivak, eine fragliche Inversion des feministischen »Das Private ist politisch« bedeuten (1993a: 4). Es ist hier wichtig zu betonen, dass die Subalternisierung der Migranten und Migrantinnen auch Vorteile für die so genannte Dominanzkultur mit sich bringt, macht die Übernahme der Position der Subalternen durch die Migranten und Migrantinnen diese doch zu bequemen »Ersatz-Subalternen« (*token subaltern*, Spivak 1996a: 292), deren Agenda im Grunde bei der Verdrängung der Forderungen und Anklagen der ›Dritten Welt‹ behilflich ist. Der liberale Teil der Dominanzkultur kann dann in Kontakt treten mit den »sprechenden Subalternen« (*speaking subaltern*, ebd.) und mit ihren Dialogversuchen ein weiteres Mal ihr »Wohlwollen« unter Beweis stellen.[10] Die Selbstimmunisierung gegen Kritik der postkolonialen Intellektuellen ist mithin Bestandteil einer Figuration, die Vorteile für beide, die postkolonialen Migranten und Migrantinnen *und* die Dominanzkultur, bringt. Spivak warnt deswegen zu Recht vor der Verführung, den Raum der Subalternen zu besetzen, denn wird die postkoloniale Intellektuelle erst einmal als »Ersatz-Opfer« wahrgenommen, so wird auch sie zum Schweigen gebracht. Die Vertreter/-innen der ›liberalen‹ Dominanzkultur können über eine ›Solidarität‹ mit den *token subaltern* dagegen ihre Radikalität zur Schau stellen und abermals ihr Gewissen retten (1990a: 61).

In seinem wichtigen Buch *Subalternity and Representation* (2004) argumentiert John Beverley von der *Latin American Subaltern Studies Group*, dass es notwendig ist, die postkolonialen Intellektuellen als Protagonisten und Protagonistinnen der Dekolonisierung zu verabschieden. Darüber hinaus plädiert auch er gegen ein Lesen der antikolonialen Intellektuellen als Subalterne (ebd.: 42). Er zeigt auf, dass letztlich die bloße Wendung hin zu einem ›Studium‹ der Subalternen mitverantwortlich zeichnet für die soziale Konstruktion der Subalternität (ebd.: 30). In einem selbstkritischen Zug legt Beverly – ähnlich wie Spivak – das Paradox frei, dass die Wissensproduktion der postkolonialen Intellektuellen koloniale und postkoloniale Subalternitäten reproduziert (ebd.: 34).

Die verzwickte Beziehung der Intellektuellen mit den Subalternen hat Spivak auch in der bekannten Frage, ob die Dominanten fähig seien, den Subalternen zuzuhören, thematisiert. Interessanterweise behauptet sie allerdings, dass die Subalternen nur über die Stimme der Elite gehört werden können (1988: 203). An dieser Stelle scheint es instruktiv, erneut auf Parrys scharfe Kritik hinzuweisen, die Spivak vorwirft, willentlich ›taub‹ gegenüber den indigenen Stimmen zu sein, wo sie eigentlich hörbar sind (Parry 2004: 23). Diese Kritik führt wieder zurück zu Foucaults Warnung, dass die Intellektuellen – und zwar alle – immer einen Teil der Machtstrukturen besetzen, die das Sprechen der ›Massen‹ blockieren (Foucault 1977: 207f.).

Wie bereits ausgeführt, zeigt sich Spivak durchaus selbstkritisch gegenüber ihre Aussage, dass die Subalterne nicht sprechen kann und beurteilt diese heute aus der Distanz als »nicht ratsame Bemerkung« (*inadvisable remark*, 1999a: 308). Ihre leidenschaftliche Aussage am Ende ihres Essays, dass die Subalterne nicht sprechen könne, erklärt sie später mit ihrer eigenen Verzweiflung, die sich einstellte, als sie erfuhr, dass Bhubaneswaris Versuch zu sprechen innerhalb ihrer Familie (vgl. Kap. III, S. 75) mehr als 50 Jahre unmöglich gemacht worden war. Nicht mit den kolonialen Autoritäten geht Spivak hier zu Gericht, sondern sie deutet auf ein Schweigen, welches von den emanzipierten Großgroßnichten Bhubaneswaris hergestellt wurde (Spivak 1999a: 309). Bhubaneswari kämpfte für die nationale Befreiung Indiens – eine ihrer Großgroßnichten dagegen ist, so bemerkt Spivak bitter, eine gefeierte Migrantin, die innerhalb eines transnationalen US-amerikanischen Konzerns Karriere macht (ebd.: 311). Aus diesem Grunde insistiert Spivak, dass es von immenser Bedeutung ist, dass die *eigene* Verstrickung am Zum-Schweigen-Bringen der Subalternen anerkannt und thematisiert wird. Anstatt Postkolonialität zu zelebrieren, erscheint es jedenfalls viel dringlicher, die »gestattete Ignoranz« (*sanctioned ignorance*) nicht nur der Dominanzkultur, sondern auch der postkolonialen Intellektuellen zur Zielscheibe zu machen und damit den eigenen Anteil für das Nicht-Gelingen der Dekolonisierung zu analysieren.

Expliziter als Spivak warnt kaum jemand vor den unhinterfragten Privilegien (postkolonialer) Migranten und Migrantinnen, die ihren Worten zufolge zu einer Verschiebung der Subalternen in die Vergessenheit führen können (ebd.: 18). Die Subalternen sind dabei nach Spivak *nicht* Teil eines uniform organisierten Widerstandes, der ihrer Meinung nach immer *nolens volens* auf einer kapitalistischen Logik aufbaut (ebd.: 243). Sie unterstreicht, dass – *post*kolonialistisch gesehen – die Beziehung zwischen »dem ›gebildeten Westafrikaner‹ – dem schwarzen Europäer – und dem ›Primitiven‹ in Form einer Klassenapartheid fortgeführt wurde« (2004: 98). Die meisten Analysen scheuen sich dagegen davor, den aktuellen Nationalismus in postkolonialen Räumen im Kontext einer erstarkenden bürgerlich-konservativen Diaspora der Immigranten und Immigrantinnen zu sehen. Beispielsweise ist bekannt, dass rechte Hindu-Organisationen in Indien mit großen Geldsummen von Immigrantengruppen unterstützt werden (Gopinath 2002: 158). Dies bedeutet, dass ein Teil der indischen Diaspora die Politik in ihrem Herkunftsland durch Kapitalzuwendungen lenkt, obschon sie selbst weit genug entfernt vom »aktuellen Theater der Dekolonisierung« (Spivak 1999a: 287) lebt. Spivak zeigt keinerlei Sympathie für diese postkolonialen Subjekte und geht gar so weit, den indischen »Mainstreameinwanderer« als »DISPO (*dollar-income-private-sector-operator*)« zu bezeichnen, der nichts anderes als Mitglied einer Gemeinschaft des mikroelektronischen Kapitalismus sei (2002b: 60). Diese Gruppe indischer Migranten und Migrantinnen beschwöre, so Spivak, online einen Hindu-Nationalismus, lebe in den Metropolen und rekodiere Klassenmobilität in Form von Mimikry und Maskerade als Widerstand, Destabilisierung und Intervention (ebd.). Eine solch starke Beschreibung lässt freilich die Frage nach der Möglichkeit »subalterner Räume« in den Metropolen aufkommen. Spivak verdeutlicht in ihren Bemerkungen zu den »neuen Subalternen«, dass diese mit dem langsamen Zusammenbruch der Wohlfahrtsstaaten am ehesten von den metropolitanen Obdachlosen (2002a: 323) und undokumentierten Migranten und Migrantinnen besetzt werden (1995c: 189).

Nun geht es weniger darum, die ›wahren‹, ›authentischen‹ Subalternen zu lokalisieren oder gar einen Nord-Süd-Dualismus zu reifizieren, sondern stattdessen um die Betonung von Spivaks Position, dass ein »Hybridismus« der Migrantinnen letztlich in Konflikt steht mit den Interessen der ärmsten Frauen im Süden – ja, diesen, wie bereits betont, im Grunde schadet (1999a: 169). Anders gewendet: Der im Norden lokalisierte und organisierte Widerstand von Migranten und Migrantinnen richtet sich nicht *zwangsläufig* gegen globale soziale Ungerechtigkeiten (ebd.: 279). Spivak zufolge stellt eine migrantische Selbstrepräsentation als *per se* Marginalisierte des Nordens eine Aberkenntnis des dominanten Status *vis-à-vis* dem Süden dar (1995c: 180). Gelegentlich befinden sich Migranten und Migrantinnen auch auf der Ausbeutungsseite der internationalen Arbeitsteilung und solange keine Verantwortung hierfür übernommen wird, bleiben, so Spivak, ›privilegierte‹ Migranten und Migrantinnen Teil des Problems (ebd.: 183). Es ist kaum möglich, in allen Punkten mit Spivak übereinzustimmen, aber wenn schon ihre elaborierten Konzepte und Theorien genutzt werden, dann sollten doch zumindest die Fallstricke, die Spivak offen legt, *auch* ernst genommen werden. Eine solche Analyse lesen wir nicht als eine Abkehr von einem migrantischen Widerstand, sondern viel eher als einen Ruf nach einer dringenden Überdenkung der Strategien und Taktiken, bei der die internationale Arbeitsteilung und die eigene Verstrickung im globalen kapitalistischen System nicht aus den Augen verloren werden sollte. Effekt wäre dann eine radikale Revitalisierung und Reformulierung migrantischer Politiken. Spivak schreibt hierzu: »[I]n ihrer Sehnsucht, mit den Nationen ihrer Herkunft identifiziert zu werden, treten Menschen aus dem Süden, die in der Diaspora leben, in den Vordergrund, um sich für den Süden einzusetzen. Sie sind nicht nur *nicht* der Süden, sie sind auch nicht der Süden im Norden. Ihre Klassenbündnisse verlaufen häufig vertikal, ihre politischen Anliegen gründen bestenfalls in ihrem Leiden als MigrantInnen – ein ehrenwertes Interesse zwar, aber nur indirekt mit der internationalen Ausbeutung verknüpft. Der Zusammenhang wird deutlich, wenn frau/man Klassenbildung im weitesten Sinne als etwas sieht, das die demographischen Auswirkungen des Globalkapitals in ländlichen Gebieten mit einschließt« (Spivak 1996b: 57f.).

VI. Postkoloniale Utopien und die Herausforderung der Dekolonisierung

Von postkolonialen Utopien zu sprechen ist zugegebenermaßen gewagt, zeigen Utopien doch seit Thomas Moore (1516) enge Verbindung zum kolonialen Projekt der Moderne auf. Nicht umsonst wies die Insel *Utopia* eine kartographische Nähe zu dem damals gerade von den spanischen Kolonialherren erfundenen »Amerika« auf. Die Kolonien boten nicht nur den Raum, das *Andere* zu denken, sondern erwiesen sich auch als ›Experimentierfelder‹ der europäischen Metropolen (vgl. etwa Bhatti/Turk 1998), weswegen die postkoloniale Kritik eine radikale Restrukturierung des europäischen Denkens und seiner Historiographie sucht. Und so sieht die postkoloniale Agenda nicht nur eine Re-Positionierung europäischer Erkenntnissysteme vor, sondern auch den Versuch, die lange Geschichte imperialer Interventionen und deren nicht umkehrbaren Folgen für die kolonialen *Anderen* transparent zu machen. Dass hierbei die westliche so genannte ›hohe Theorie‹ zum Einsatz kommt, die nur von einer kleinen Elite vertreten werden kann, die nicht immer eine konkrete politische Zielsetzung verfolgt und zudem zumeist an westlichen Hochschulen angestellt ist, gerät dabei zu einem der Hauptwidersprüche. Spivak zufolge ist es nicht möglich, diesen Widerspruch zu lösen, denn ein Zurück zu einem ›präkolonialen Paradies‹ – welches ohnehin nie existent war – kann es nicht geben. Dekolonisierungsstrategien zeigen immer Aporien auf, die letztendlich auch Effekte der Wirkmächtigkeit kolonialer Gewalt sind.

Gleichzeitig lässt die trickreiche Beziehung zwischen Kultur, Ökonomie und politischen Strukturen daran erinnern, dass das Projekt, »*Europa zu provinzialisieren*« (Chakrabarty 2002), nur gelingen kann, wenn es nicht nur ein exklusives Projekt einer Handvoll Intellektueller bleibt. Zu oft schon wurde, wie Ran Greenstein schreibt, die ›Geschichte von unten‹, von ›oben‹ geschrieben (1995: 231). Einige Texte sowie Akteure und Akteurinnen postkolonialer Theorie haben es geschafft, populär zu werden, doch sind sie, so muss einschränkend gesagt werden, weit davon entfernt, soziale Bewegungen wesentlich zu inspirieren – wie dies in den letzten Jahrzehnten andere kritische Strömungen getan haben. Postkoloniale Theorie als kritische Intervention muss deswegen, anstatt sich dem Mainstream *via* Mimikry anzubiedern, widerständige Methoden, Darstellungsformen und Kommunikationsstile hervorbringen.

Die wichtigste und wohl schwierigste Herausforderung bleibt aber, eine Allianz zwischen differenten postkolonialen sozialen Formationen und Interessen zu erreichen, die nicht auf eine Politik der Assimilierung oder gar Marginalisierung zurückgreift. Wie Spivak aufzeigt, ist es dabei längst nicht genug, eine antirassistische Politik zu verfolgen, welche sich darauf spezialisiert, die Ignoranzen der weißen Menschen im dominanten Westen zur Zielscheibe zu machen. Auch die postkolonialen Intellektuellen müssen sich und ihre Komplizenschaft im Prozess der bisher fehlgeschlagenen Dekolonisierung hinterfragen sowie sich ihrer »strategischen Taubheit« stellen (vgl. Dhawan 2005; auch John 1996). Postkoloniale Theorie stellt eine weitere Möglichkeit zur kritischen Intervention dar, die nicht als irrelevant abgetan, aber auch nicht überschätzt werden sollte. Ohne die interne konstruktive Kritik und die Beteiligung möglichst vieler an den Debatten, die auch zu einer notwendigen Diversifizierung von Perspektiven führen würde, wird es dagegen kaum einer zusätzlichen Anstrengung von Außen bedürfen, um die postkoloniale Theorie in Vergessenheit geraten zu lassen. Noch allerdings erscheint es uns möglich, *mit* ihrer Hilfe nicht dominante Zukünfte denkbar zu machen (vgl. Castro Varela 2005). Das *Andere* zu denken muss dabei nicht zwangsläufig in essentialistischen Sackgassen enden. Allerdings sollte hierfür die »epistemologische Privilegierung« (Moraña 1998: 244), die insbesondere durch den Ort der theoretischen Produktion erfolgt, ebenso in Frage gestellt werden wie die häufige Ausklammerung der internationalen Arbeitsteilung und den damit einhergehenden existenziellen Kämpfen der Mehrheit der Menschen. Die häufige »Hyperästhetisierung« einer eigentlich antihegemonialen Theoriebildung kann dagegen selbst bei einer nur oberflächlichen Auseinandersetzung mit der neoliberalen Gewalt nur zynisch anmuten. Wie sagte die lesbisch-feministische afroamerikanische Poetin und Aktivistin Audre Lorde noch: »Überleben ist keine akademische Fertigkeit« (Lorde 1981: 99).

Anmerkungen

Vorwort

1 Die *Rigveda* gilt als die älteste mündlich überlieferte Textsammlung Indiens und wurde ca. 1000 vor unserer Zeit entworfen.

I. Kolonialismus, Antikolonialismus und postkoloniale Studien

1 Das Wort »Kolonialismus« ist abgeleitet von dem lateinischen
colonia, was soviel bedeutet wie »Farm« oder »Siedlung« und vom
römischen Imperium zur Beschreibung ihrer Siedlungen in anderen
Ländern diente. Mudimbe (1988: 1) macht allerdings auch auf eine
andere Ableitungsmöglichkeit aufmerksam: Das lateinische Wort
colĕre, welches soviel wie »kultivieren« oder »gestalten« bedeutet und
die Wahrnehmung der Kolonien als frei gestaltbare Territorien nach-
zeichnet.

2 Die Alltagswelt und Imaginationen auch der Länder, die nicht
als (große) Kolonialmächte gelten, sind tief geprägt von der kolonialistischen Begegnung. So gehören nicht nur Produkte wie Kartoffeln,
Zucker und Kaffee zur alltäglichen Nahrung, sondern auch rassistische Bilderwelten.

3 Massenmorde – wie auch Massenvergewaltigungen – waren
während der ersten Phase der Kolonisierung nichts außergewöhnli-
ches. Hinzu kommt, dass ca. die Hälfte der indigenen Bevölkerung
Amerikas und der Karibik durch die Einfuhr von Viren und Bakterien
(Blattern, Syphilis, Pest, Gelbfieber, Mundfäule etc.) aus Europa starb
(vgl. Galeano 2003: 63f.).

4 Zur Legitimierung von Sklaverei diente unter anderem der
Rassismusdiskurs, der in Form einer Rechtfertigungsideologie auftrat.
Die Kolonisierten wurden rassifiziert, d.h. einer Rassenkonstruktion
unterworfen, die sie als ›minderwertig‹, ›primitiv‹ und ›unzivilisiert‹
repräsentierte. Einer solchen ›Logik‹ folgend war die Sklaverei nicht

inhuman, handelte es sich bei den Sklaven und Sklavinnen doch nicht um Menschen im eigentlichen Sinne (vgl. etwa Miles 1991: 38ff.).

5 Die *East India Company* (Ostindische Handelsgesellschaft) wurde 1600 durch die englische Königin Elisabeth I. gegründet und besaß das ausschließliche Privileg, mit Indien und den östlich davon gelegenen Ländern zu handeln. Nach der Übertragung der Steuerhoheit 1765 hatte sie die faktische Herrschaft über Bengalen inne. Der Regierungskontrolle unterworfen, verlor sie immer mehr ihren Charakter als Handelsgesellschaft und wurde zur reinen Verwaltungsagentur der britischen Regierung. Nach dem indischen Aufstand von 1857 ging die Herrschaft über Indien ganz auf die englische Krone über.

6 Mit der Genehmigung durch Kaiser Karl V. im Jahre 1517 setzte der Handel mit afrikanischen Sklaven offiziell ein und nahm seit der Mitte des 17. Jahrhunderts einen beispiellosen Aufschwung.

7 Im postkolonialen Diskurs haben sich mehrere Begriffe etabliert, die die ehemaligen Kolonialländer im Gegensatz zu den Ländern der Kolonisatoren bezeichnen. Die Bezeichnung »Erste Welt« wird dabei synonym für die »Länder des Nordens« genutzt, die die so genannten »G7« – die sieben »führenden Industrieländer« – bezeichnet. Dagegen steht die »Dritte Welt« oder die »Länder des Südens«, die von der »Gruppe 77« gebildet wird, die einen losen Zusammenschluss von über 130 ehemalig kolonisierten Staaten darstellt. Auch das von Stuart Hall (1992) eingeführte Gegensatzpaar »der Westen und der Rest« findet in der Literatur Verwendung.

8 Die Vereinigten Staaten etwa beherrschen seit Jahrhunderten imperialistisch die Politik und Ökonomie fast ganz Lateinamerikas und der Karibik. Hier wurden willkürlich Diktatoren eingesetzt und demokratisch gewählte Vertreter/-innen abgesetzt oder ins Exil gezwungen, während die Ressourcen wie Öl, Tropenhölzer, Kaffee, Zucker, Obst etc. ohne Rücksicht auf die autochthone Bevölkerung geplündert wurden (vgl. Young 2001: 194). Diese sah sich stattdessen immer mehr zur Migration gezwungen (vgl. Galeano 2003; San Juan 2001/2002).

9 Der kubanische Schriftsteller Roberto Fernández Retamar (1989) bemerkt insofern zu Recht, auf Rosa Luxemburg rekurrierend, dass es unmöglich sei, von *dem* Marxismus zu sprechen.

10 Benedict Anderson hat sich im Übrigen von diesem Modell selbst distanziert und es teilweise revidiert (1991: 163ff.).

11 Das indische Kastensystem stellt einen spezifischen Stratifikationsmodus dar, der mit dem der Klasse nicht übereinstimmt, aber doch in einer engen Beziehung mit demselben steht. Als »Unberührbare« (*untouchables*) oder »Parias« galten früher diejenigen, die keiner Kaste angehörten und aufgrund ihres niederen sozialen Status besonders für die ›unreinen‹ Tätigkeiten (Latrinenreinigen, Abdecken toter Tiere) verantwortlich waren. Bei der Bezeichnung *Dalit* handelt es sich dagegen um eine politische Bezeichnung für diejenigen, die als »kastenlos« gelten. Der Begriff ist dem Sanskrit entlehnt und bedeutet »zerbrochen« oder »zertreten«. Seit Jahrhunderten sind die *Dalits* massiven sozialen Diskriminierungen ausgesetzt. Sie stellen mittlerweile eine starke soziale Bewegung dar, die sich für die Rechte der von Kastendiskriminierungen Betroffenen einsetzt (vgl. Chakravarti 2003).

12 Z.B. kam erst 1989 der erste Sammelband zur postkolonialen Kritik auf den Markt: *The Empire Writes Back* von den Australiern Bill Ashcroft, Gareth Griffith und Helen Tiffin.

II. Edward Said – Der orientalisierte Orient

1 Alle Zitate aus englischen Originaltexten wurden von den Autorinnen ins Deutsche übertragen.

2 Am 5. Juni 1967 attackierte Israel Ägypten, um dann innerhalb von sechs Tagen Jerusalem, die Westbank in Jordanien, die Golanhöhen im südlichen Syrien und Teile Sinais einzunehmen. Der Schlag ging als Sechs-Tage-Krieg in die Geschichte ein.

3 Said gilt als der Erste, der für eine Verbreitung der kolonialen Diskursanalyse und damit auch für die Etablierung einer eigenen akademischen Richtung innerhalb der Literatur- und Kulturtheorie gesorgt hat (vgl. Spivak 1993a: 56). Die koloniale Diskursanalyse sollte allerdings nicht mit postkolonialer Theorie in eins gesetzt werden.

4 Grob umrissen umfasst das Territorium, welches Europa als der Orient gilt, Said zufolge, den heutigen Mittleren Osten, einige semitische Gesellschaften sowie Südostasien. Entscheidend ist hierbei die folgenreiche Einteilung des Orients in eine ›gute Hälfte‹, die durch das klassische Indien repräsentiert wird, und eine ›böse Hälfte‹, die das heutige Asien, Nordafrika sowie der Islam insgesamt darstellt (Said 1978: 99).

5 Orientalisten und einige Beamte der *East India Company*, die mit diesen assoziiert wurden, zeigten sich interessanterweise entsetzt über die Pläne eines Lord Thomas B. Macaulay (Generalgouverneur von *British India*), der Erziehungsprogramme zur Modernisierung und Anglisierung Indiens entwarf (vgl. etwa Moore-Gilbert 1998: 38).

6 Sanskrit gilt als Ursprung indogermanischer Sprachen und damit auch des Deutschen.

7 Freilich waren die Stereotypen nie kohärent, denn der Orient wurde auch für seine Spiritualität und die vorgefundenen reichen Traditionen geachtet (vgl. King 1999).

8 Dies bedeutet nicht, dass der hegemoniale »orientalistische«

Diskurs ohne die Einwilligung der Kolonisierten nicht funktionieren kann. Said ist hier häufig missverstanden worden (vgl. auch das Nachwort in der Ausgabe von 1995).

9 Mit der britischen Entscheidung, sich aus dem indischen Subkontinent zurückzuziehen, stimmte die Kongresspartei und die Muslimische Liga im Juni 1947 der Teilung des indischen Subkontinents entlang religiöser Linien zu. Indien und Pakistan wurden als unabhängige Staatsgebiete – mit mehrheitlicher Hindu-Bevölkerung auf der indischen Seite und mehrheitlicher muslimischer Bevölkerung auf der pakistanischen – gegründet. Die Teilung des Subkontinents führte zu einer enormen Dislokation von Menschen. Dreieinhalb Millionen Hindus und Sikhs zogen von Pakistan nach Indien und ca. fünf Millionen Muslime migrierten von Indien nach Pakistan. Die interkommunale Gewalt, die darauf folgte, hat mehr als einer Million Menschen das Leben gekostet.

10 Die so genannte Sepoy-Rebellion gilt als größter indischer Aufstand gegen die britische Kolonialherrschaft und begann am 10. Mai 1857 mit der Meuterei der britischen Garnison aus Anlass der Einführung einer neuen Waffe, deren Patronen angeblich mit Rinder- und Schweinetalg eingefettet waren. Zur Benutzung mussten die Patronen mit dem Mund geöffnet werden, was zu Widerstand bei Muslimen und Hindus führte, die sich aus religiösen Gründen weigerten dies zu tun. Die Meuterei wuchs sich zu einem allgemeinen Volksaufstand aus.

11 Es ist diese eine Formulierung, die frappierend an Foucaults Spätwerk erinnert, in dem er die *Parrhesia* – das Wahrsprechen – als eine Basis für ethisches Hadeln entwickelte (vgl. Foucault 1994).

12 Nicht von ungefähr ist Said im Vergleich zu Spivak und Bhabha derjenige, der die zugänglichsten Texte verfasst hat.

13 So geht etwa Gauri Viswanathan (1989) so weit zu argumentieren, dass die Erfindung der »Englischen Literaturwissenschaft« Teil der »Zivilisierungsmission« in Indien war.

14 Die *Négritude*, die das »Schwarzsein« und die spezifischen afrikanischen Kulturen und Werte feiert und das präkoloniale Afrika zu reifizieren versucht hat, wird neben Frantz Fanon auch von dem nigerianischen Schriftsteller Wole Soyinka abgelehnt, auf den sich Said hier direkt bezieht (Said 1993: 229). Auch das von Fanon vorgetragene Argument, dass jede Form von orthodoxem Nationalismus letztendlich durch die Übertragung der Autorität an die nationale Bourgeoisie den Imperialismus reproduzieren würde, findet Saids Zustimmung (Said 1997b: 87).

III. Gayatri Chakravorty Spivak – Marxistisch-feministische Dekonstruktion

1 Auf Deutsch liegen bedauerlicherweise bisher nur wenige Artikel und Vorträge in Sammelbänden und Zeitschriften vor.

2 Für ihre Textanalysen verwendet Spivak die Techniken der »Katachrese« und der »Neuanordnung«. Letztere löst den gesamten Text aus dem Kontext heraus, um ihn dann mit fremden Argumenten zu verbinden (Spivak 1988: 241). So nutzt Spivak »subalternes Material« von Mahasweta Devis Erzählungen, um die theoretischen Diskurse des Westens zu untersuchen und kann damit deren Begrenzungen und weiße Flecken sichtbar machen. Die »Katachrese« hingegen verschiebt spezifische Bilder und rhetorische Strategien innerhalb einer Erzählung, um sie dann zur Eröffnung neuer Bedeutungsfelder und -funktionen, die im Kontrast zu einem konventionellen Verständnis stehen, freizugeben.

3 Diese Aussage, steht in einer interessanten Übereinstimmung mit den Ausführungen Fanons, dass »für 95 Prozent der Bevölkerung der unterentwickelten Länder die Unabhängigkeit keine unmittelbare Veränderung« gebracht hat (Fanon 1981: 63).

4 Young weist auf das Paradox in Spivaks Arbeiten hin, dass Spivak zwar auf eine Heterogenität der Frauen in der ›Dritten Welt‹ besteht, aber beständig riskiert, Frauen der ›Ersten Welt‹ zu homogenisieren (vgl. Young 2004: 210).

5 Später revidiert sie diese Aussage allerdings und weist Foucaults politischen und theoretischen Herangehensweisen mehr Gutes zu, als es etwa Said tut (Spivak 1993a: 26ff.).

6 Siehe hierzu insbesondere den Aufsatz *Scattered Speculations on the Question of Value* in ihrem Buch *In Other Worlds* (1988).

7 Rosa Luxemburg dagegen beschreibt in *Die Akkumulation des Kapitals* (1990 [1913]: 320ff.) detailliert und schonungslos die Kolonisierung Indiens durch die Engländer.

8 Die Konferenz von Bandung vom 18. bis 24. April 1955, an der 29 afrikanische und asiatische Staaten teilnahmen, war ein wichtiger Ausdruck politischer Unabhängigkeit vormals kolonisierter Nationalstaaten und gilt als erste postkoloniale internationale Konferenz (vgl. Young 2001: 191f.). Im Zeitalter des Kalten Krieges kam es hier zu der Formulierung einer Perspektive einer bündnisfreien Dritten Welt, die sich zwischen den Militärblöcken des kapitalistischen Westens (Erste Welt) und der kommunistischen Staatenwelt (Zweite Welt) positionierte. Die Länder der Dritten Welt traten hier erstmals als dritte Kraft hervor. Als gemeinsame Ziele wurde unter anderem die Beendigung der Kolonialherrschaft in allen noch nicht unabhängigen Ländern, das Selbstbestimmungsrecht der Völker und die friedliche Zusammenarbeit formuliert. Heute wird diese damals selbstbewusste

Bezeichnung »Dritte Welt« häufig nur noch mit ökonomischer ›Unterentwicklung‹ assoziiert. Die Bandung-Konferenz gilt auch als der Vorläufer der Bewegung blockfreier Staaten, die 1961 in Belgrad begründet wurde.

9 An dieser Stelle überlappt Spivaks Argumentation mit der materialistischer Feministinnen. Insbesondere die so genannte deutsche Schule, die mit Maria Mies assoziiert wird, hat das Konzept der »Arbeit« radikal retheoretisiert. Für Mies ist Subsistenzarbeit, die sie vor allem mit weiblicher Produktion und Reproduktion in Verbindung bringt, nicht außerhalb der internationalen Arbeitsteilung lokalisiert, sondern bildet gewissermaßen die Basis für die historische Akkumulation des Kapitals. Mies argumentiert, dass der kapitalistische Produktionsprozess auf der Überausbeutung der unbezahlten Arbeit beruht, die erst eine Ausbeutung der Lohnarbeit ermöglicht (Mies 1986: 48). Die Überausbeutung der Subsistenzwirtschaft wird nicht durch Lohn ausgeglichen, sondern über Gewaltverhältnisse aufrechterhalten und stellt darum für Mies den Hauptgrund für die wachsende Armut der ›Dritte-Welt-Produzenten und -Produzentinnen‹ dar (ebd.).

10 Die Strategie, etwas *under erasure* zu stellen, mist der Dekonstruktion Derridas entliehen. Er versteht unter *sous rature* eine Taktik, bei der ein Signifikant im Text gelesen wird, *als ob* seine Bedeutung ganz klar wäre und dabei im Auge behalten wird, dass es sich nur um eine Strategie handelt. Derrida hat diese Strategie von der Heidegger'-schen Philosophie abgeleitet. Martin Heidegger hat häufig »Sein« durchgestrichen, um damit anzuzeigen, dass es zwar notwendig, aber gleichzeitig unmöglich sei, darüber zu sprechen.

11 Der renommierte Gramscianer Joseph A. Buttigieg hat die Vereinnahmung des Konzeptes der »Subalternen« durch die *South Asian Subaltern Studies Group* und *Latin American Subaltern Studies Group* beklagt, die sich seiner Meinung nach nicht der Mühe unterzogen haben, Gramscis *Gefängnishefte* systematisch zu studieren. Seine Hauptkritikpunkte richten sich gegen die willkürliche Vernachlässigung der Rolle der Partei bei der Organisierung der subalternen Massen und einer Missinterpretation des Konzeptes der »Subalternen« selbst sowie der »Zivilgesellschaft«, die für Gramsci nicht für Widerstand steht, sondern vielmehr Teil der hegemonialen Formation darstellt (Buttigieg 2000: 182ff.).

12 Es ist an dieser Stelle noch einmal wichtig festzuhalten, dass die marxistische Theorie eine bedeutende Position innerhalb der indischen politischen Geistesgeschichte einnimmt. Es war die kommunistische Partei, die – klassisch marxistisch argumentierend – nie die internen Klassenkonfliktlinien hinter die nationalen Interessen in den Unabhängigkeitsbestrebungen stellen wollte. Die prominenten Figuren innerhalb der Congress Party, die immer den nationalen Befreiungskampf über die Klasseninteressen gestellt haben, waren denn auch nicht von ungefähr durchweg Mitglieder der gebildeten indischen Elite. Der erste indische Präsident Jawarharlal Nehru beispielsweise hatte wie viele andere Mitglieder der Elite bereits in den 1930er Jahren in Oxford studiert. Weil die kommunistische Partei den Klassenkampf immer als *den* gesellschaftlichen Hauptwiderspruch wahrnahm, verlor sie während des Unabhängigkeitskampfes viele Stimme an die Congress Party Nehrus und Gandhis (vgl. hierzu auch Young 2001: 315).

13 Bauernaufstände und indigene Widerstandsbewegungen gegen das Feudalsystem waren in Indien kontinuierlich von der kolonialen Periode bis hin zur Gegenwart existent. Doch diese Aufstände wurden immer wieder von der hegemonialen kolonialen als auch autochtonen Geschichtsschreibung als ziellose und unorganisierte Gewaltakte verurteilt und in das kriminelle Terrain geschoben.

14 Derrida kritisiert Foucault für seinen Versuch, eine »Archäologie des Schweigens« des Wahnsinns zu schreiben. Er hält dies für nicht möglich, würde ein solcher Versuch doch erneut die westliche Vernunft reproduzieren (Derrida 1978: 33ff.).

15 Lata Mani schreibt etwa, dass es sich bei den archivierten Fällen von *sati* zumeist um Hindu-Frauen höherer Kasten handelt (vgl. Mani 1989: 88).

16 In einem äußerst interessanten Artikel mit dem Titel *Can the subaltern vote?* haben die Autoren Leerom Medovoi, Shankar Raman und Benjamin Robinson (1990) Spivaks Argument weitergeführt und auf den Kontext der postrevolutionären Wahlen in Nicaragua am 25. Februar 1990 angewendet. Der Artikel spricht sich vehement gegen eine Übertragung der Beziehung »Sprechende/r – Zuhörende/r« in der Alltagskommunikation auf das »politische Sprechen« aus und macht deutlich, wie während der Wahlen 1990 die politische Repräsentation durch das ökonomische System und die Macht der Unterwerfung, die auf den ›Dritte Welt-Ländern‹ lastet, vermittelt wurde. Der Wahlprozess, so die Autoren, hat die Subalternität der Menschen genau in dem Augenblick reproduziert, an dem zugelassen wurde, dass diese ›sprechen‹.

IV. Homi K. Bhabha – Von Mimikry, Maskerade und Hybridität

1 Bhabha zufolge hat Said den Foucault'schen Machtbegriff folgenreich simplifiziert, indem er koloniale Machtbeziehungen nur einseitig – vom Westen ausgehend – betrachtet hat (1994: 71f.).

2 Alle im Text genannten Aufsätze von Bhabha finden sich, soweit nicht anders angegeben, in *The Location of Culture* (1994).

3 Die Hautfarbe stelle einen Schlüsselsignifikanten der kulturellen und ›rassischen‹ Differenz dar, denn sie ist nicht nur sichtbar,

sondern gilt in den verschiedensten Diskursen als ein ›allgemein aner-
kanntes Wissen‹ und spielt mithin einen wichtigen Part in dem alltäglichen »rassistischen Drama« kolonialer Gesellschaften (Bhabha 1994:
78).

4 »Hybridität« ist ein Konzept wie »Kreolisierung« und »cross-
over«, das postkoloniale Studien lange schon beschäftigt hat. Doch ist
es Bhabhas Interpretation von Hybridität, die zweifelsfrei den größten
Einfluss auf aktuelle postkoloniale Studien hat. Berühmt und einfluss-
reich ist etwa der bereits 1971 erschiene Aufsatz *Calibán* des kubani-
schen Schriftstellers Roberto Fernández Retamar (in engl. 1989), in
welchen er von einer »radikalen Hybridität« spricht und diese unterscheidet von der »Hybridität« jener Mitgliedern der kreolisierten Un-
terdrückerklasse Lateinamerikas und der Karibik.

5 Moore-Gilbert macht den spannenden Vorschlag, eine *Gegen-
Mimikry* zu untersuchen. Dabei handelt es sich um ein »Nachahmen
des Ethnischen« (*going native*), bei dem die Subjekte sich anstatt mit
dem Zentrum mit der »lokalen indischen Kultur« identifizieren
(Moore-Gilbert 1998: 149).

6 Bhabha erwähnt nicht, dass dies eine Taktik darstellt, die nur
wenigen zur Verfügung stand und steht. So arbeitet der indische Autor Mulk Raj Anand in seinen bereits 1935 erschienen Roman *Un-
touchable* hervorragend heraus, was passiert, wenn ein Dalit versucht,
Mimikry zu praktizieren: Die Verachtung seiner eigenen *Community*
ist ihm sicher. Auch galt die Strategie der Mimikry für Frauen immer
schon als unakzeptabel und wurde entsprechend von allen Seiten un-
terbunden, galten und gelten sie doch als *die* Repräsentantinnen *der*
Kultur.

7 So ist es insbesondere die indigene Bevölkerung, die gegen
das Narmada-Staudammprojekt der Weltbank Widerstand leistet,
während große Teile der gebildeten Mittel- und Oberschicht die Welt-
bankinteressen unterstützen oder sich eher unberührt zeigen von
diesen massiven Eingriff, der die Existenz tausender Menschen im
Namen des Fortschritts und der Entwicklung bedroht.

8 Auch gegenüber Lacan zeigt sich Spivak weitaus kritischer als
Bhabha (siehe etwa Spivak 1988: 261).

V. Postkoloniale Theorie kritisch betrachtet

1 McClintock führt den »US-Imperialismus ohne Kolonien« an,
um daran die feinen Unterschiede zeitgenössischer Imperialismusfi-
guren aufzuzeigen, welche den implizierten Bruch der Begrifflichkeit
»postkolonial« besonders unangemessen erscheinen lassen.

2 Bekanntermaßen werden zwei Drittel der Arbeit weltweit von
Frauen geleistet, wobei diese nur zehn Prozent des weltweiten Ein-

kommens beziehen und lediglich ein Prozent des Eigentums besitzen (etwa McClintock 1995: 13).

3 Ähnlich argumentiert auch Spivak, die den Begriff »Postkolonialismus« als Schwindel (*bogus*, Spivak 1991: 224) bezeichnet. Ihr zufolge kann der Begriff irreführend sein, wenn er als historischer Bruch mit den Erbschaften des Kolonialismus interpretiert wird. Sie warnt davor, den Fokus nur auf die Repräsentation der kolonialen Geschichte zu setzen, kann dies doch der Produktion aktueller neokolonialer Macht dienen, wenn der Kolonialismus und der Imperialismus schlicht zur Geschichte erklärt wird (Spivak 1999a: 1).

4 Für diese perspektivische Einseitigkeit kritisiert Ahmad Said, für den Rushdie die ›authentische‹ Stimme der ›Dritten Welt‹ repräsentiert.

5 Das stimmt allerdings nicht ganz, da Ahmad in seinen Buch *In Theory* nicht nur postkoloniale Theoretiker, sondern auch den marxistischen Literaturwissenschafter Frederic Jameson kritisiert (Ahmad 1992: 95ff.).

6 Dies ist eine Tatsache, die im Übrigen häufig auch in aktuellen Arbeitsmarktanalysen und Migrationsdiskursen, die die kolonialen Kontinuitäten nachzeichnen, übersehen wird.

7 Fanons Schriften etwa sind durchzogen von einem Maskulinismus, der sich immer wieder auch homophob zeigt (vgl. z.B. Fanon 1980: 160, Anm. 45).

8 Wie Shahid, eine Figur in einem Roman Hanif Kureishis, sagt, ist es in einigen Zirkeln der neokolonialen Metropolen ausnehmend chic, ein ›Außenseiter‹ zu sein, was zur Folge haben kann, dass die Ränder zu einem Teil des Zentrums werden (Kureishi 1995: 145).

9 Chow macht darauf aufmerksam, dass die Kategorie der »Klasse« in Ländern wie China von autoritären Regimes vereinnahmt worden ist und damit ihr widerständiges Potential eingebüsst hat (1993: 148).

10 Die postkoloniale Theoretikerin Sara Suleri schägt einen ähnlichen Ton an, wenn sie bemerkt, dass sie es leid sei, als »Differenzmaschine« (*otherness machine*) instrumentalisiert zu werden (Suleri zit. in McClintock 1995: 11).

Literatur

Adam, Ian/Tiffin, Helen (Hg.) (1991): *Past the Last Post. Theorizing Postcolonialism and Postmodernism*, Hemel Hemstead: Harvester Wheatsheaf.

Ahmad, Aijaz (1992): *In Theory. Classes, Nations, Literatures*, Oxford: Oxford University Press.

Aithal, Vathsala (2004): *Von den Subalternen lernen? Frauen in Indien im Kampf um Wasser und soziale Transformation*, Königstein/Taunus: Ulrike Helmer.

Altvater, Elmar/Mahnkopf, Birgit (2004): *Grenzen der Globalisierung. Ökonomie, Ökologie und Politik in der Weltgesellschaft*, Münster: Westfälisches Dampfboot.

Amin, Samir (1977): *Unequal Development. An Essay on the Social Formations of Peripheral Capitalism*, New York: Monthly Review Press.

Anderson, Benedict (1991): *Imagined Communities. Reflections on the Origin and Spread of Nationalism*, London/New York: Verso.

Appiah, Kwame Anthony (1996): »Is the Post in Postmodernism the Post in Postcolonialism?« In: Padmini Mongia (Hg.), *Contemporary Postcolonial Theory. A Reader*, London: Arnold, S. 55-71.

Ashcroft, Bill/Griffiths, Gareth/Tiffin, Helen (1989): *The Empire Writes Back. Theory and Practice in Post-colonial Literatures*, London/New York: Routledge.

Beverley, John (2004): *Subalternity and Representation. Arguments in Cultural Theory*, Durham/London: Duke University Press.

Bhabha, Homi (1983): »Difference, Discrimination and the Discourse of Colonialism«. In: Francis Barker et al. (Hg.), *The Politics of Theory*, Colchester: University of Essex, S. 194-211.

Bhabha, Homi (1986): »Foreword: Remembering Fanon. Self, Psyche and the Colonial Condition«. In: Frantz Fanon, *Black Skin, White Masks*, London/Sydney: Pluto, S. vii-xxvi.

Bhabha, Homi (Hg.) (1990a): *Nation and Narration*, London/New York: Routledge.

Bhabha, Homi (1990b): »The Third Space«. In: Jonathan Rutherford (Hg.), *Identity. Community, Culture and Difference*, London: Lawrence and Wishart, S. 207-221.

Bhabha, Homi (1994): *The Location of Culture*, London/New York: Routledge.

Bhabha, Homi (1995): »Translator translated«, Interview mit W.J.T. Mitchell. In: *Artforum* 33 (7), S. 80-84.

Bhabha, Homi (1996a): »Postkoloniale Kritik. Vom Überleben der Kultur«. In: *Das Argument* 38 (3), S. 345-359.

Bhabha, Homi (1996b): »Unpacking my Library... again«. In: Ian Chambers/Lidia Curti (Hg.), *The Postcolonial Question. Common Skies, Divided Horizons*, London/New York: Routledge, S. 199-211.

Bhabha, Homi (1997a): »The Postcolonial Critic«. Interview mit David Bennet und Terry Collits. In: Patrick Colm Hogan/Lalita Pandit (Hg.), *Literary India. Comparative Studies in Aesthetics, Colonialism and Culture*, New Delhi: Rawat, S. 237-254.

Bhabha, Homi (1997b): »Die Frage der Identität«. In: Bronfen et al. (Hg.), *Hybride Kulturen. Beiträge zur anglo-amerikanischen Multikulturalismusdebatte*, Tübingen: Stauffenburg, S. 97-122.

Bhaskaran, Suparna (2002): »The Politics of Penetration. Section 377 of the Indian Penal Code«. In: Ruth Vanita (Hg.), *Queering India. Same-Sex Love and Eroticism in Indian Culture and Society*, New York/London: Routledge, S. 15-29.

Bhatti, Anil (2003): »Kulturelle Vielfalt und Homogenisierung«. In: Johannes Feichtinger et al. (Hg.), *Habsburg postcolonial – Machtstrukturen und kollektives Gedächtnis*, Wien: Studien Verlag, S. 55-68.

Bhatti, Anil/Turk, Horst (Hg.) (1998): *Reisen, Entdecken, Utopien. Untersuchungen zum Alteritätsdiskurs im Kontext von Kolonialismus und Kulturkritik*, Bern: Peter Lang.

Brah, Avtar/Coombes, Annie (Hg.) (2000): *Hybridity and its Discontents. Politics, Science, Culture*, London/New York: Routledge.

Brathwaite, Edward K. (1971): *The Development of Creole Society in Jamaica 1770-1820*, Oxford: Clarendon.

Bronfen, Elisabeth/Marius, Benjamin/Steffen, Therese (Hg.) (1997): *Hybride Kulturen. Beiträge zur anglo-amerikanischen Multikulturalismusdebatte*, Tübingen: Stauffenburg.

Buttigieg, Joseph (2000): »Sobre la categoría Gramsciana de subalternos«. In: *Utopias* 186 (4), S. 181-190.

Callaway, Helen (1987): *Gender, Culture and Empire*, Urbana: University of Illinois Press.

Castro Varela, María do Mar (Hg.) (2005): *Soziale (Un)Gerechtigkeit. Antidiskriminierung, Dekolonisierung und Demokratisierung*, Münster u.a.: LIT.

Castro Varela, María do Mar/Dhawan, Nikita (2005): »Spiel mit dem Feuer. Post/Kolonialismus und Heteronormativität«. In: *femina politica* 14 (1), S. 47-59.

Castro-Gómez, Santiago/Mendieta, Eduardo (Hg.) (1998): *Teorías sin disciplina. Latinoamericanismo, postcolonialidad y globalización en debate*, México: Miguel Ángel Porrúa.

Césaire, Aimé (1972 [1955]): *Discourse on Colonialism*, New York/London: Monthly Review Press.

Chakrabarty, Dipesh (1992): »Postcoloniality and the Artifice of History: Who speaks for ›Indian pasts‹?« In: *Representations* 37, S. 1-26.

ders. (2002): »Europa provinzialisieren. Postkolonialität und die Kritik der Geschichte«. In: Sebastian Conrad/Shalini Randeria (Hg.), *Jenseits des Eurozentrismus: Postkoloniale Perspektiven in den Geschichts- und Kulturwissenschaften*, Frankfurt/New York: Campus, S. 219-246.

Chakravarti, Uma (2003): *Gendering Caste: Through a feminist lens*, Calcutta: Stree.

Chatterjee, Partha (1993): *The Nations and Its Fragments. Colonial and Postcolonial Histories*, Princeton: Princeton University Press.

Chow, Rey (1993): *Writing Diaspora. Tactics of Intervention in Contemporary Cultural Studies*, Bloomington/Indianapolis: Indiana University Press.

Chrisman, Laura (1995): »Inventing Postcolonial Theory: Polemical Observations«. In: *Pretexts* 5 (1-2), S. 205-212.

Clifford, James (1988): *The Predicament of Culture. 20th-Century Ethnography, Literature, and Art*, Cambridge: Harvard University Press.

Conrad, Sebastian/Randeria, Shalini (2002): »Einleitung. Geteilte Geschichten – Europa in einer postkolonialen Welt«. In: dies. (Hg.), *Jenseits des Eurozentrismus. Postkoloniale Perspektiven in den Geschichts- und Kulturwissenschaften*, Frankfurt am Main/New York: Campus, S. 9-50.

Derrida, Jacques (1978 [1967]): *Of Grammatology*, Baltimore: Johns Hopkins University Press.

Devi, Mahasweta (1998): *Breast Stories*, Calcutta: Seagull.

Dhawan, Nikita (2005): »Spricht die Subalterne Deutsch? und andere riskante Fragen: Migrantischer Aktivismus, Internationale Arbeitsteilung und die (Un)Möglichkeit transnationaler Bündnispolitiken«. In: María do Mar Castro Varela (Hg.), *Soziale (Un)Gerechtigkeit. Antidiskriminierung, Dekolonisierung und Demokratisierung*, Münster u.a.: LIT.

Dirlik, Arif (1994): »The Postcolonial Aura: Third World Criticism in the Age of Global Capitalism«. In: *Critical Inquiry* 20 (2), S. 329-356.

Eagleton, Terry (2003): *Figures of Dissent. Critical Essays on Fish, Spivak, Žižek and Others*, London/New York: Verso.

Eckert, Andreas/Wirz, Albert (2002): »Wir nicht, die Anderen auch. Deutschland und der Kolonialismus«. In: Sebastian Conrad/Shalini Randeria, *Jenseits des Eurozentrismus. Postkoloniale Perspektiven in den Geschichts- und Kulturwissenschaften*, Frankfurt am Main/ New York: Campus, S. 372-392.

Evans, Raymond/Thorpe, Bill (2001): »Indigenocide and the Massacre of Aboriginal History«. In: *Overland* 163, S. 21-39.

Fanon, Frantz (1980 [1952]): *Schwarze Haut, weiße Masken*, Frankfurt am Main: Syndikat.

Fanon, Frantz (1981 [1961]): *Die Verdammten dieser Erde*, Frankfurt am Main: Suhrkamp.

Fernández Retamar, Roberto (1989): *Caliban and Other Essays*, Minnesota: University of Minnesota Press.

Foucault, Michel (1977): »Intellectuals and Power: a conversation between Michel Foucault and Gilles Deleuze«. In: Donald F. Bouchard (Hg.), *Language, Counter-Memory, Practice. Selected Essays and Interviews by Michel Foucault*, Ithaca: Cornell University Press, S. 205-217.

Foucault, Michel (1994): *Diskurs und Wahrheit. Berkeley-Vorlesungen 1983*, Berlin: Merve.

Galeano, Eduardo (2003 [1971]): *Die offenen Adern Lateinamerikas. Die Geschichte eines Kontinents von der Entdeckung bis zur Gegenwart*, Wuppertal: Peter Hammer.

Gandhi, Leela (1998): *Postcolonial Theory. A Critical Introduction*, Edinburgh: Edinburgh University Press.

Gandhi, Leela (2001): »Ellowen Deeowen: Salman Rushdie and the Migrant's Desire«. In: Ann Blake et al. (Hg.), *England through Colonial Eyes in Twentieth-Century Fiction*, New York: Palgrave Macmillan, S. 157-170.

Gates Jr., Henry Lewis (1992): »African American Criticism«. In: Stephen Greenblatt/Giles Gunn (Hg.), *Redrawing the Boundaries. The Transformation of English and American Literary Sudies*, New York: MLA, S. 303-320.

Gilroy, Paul (1993): *The Black Atlantic. Modernity and Double Consciousness*, Cambridge: Harvard University Press.

Goldberg, David Theo/Quayson, Ato (Hg.), *Relocating Postcolonialism*, Oxford: Blackwell.

Gopinath, Gayatri (2002): »Local Sites/Global Contexts. The Transnational Trajectories of Deepa Mehta's Fire«. In: Arnaldo Cruz-Malavé/Martin Manalansan (Hg.), *Queer Globalizations. Citizenship and the Afterlife of Colonialism*, New York: New York University Press, S. 149-161.

Gramsci, Antonio (1999 [1934]): *An den Rändern der Geschichte. Geschichte der subalternen gesellschaftlichen Gruppen, Gefängnisheft 25* [Antonio Gramscis Gefängnishefte, Kritische Gesamtausgabe Bd.

9, hg. von Wolfgang Fritz Haug/Klaus Bochmann], Hamburg: Argument.

Greenstein, Ran (1995): »History and the Production of Knowledge«. In: *South African Historical Journal* 32, S. 217-232.

Guha, Ranajit (1982): »On Some Aspects of the Historiography of Colonial India«. In: ders., *Subaltern Studies I: Writings on South Asian History and Society*, New Delhi: Oxford University Press, S. 1-8.

Guha, Ranajit (1983): *Elementary Aspects of Peasant Insurgency in Colonial India*, New Delhi: Oxford University Press.

Hall, Stuart (1992): »The West and the Rest: Discourse and Power«. In: ders./Bram Gieben (Hg.), *Formations of Modernity*, Cambridge: Polity Press, S. 275-320.

Hall, Stuart (2002): »Wann gab es ›das Postkoloniale?‹: Denken an der Grenze«. In: Sebastian Conrad/Shalini Randeria (Hg.), *Jenseits des Eurozentrismus. Postkoloniale Perspektiven in den Geschichts- und Kulturwissenschaften*, Frankfurt am Main/New York: Campus, S. 219-246.

Hardt, Michael/Negri, Antonio (2001): *Empire*, Cambridge: Harvard University Press.

Harris, Wilson (1967): *Tradition, the Writer and Society*, London: New Beacon Books.

Harvey, David (1989): *The Condition of Postmodernity*, New York: Blackwell.

Irigaray, Luce (1979): *Das Geschlecht, das nicht eins ist*, Berlin: Merve.

Jameson, Frederic (1991): *Postmodernism, or the Cultural Logic of Late Capitalism*, Durham: Duke University Press.

John, Mary (1996): *Discrepant Dislocations. Feminism, Theory and Postcolonial Histories*, Berkeley: University of California Press.

King, Richard (1999): *Orientalism and Religion. Postcolonial theory, India and ›the mystic East‹*, London/New York: Routledge.

Kristeva, Julia (1982 [1974]): *Die Chinesin. Die Rolle der Frau in China*, Berlin: Ullstein.

Kureishi, Hanif (1995): *The Black Album*, London: Faber.

Lane, Christopher (1995): *The Ruling Passion. British Colonial Allegory and the Paradox of Homosexual Desire*, Durham: Duke University Press.

Lazarus, Neil (1994): »National Consciousness and the Specificity of (Post)colonial Intellectualism«. In: Francis Barker et al. (Hg.), *Colonial Discourse/Postcolonial Theory*, Manchester: Manchester University Press, S. 197-220.

Lazarus, Neil (1999): *Nationalism and Cultural Practice in the Postcolonial World*, Cambridge: Cambridge University Press.

Lewis, Raina (1995): *Gendering Orientalism. Race, Femininity and Representation*, London/New York: Routledge.

Loomba, Ania (1998): *Colonialism/Postcolonialism*, London/New York: Routledge.

Lorde, Audre (1981): »The Master's Tools Will Never Dismantle the Master's House«. In: Cherrie Moraga/Gloria Anzaldúa (Hg.), *This Bridge Called My Back. Writings by Radical Women of Color*, Latham: Kitchen Table Press, S. 98-101.

Luxemburg, Rosa (1990 [1913]): *Die Akkumulation des Kapitals. Ein Beitrag zur ökonomischen Erklärung des Imperialismus*, GW Bd. 5, Berlin: Dietz.

MacCabe, Colin (1988): »Foreword«. In: Gayatri Chakravorty Spivak, *In Other Worlds. Essays in Cultural Politics*, New York/London: Routledge, S. ix-xix.

MacKenzie, John (1995): *Orientalism. History, Theory and the Arts*, Manchester: Manchester University Press.

Mallon, Florencia (1994): »The Promise and Dilemma of Subaltern Studies. Perspectives from Latin American History«, In: *American Historical Review* 99 (5), S. 1491-1515.

Mamozai, Martha (1989): *Schwarze Frau, weiße Herrin. Frauenleben in den deutschen Kolonien*, Reinbek bei Hamburg: Rowohlt.

Mani, Lata (1989): »Contentious Traditions: The Debate on Sati in Colonial India«. In: Kumkum Sangari/Suresh Vaid (Hg.), *Recasting Women. Essays in Colonial History*, New Delhi: Kali for Women, S. 88-126.

Marx, Karl (1960): »Die britische Herrschaft in Indien«. In: *Karl Marx/Friedrich Engels – Werke*, Bd. 9, Berlin/DDR: Dietz, S. 127-133.

McClintock, Anne (1995): *Imperial Leather. Race, Gender and Sexuality in the Colonial Contest*, New York/London: Routledge.

Medevoi, Leerom/Raman, Shankar/Robinson, Benjamin (1990): »Can the Subaltern Vote?« In: *Socialist Review* 20 (3), S. 133-150.

Mies, Maria (1986): *Patriarchy and Accumulation on a World Scale. Women in the International Division of Labour*, London: Zed Books.

Mignolo, Walter (1993): »Colonial and Postcolonial Discourses. Cultural Critique or Academic Colonialism«. In: *Latin America Research Review* 28, S. 120-131.

Miles, Robert (1991): *Rassismus. Einführung in die Geschichte und Theorie eines Begriffs*, Hamburg: Argument.

Mills, Sara (1993): *Discourses of Difference. An Analysis of Women's Travel Writing and Colonialism*, London/New York: Routledge.

Mires, Fernando (1991): *Die Kolonisierung der Seelen. Mission und Konquista in Spanisch-Amerika*, Fribourg; Luzern: Edition Exodus.

Mitchell, Katharyne (1997): »Different Diasporas and the Hype of Hybridity«. In: *Environment and Planning D: Society and Space* 15 (5), S. 533-553.

Mohanty, Chandra Talpade (1988): »Aus westlicher Sicht: feministische Theorie und koloniale Diskurse«. In: *beiträge zur feministischen theorie und praxis* 23 (11), S. 149-162.

Mohanty, Chandra Talpade (2000): »Arbeiterinnen und die globale Ordnung des Kapitalismus: Herrschaftsideologien, gemeinsame Interessen und Strategien der Solidarität«. In: Ruth Klingebiel/ Shalini Randeria (Hg.), *Globalisierung aus Frauensicht*, Bonn: Dietz, S. 320-344.

Moore-Gilbert, Bart (1998): *Postcolonial Theory. Contexts, Practices, Politics*, London/New York: Verso.

Moraña, Mabel (1998): »El boom del subalterno«. In: Santiago Castro-Gómez/Eduardo Mendieta (Hg.), *Teorías sin disciplina*, S. 233-244.

Mudimbe, Valentin (1988): *The Invention of Africa. Gnosis, Philosophy and the Order of Knowledge*, Bloomington; Indianapolis: Indiana University Press.

Müller, Friedrich Max (2002 [1883]): *India, what can it teach us?*, New Delhi: Rupa.

O'Hanlon, Rosalind/Washbrook, David (1992): »After Orientalism: Culture, Criticism and Politics in the Third World«. In: *Comparative Studies in Society and History*, 34 (1), S. 141-167.

Omvedt, Gail (2004): *Ambedkar. Towards an Enlightened India*, New Delhi: Penguin.

Osterhammel, Jürgen (2003): *Kolonialismus. Geschichte – Formen – Folgen*, München: C.H. Beck.

Parry, Benita (2004): *Postcolonial Studies. A Materialist Critique*, London/New York: Routledge.

Porter, Dennis (1993): »Orientalism and its Problems«. In: Patrick Williams/Laura Chrisman (Hg.): *Colonial Discourse and Postcolonial Theory. A Reader*, Hemel Hemstead: Harvester Wheatsheaf, S. 150-161.

Prakash, Gyan (1992a): »Postcolonial Criticism and Indian Historiography«. In: *Social Text* 10 (31-32), S. 8-19.

Prakash, Gyan (1992b): »Can the ›Subaltern‹ Ride? A Reply to O'Hanlon and Washbrook«. In: *Comparative Studies in Society and History* 34 (1), S. 168-184.

Prakash, Gyan (1994): »Subaltern Studies as Postcolonial Criticism«. In: *American Historical Review* 99 (5), S. 1475-1490.

Quayson, Ato (2002): »Looking Awry: Tropes of Disability in Postcolonial Writing«. In: David Theo Goldberg/Ato Quayson (Hg.), *Relocating Postcolonialism*, Oxford: Blackwell, S. 217-230.

Randeria, Shalini (2000): »Globalisierung und Geschlechterfrage: Zur Einführung«. In: Ruth Klingebiel/Shalini Randeria (Hg.), *Globalisierung aus Frauensicht*, Bonn: Dietz, S. 16-33.

Robbins, Bruce (1992): »The East is a Career. Edward Said and the Logics of Professionalism«. In: Michael Sprinker (Hg.), *Edward Said. A Critical Reader*, Oxford: Blackwell, S. 48-73.

Rodríguez, Ileana (Hg.) (2001): »Reading Subalterns Across Texts, Disciplines, and Theories. From Representation to Recognition«. In: dies. (Hg.), *The Latin American Subaltern Studies Reader*, Durham/London: Duke University Press.

Rushdie, Salman (1997): »Introduction«. In: Salman Rushdie/Elizabeth West (Hg.), *Mirrorwork. 50 Years of Indian Writing: 1947-1997*, New York: Henry Holt, S. vii-xxi.

Said, Edward (1978): *Orientalism*, New York: Vintage.

Said, Edward (1979): *The Question of Palestine*, New York: Vintage.

Said, Edward (1983): *The World, the Text and the Critic*, Cambridge: Harvard University Press.

Said, Edward (1985): »Orientalism Reconsidered«. In: Francis Barker et al. (Hg.), *Europe and Its Others*, Colchester: University of Essex, S. 14-27.

Said, Edward (1993): *Culture and Imperialism*, London: Chatto & Windus.

Said, Edward (1994a): *Representations of the Intellectual. The 1993 Reith Lectures*, London: Vintage.

Said, Edward (1994b): *The Pen and the Sword. Conversations with David Barsamian*, Monroe: Common Courage Press.

Said, Edward (1997a [1981]): *Covering Islam. How the Media and the Experts Determine How We See the Rest of the World*, New York: Vintage.

Said, Edward (1997b): »Die Politik der Erkenntnis«. In: Elisabeth Bronfen et al. (Hg.), *Hybride Kulturen. Beiträge zur anglo-amerikanischen Multikulturalismusdebatte*, Tübingen: Stauffenburg, S. 81-95.

Said, Edward (1999): »Die Konstruktion des ›Anderen‹«. In: Christoph Burgmer (Hg.), *Rassismus in der Diskussion*, Berlin: Elefanten Press, S. 27-44.

Said, Edward (2001): »Afterword to the 1995 printing«. In: ders., *Orientalism. Western Conception of the Orient*, New Delhi: Penguin India.

Said, Edward (2002): »In Conversation with Neeladri Bhattacharya, Suvir Kaul and Ania Loomba«. In: David Theo Goldberg/Ato Quayson (Hg.), *Relocating Postcolonialism*, Oxford: Blackwell, S. 1-13.

Salgado, Minoli (2000): »Tribal Stories, Scribal Worlds«. In: *Journal of Commonwealth Literature* 35 (1), S. 131-145.

San Juan Jr., Epifanio (1996): »Über die Grenzen ›postkolonialer‹ Theorie. Kassiber aus der ›Dritten Welt‹«. In: *Das Argument* 38 (3), S. 361-372.

San Juan Jr., Epifanio (2001/2002): »Comparative Postcolonialities and the Dialectics of Subaltern Discourse«. In: *Jadavpur Journal of Comparative Literature* 39, S. 91-130.

Sangari, Kumkum/Vaid, Suresh (Hg.) (1989): *Recasting Women. Essays in Colonial History*, New Delhi: Kali for Women.

Senghor, Léopold (1994): »Negritude: A Humanism of the Twentieth Century«. In: Patrick Williams/Laura Chrisman (Hg.), *Colonial Discourse and Post-Colonial Theory*, Hemel Hemstead: Harrester Wheatsheaf, S. 27-35.

Sharpe, Jenny (1993): *Allegories of Empires. The Figure of Woman in the Colonial Text*, Minneapolis: University of Minnesota Press.

Shetty, Sandhya/Bellamy, Elizabeth (2000): »Postcolonialism's Archive Fever«. In: *Diacritics* 30 (1), S. 25-48.

Shiva, Vandana (2001): *Patents. Myths and Reality*, New Delhi: Penguin.

Shohat, Ella (1992): »Notes on the Postcolonial«. In: *Social Text* 31/32, S. 99-113.

Slemon, Stephen/Tiffin, Helen (1989): »Introduction«. In: dies. (Hg.), *After Europe. Critical Theory and Post-colonial Writing*, Coventry: Dangaroo Press, S. ix-xxiii.

Spivak, Gayatri Chakravorty (1976): »Translator's Preface«. In: Jacques Derrida, *Of Grammatology*, Baltimore: Johns Hopkins University Press, S. ix-lxxxix.

Spivak, Gayatri Chakravorty (1985a): »Strategies of Vigilance«, Interview mit Angela McRobbie. In: *Block* 10, S. 5-9.

Spivak, Gayatri Chakravorty (1985b): »The Rani of Sirmur. An Essay in Reading the Archives«. In: Francis Barker et al. (Hg.), *Europe and its Others*, Colchester: University of Essex, S. 128-151.

Spivak, Gayatri Chakravorty (1985c): »Three Women's Texts and a Critique of Imperialism«. In: *Critical Inquiry* 12 (1), S. 243-261.

Spivak, Gayatri Chakravorty (1988): *In Other Worlds. Essays in Cultural Politics*, New York/London: Routledge.

Spivak, Gayatri Chakravorty (1989): »Naming Gayatri Spivak«, Interview mit Maria Koundoura. In: *Stanford Humanities Review* 1 (1), S. 84-97.

Spivak, Gayatri Chakravorty (1990a): *The Post-Colonial Critic. Interviews, Strategies, Dialogues*, hg. von Sarah Harasym, New York/London: Routledge.

Spivak, Gayatri Chakravorty (1990b): »Poststructuralism, Marginality, Postcoloniality and Value«. In: Peter Collier/Helga Geyer-Ryan (Hg.), *Literary Theory Today*, Cambridge: Polity Press, S. 219-244.

Spivak, Gayatri Chakravorty (1991): »Neocolonialism and the Secret Agent of Knowledge«, Interview mit Robert Young. In: *Oxford Literary Review* 13 (1-2), S. 220-251.

Spivak, Gayatri Chakravorty (1993a): *Outside in the Teaching Machine*, New York/London: Routledge.

Spivak, Gayatri Chakravorty (1993b): »An Interview with Gayatri Chakravorty Spivak«, Interview mit Sara Danius und Stefan Jonsson. In: *boundary 2* 20 (2), S. 24-50.

Spivak, Gayatri Chakravorty (1994 [1988]): »Can the Subaltern Speak?« In: Patrick Williams/Laura Chrisman (Hg.), *Colonial Discourse and Post-Colonial Theory*, Hemel Hemstead: Harester Wheatsheaf, S. 66-111.

Spivak, Gayatri Chakravorty (1995a): »Supplementing Marxism«. In: Steven Cullenberg/Bernd Magnus (Hg.), *Whither Marxism?* New York/London: Routledge, S. 109-119.

Spivak, Gayatri Chakravorty (1995b): »Ghostwriting«. In: *Diacritics* 25 (2), S. 65-84.

Spivak, Gayatri Chakravorty (1995c): »Teaching for the Times«. In: Jan Nederveen Pieterse/Bhikhu Parekh (Hg.), *The Decolonization of Imagination. Culture, Knowledge and Power*, London: Zed Books, S. 177-202.

Spivak, Gayatri Chakravorty (1996a): *The Spivak Reader*, hrsg. von Donna Landry und Gerald Maclean, New York/London: Routledge.

Spivak, Gayatri Chakravorty (1996b): »›Frau als Theater‹: Beijing 1995«. In: Vathsala Aithal (Hg.), *Vielfalt als Stärke: Beijing 95. Texte von Frauen aus dem Süden zur vierten Weltfrauenkonferenz, epd-Entwicklungspolitik*, II/96, S. 56-59.

Spivak, Gayatri Chakravorty (1997): »Achtung: Postkolonialismus!« In: Peter Weibel/Slavoj Žižek (Hg.), *Inklusion – Exklusion. Probleme des Postkolonialismus und der globalen Migration*, Wien: Passagen, S. 117-130.

Spivak, Gayatri Chakravorty (1999a): *A Critique of Postcolonial Reason. Towards a History of the Vanishing Present*, Calcutta/New Delhi: Seagull.

Spivak, Gayatri Chakravorty (1999b): *Imperatives to Re-Imagine the Planet/Imperative zur Neuerfindung des Planeten*, hg. von Willi Goetschel, Wien: Passagen.

Spivak, Gayatri Chakravorty (2000): »Claiming Transformation: travel notes with pictures«. In: Sara Ahmed et al. (Hg.), *Transformation. Thinking Through Feminism*, New York/London: Routledge, S. 119-130.

Spivak, Gayatri Chakravorty (2002a): »Discussion. An Afterword on the New Subaltern«. In: Partha Chatterjee/Pradeep Jeganathan (Hg.), *Subaltern Studies XI: Community, Gender and Violence*, New Delhi: Permanent Black, S. 305-334.

Spivak, Gayatri Chakravorty (2002b): »Resident Alien«. In: David Theo Goldberg/Ato Quayson (Hg.), *Relocating Postcolonialism*, Oxford: Blackwell, S. 46-65.

Spivak, Gayatri Chakravorty (2004): *Death of a Discipline*, Calcutta/ New Delhi: Seagull.

Suleri, Sara (1995): »Woman Skin Deep. Feminism and the Postcolonial Condition«. In: Ashcroft et al. (Hg.), *The Post-Colonial Studies Reader*, London/New York: Routledge, S. 273-280.

Trinh, Minh-ha (1989): *Woman, Native, Other. Writing Postcoloniality and feminism*, Bloomington/Indianapolis: Indiana University Press.

Viswanathan, Gauri (1989): *Masks of Conquest. Literary Study and British Rule in India*, London: Faber.

Walgenbach, Katharina (2004): »Rassenpolitik und Geschlecht in ›Deutsch-Südwest‹ (1907-1914)«. In: Frank Becker (Hg.), *Rassenmischehen – Mischlinge – Segregration. Zur Politik der Rasse im deutschen Kolonialreich*, Stuttgart: Steiner.

Werbner, Pnina/Modood, Tariq (Hg.) (1997): *Debating Cultural Hybridity. Multicultural Identities and the Politics of Anti-Racism*, London: Zed Books.

Williams, Patrick/Chrisman, Laura (1993a): »Introduction«. In: dies. (Hg.), *Colonial Discourse and Postcolonial Theory. A Reader*, Hemel Hemstead: Harvester Wheatsheaf, S. 1-20.

Williams, Patrick/Chrisman, Laura (Hg.) (1993b): *Colonial Discourse and Postcolonial Theory. A Reader*, Hemel Hemstead: Harvester Wheatsheaf.

Yeğenoğlu, Meyda (1998): *Colonial Fantasies. Towards a Feminist Reading of Orientalism*, Cambridge: Cambridge University Press.

Young, Robert (1995): *Colonial Desire. Hybridity in Theory, Culture and Race*, London/New York: Routledge.

Young, Robert (2001): *Postcolonialism. An Historical Introduction*, Oxford: Blackwell.

Young, Robert (2004): *White Mythologies. Writing History and the West*, London/New York: Routledge.

Zeller, Joachim/Zimmerer, Jürgen (2003): *Völkermord in Deutsch-Südwestafrika. Der Kolonialkrieg (1904-1908) in Namibia und seine Folgen*, Berlin: Christian Links Verlag.

Žižek, Slavoj (2004): »Blut ohne Boden – Boden ohne Blut«, Konzept Filmreihe des Kölnischen Kunstverein 6./7.2004.

Weitere Titel zum Thema:

Ruth Mayer
Diaspora
Eine kritische
Begriffsbestimmung
Oktober 2005, ca. 160 Seiten,
kart., ca. 18,80 €,
ISBN: 3-89942-311-9

Jens Badura (Hg.)
Mondialisierungen
»Globalisierung« im Lichte
transdisziplinärer Reflexionen
Oktober 2005, ca. 250 Seiten,
kart., ca. 24,80 €,
ISBN: 3-89942-364-X

Linda Supik
Dezentrierte Positionierung
Stuart Halls Konzept der
Identitätspolitiken
Oktober 2005, 122 Seiten,
kart., 13,80 €,
ISBN: 3-89942-409-3

IFADE (Hg.)
Insider – Outsider
Bilder, ethnisierte Räume
und Partizipation im
Migrationsprozess
Oktober 2005, ca. 250 Seiten,
kart., ca. 23,80 €,
ISBN: 3-89942-382-8

Anja Frohnen
Diversity in Action
Multinationalität in globalen
Unternehmen am Beispiel Ford
Oktober 2005, 246 Seiten,
kart., 25,80 €,
ISBN: 3-89942-377-1

Karin Scherschel
**Rassismus als flexible
symbolische Ressource**
Eine Studie zu rassistischen
Argumentationsfiguren
September 2005, ca. 250 Seiten,
kart., ca. 26,80 €,
ISBN: 3-89942-290-2

Kien Nghi Ha
Hype um Hybridität
Kultureller Differenzkonsum
und postmoderne
Verwertungstechniken im
Spätkapitalismus
(Cultural Studies 11, hrsg. von
Rainer Winter)
September 2005, 132 Seiten,
kart., 15,80 €,
ISBN: 3-89942-309-7

Karsten Kumoll
**»From the Native's Point of
View«?**
Kulturelle Globalisierung nach
Clifford Geertz und Pierre
Bourdieu
März 2005, 166 Seiten,
kart., 22,80 €,
ISBN: 3-89942-289-9

Karl H. Hörning,
Julia Reuter (Hg.)
Doing Culture
Neue Positionen zum
Verhältnis von Kultur und
sozialer Praxis
2004, 264 Seiten,
kart., 25,80 €,
ISBN: 3-89942-243-0

**Leseproben und weitere Informationen finden Sie unter:
www.transcript-verlag.de**

Weitere Titel zum Thema:

Rolf Eickelpasch,
Claudia Rademacher
Identität
2004, 138 Seiten,
kart., 12,00 €,
ISBN: 3-89942-242-2

Martin Sökefeld (Hg.)
**Jenseits des Paradigmas
kultureller Differenz**
Neue Perspektiven auf
Einwanderer aus der Türkei
2004, 184 Seiten,
kart., 23,80 €,
ISBN: 3-89942-229-5

Ulrich Beck, Natan Sznaider,
Rainer Winter (Hg.)
Globales Amerika?
Die kulturellen Folgen der
Globalisierung
(Cultural Studies 4,
hrsg. von Rainer Winter)
Übersetzt von Henning Thies
2003, 344 Seiten,
kart., 25,80 €,
ISBN: 3-89942-172-8

Julia Reuter
Ordnungen des Anderen
Zum Problem des Eigenen in
der Soziologie des Fremden
2002, 314 Seiten,
kart., 25,80 €,
ISBN: 3-933127-84-X

Julia Lossau
Die Politik der Verortung
Eine postkoloniale Reise zu
einer ANDEREN Geographie
der Welt
2002, 228 Seiten,
kart., 25,80 €,
ISBN: 3-933127-83-1

Jörg Dürrschmidt
Globalisierung
2002, 132 Seiten,
kart., 12,00 €,
ISBN: 3-933127-10-6

Ludger Pries
Internationale Migration
2001, 84 Seiten,
kart., 9,50 €,
ISBN: 3-933127-27-0

Theresa Wobbe
Weltgesellschaft
2000, 100 Seiten,
kart., 10,50 €,
ISBN: 3-933127-13-0

Leseproben und weitere Informationen finden Sie unter:
www.transcript-verlag.de